こころの病気のある子供の教育支援

Co-MaMe

ガイド

―適応面や心理面、行動面に困難のある児童生徒への支援―

本書の構成について

本書は、第１章「こころの病気のある子供の支援について」、第２章「Co-MaMe（多相的多階層支援）の概要」、第３章「Co-MaMeの実施方法」、第４章「こころの病気のある児童生徒の教育的ニーズと支援例について」、第５章「各学校の取組」の５つの章と関連資料や付録から構成されています。

第１章「こころの病気のある子供の支援について」では、こころの病気のある児童生徒の支援の状況や本書が扱うこころの病気の範囲とこころの病気を理解するための例等が掲載されています。

第２章「Co-MaMe（多相的多階層支援）の概要」では、こころの病気のある児童生徒の多相的多階層支援Co-MaMeについて概説しています。特にCo-MaMeを構成するアセスメントシ ト、支援のイメ ジ図等のツールの活用の仕方や、それらのツールを使ってどのように教員間の共通理解を図り、児童生徒を支援していくのかについて説明しています。

第３章「Co-MaMeの実施方法」では、実際にCo-MaMeのアセスメントシートや整理用シート、支援のイメージ図を使って実態把握や支援方法の共通理解をどのように図っていくのか実施方法の具体について説明しています。

第４章「こころの病気のある児童生徒の教育的ニーズと支援例について」では、支援のイメージ図の６カテゴリー40項目の具体について、児童生徒の課題、児童生徒の様子、支援の視点、支援の具体例、実際の支援の事例を挙げて説明しています。

第５章「各学校の取組」では、本ガイドの作成に協力いただいた特別支援学校（病弱）７校における、Co-MaMeを活用した取組を掲載しています。

関連資料や付録では、こころの病気のある子供の支援に係る文献等の資料やアセスメントシート、整理用シート、支援のイメージ図等を掲載しています。

本書をご一読いただき、こころの病気のある児童生徒の対応で悩まれている方々の支援の一助として本書を活用していただくことを切に願います。

もくじ

本ガイドは、独立行政法人 国立特別支援教育総合研究所病弱班予備的研究「精神疾患及び心身症のある子供の教育的ニーズに関する研究」（平成28年度）及び基幹研究「精神疾患及び心身症のある子供の教育的支援・配慮に関する研究」（平成29～30年度）の研究成果がもとになっています。

はじめに

こころの病気とCo-MaMeについて

近年、小学校、中学校、高等学校、特別支援学校等において、心理的ストレスや悩み、精神疾患・心身症などのメンタルヘルスに関する課題が多く見受けられ、医療的な支援を必要とする子供の事例が増えています。メンタルヘルスという言葉は、今日では「心の健康」という言葉が使用されるようになり、「心」（漢字表記）の代わりに「こころ」（平仮名表記）が用いられることが増えつつあります。その背景には「こころ」の健康や病気が、多くの人々にとって、生涯を通じた身近で重要な課題となったことが考えられます。

本ガイドの「こころの病気」は、主に反復性腹痛、頭痛、摂食障害、適応障害、うつ病等の「精神疾患・心身症」を表しており、このような病気のある子供（以下、児童生徒と言う。）は、医学的な診断を「受けている」、「受けていない」に関わらず、適応面や心理面、行動面について困難を抱えていることがあります。

そのため、教室の中で他の児童生徒と一緒に学習することが難しかったり、不登校になったりするケースも多く、児童生徒の中には、学校や家庭等において、暴言を吐いたり、暴力をふるう児童生徒もいるようです。また、「こころの病気」のある児童生徒の中には、発達障害のある児童生徒もいて、対人関係等で強いストレスを感じて、抑うつ症状となり、うつ病や適応障害等の診断を受けている児童生徒もいます。

本ガイドでは、医学的な診断を「受けている」、「受けていない」に関わらず「こころの病気」等の状態にある子供たちを対象としています

本ガイドで言う「こころの病気」のある子供とは？

■反復性腹痛や頭痛、適応障害やうつ病等の「精神疾患・心身症」のある児童生徒

■学校生活において適応面や行動面に困難を抱えている児童生徒

■発達障害のある児童生徒のうち、心理的ストレス等によって二次的な障害のある児童生徒

前のページの説明を読み、現在、支援している児童生徒が「こころの病気」かもしれないと感じる方もいるかもしれません。また、どのように児童生徒に支援したら良いかについて戸惑いを感じている方もいるかもしれません。

本ガイドでは、このような「こころの病気」のある児童生徒の支援方法として、「Co-MaMe」（こまめ）という新しい支援方法を提案します。

「Co-MaMe」は、「こころの病気」のある児童生徒への連続性のある多相的多階層支援（**Co**ntinuous **M**ultiphase **a**nd **M**ultistage **e**ducational support）を指します。詳しくは、後述しますが、「Co-MaMe」（こまめ）は、特別支援学校（病弱）の先生方が、「こころの病気」等のある児童生徒へ実際に行っている支援や配慮の実践を整理・分析した研究結果から開発したものです。

ぜひ、本ガイドをご活用いただき、「こころの病気」があり、適応面や行動面に困難を抱える児童生徒への支援・配慮に役立てていただければ幸いです。

「こころの病気」等のある子供達への支援方法

Co-MaMe

（こ　ま　め）

明日からの支援にぜひご活用ください

本ガイドの特徴

本ガイドの特徴

■適応面や心理面、行動面に困難を抱える「こころの病気」のある児童生徒の実態把握や支援方法について具体的に記載

■学校で活用できるように、教育的ニーズの6つのカテゴリーと関連する40項目による〔アセスメントシート〕と、教育的ニーズに対応した〔支援のイメージ図〕を巻末に付録として掲載

■〔アセスメントシート〕と〔支援のイメージ図〕を使って児童生徒の教育的ニーズと支援方法を「見える化」することで、教員間で共通理解をしながら支援を行うことができる。

読んでいただきたい方

適応面や心理面、行動面に困難を抱える「こころの病気」のある児童生徒に対しては、適切な実態把握のもと支援を行う必要があります。どのように実態把握を行うか、どのように支援するのかについて、戸惑いを感じながら支援を行っている方も多いと思います。また「こころの病気」について、ある程度は理解しているが、さらにより良い支援を行いたいと思っている方もいらっしゃると思います。

そこで本ガイドは、そのような「こころの病気」のある児童生徒の支援をされている先生方を対象に作成しています。

ガイドの活用の仕方

適応面や心理面、行動面に困難を抱える「こころの病気」のある児童生徒について、本ガイドは実態把握や支援する方法を具体的に記載しました。その方法に「連続性のある多相的多階層支援」という名称を付け、その英語表記の頭文字から「Co-MaMe」（こまめ）としています。

「Co-MaMe」は教育的ニーズの６つのカテゴリーと関連する40項目からなる【アセスメントシート】と、40項目の児童生徒の教育的ニーズに対応した40枚の【支援のイメージ図】を使った新しい支援方法です。

【アセスメントシート】と【支援のイメージ図】により、児童生徒の教育的ニーズと支援方法を見える化できますので、教員間で実態や支援について共通理解をしながら行うことができます。巻末には、学校現場ですぐに使えるように付録として掲載しています。

本ガイドにて、「こころの病気」のある児童生徒の実態や「Co-MaMe」についてご理解いただき、ぜひ明日からの支援に役立てて下さい。

第1章

こころの病気のある子供の支援について

1

こころの病気のある児童生徒の支援の状況

（1）　こころの病気のある児童生徒の状況

現代社会において、児童生徒の心理的ストレスや悩み、いじめ、不登校、精神疾患等のこころの健康問題が多様化しており、医療の支援を必要とするケースも増えています。このようなこころの健康問題を抱える児童生徒の中には、学校生活や社会生活での適応が難しく、「こころの病気」を抱えている児童生徒の事例もあります。内閣府 (2013) が、ニート、ひきこもり、不登校、高等学校中途退学の経験のある若者を対象に行った調査では、「社会生活や日常生活を円滑に送ることができていなかった経験をした主な理由」として、「精神的な病気だったから」という回答が「人づきあいが苦手だから」に次いで二番目に多く挙げられています。

文部科学省 (2019) の調査によると、「不登校の要因」として挙げられた要因の中で、「『不安』の傾向がある。」が小学校、中学校合計では最も多くなっています。この「不安」の傾向がある児童生徒の中には、こころの病気の児童生徒が含まれることも予想されます。

また、公益財団法人 日本学校保健会 (2018) の調査によると、保健室に「来室した児童生徒の主な背景要因」の中で、「主に心に関する問題」として回答した小学校や中学校、高等学校等が最も多くなっており、このことから「こころの病気」のある児童生徒の多くは、保健室を利用していると考えられます。

- 心理的なストレスや悩み、精神疾患など、健康問題が多様化
- 保健室を利用する背景には「主にこころに関する問題」が多い
- 不登校の要因としては、「『不安』傾向がある」との回答が多い
- 発達障害の二次的な障害から「こころの病気」になる場合もある

また、特別支援が必要な児童生徒の中で、周囲の不適切な関わりや、障害特性によるつまずき、失敗が繰り返されると、こころのバランスを失い、二次的な障害として不適応状態がさらに悪化してしまう場合があります。二次的な障害の症状には、不登校や引きこもりのように内在化した形で症状が出る場合や、暴力や家出、反社会的行動など外在化した形で出る場合などがあります。また、うつ病や統合失調症などの「こころの病気」になる場合もあります。

もっと詳しく知りたい！

インターネットからダウンロードできます

○教職員のための子供の健康相談及び保健指導の手引(文部科学省、令和３年度改訂)
https://www.gakkohoken.jp/book/ebook/ebook_R030120/index_h5.html#1（令和５年４月確認）

○生徒指導提要（文部科学省、令和４年発行）
https://www.mext.go.jp/content/20230220-mxt_jidou01-000024699-201-1.pdf（令和５年４月確認）

○養護教諭が行う 健康相談活動の進め方 保健室登校を中心に（公益財団法人 日本学校保健会、平成 13 年発行）
https://www.gakkohoken.jp/book/ebook/ebook_H120020/H120020.pdf（令和５年４月確認）

○慢性疾患、心身症、情緒及び行動の障害を伴う不登校の経験のある子供の教育支援に関するガイドブック（独立行政法人 国立特別支援教育総合研究所、平成 18 年発行）
https://www.nise.go.jp/kenshuka/josa/kankobutsu/pub_b/b-200.html（令和５年４月確認）

○全国特別支援学校病弱教育校長会（2009）病気の児童生徒への特別支援教育～病気の子供の理解のために～　こころの病編.
http://www.nise.go.jp/portal/elearn/shiryou/byoujyaku/pdf/mental_illness.pdf（令和５年４月確認）

（2）病弱教育におけるこころの病気等の状況

Co-MaMe は病弱教育を行っている特別支援学校での実践をもとに開発したものです。本ガイドでは、その病弱教育を行っている特別支援学校を「特別支援学校（病弱）」と記載しています。

病弱教育は、これまで、ぜん息や小児がんなどの「からだの病気」のある児童生徒の支援を主に行ってきました。しかし、現在では、「こころの病気」のある児童生徒の支援も行っています。そのことは、P.13 の図 1 に示す全国病弱虚弱教育研究連盟の病類調査（2020）からも分かります。図 1 からは、病弱・身体虚弱教育を受けている児童生徒の中で、「精神疾患・心身症」、すなわちこころの病気の児童生徒の割合が、調査を開始した平成３（1991）年度から徐々に増加していることが分かります。また、令和３（2021）年度の病類調査では、全ての病類の中で「精神疾患・心身症」等の「こころの病気」の児童生徒が、最も多くの割合を占めていることが分かります。

また、本研究所では、特別支援学校 (病弱) に在籍する「こころの病気」のある児童生徒の疾患名や状況についても調べています。平成 21（2009）年の調査によると「こころの病気」の診断名では、「心身症」が最も多く、次いで「適応障害」、「自立神経失調症」、「統合失調症」の順となっています。また、診断名として、「広汎性発達障害」や「アスペルガー症候群」等の発達障害や、「不登校」も診断名として多く挙げられており、中学部３年生の９割近くが特別支援学校（病弱）に転入学する前の小学校や中学校の時に不登校を経験していることが分かりました（八島・栃真賀・植木田・滝川・西牧，2013）。

このように特別支援学校 (病弱) には、「こころの病気」のある児童生徒が多く在籍しており、その児童生徒の多くは、小学校や中学校、高等学校等の在籍時に、不登校などの適応面や心理面、行動面に困難さを抱えていることも明らかになっています。

- 病弱教育を受けている児童生徒の病類では「精神疾患・心身症」等の「こころの病気」が最も多い。（令和３年度全国病類調査より）
- 「こころの病気」のある児童生徒の中には、発達障害のある児童生徒や、小学校、中学校、高等学校等で不登校経験のある児童生徒もいる

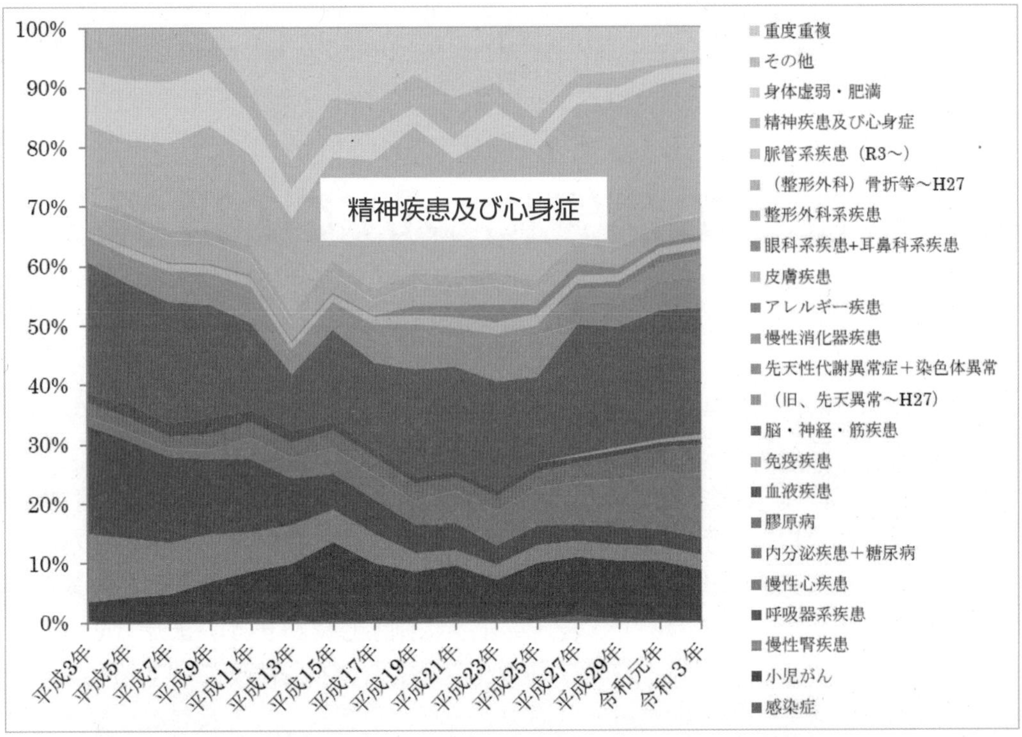
100%
90%
80%
70%
60%
50%
40%
30%
20%
10%
0%
精神疾患及び心身症
平成3年
平成5年
平成7年
平成9年
平成11年
平成13年
平成15年
平成17年
平成19年
平成21年
平成23年
平成25年
平成27年
平成29年
令和元年
令和３年
重度重複
その他
身体虚弱・肥満
精神疾患及び心身症
脈管系疾患（R3～）
（整形外科）骨折等～H27
整形外科系疾患
眼科系疾患+耳鼻科系疾患
皮膚疾患
アレルギー疾患
慢性消化器疾患
先天性代謝異常症＋染色体異常
（旧、先天異常～H27）
脳・神経・筋疾患
免疫疾患
血液疾患
膠原病
内分泌疾患＋糖尿病
慢性心疾患
呼吸器系疾患
慢性腎疾患
小児がん
感染症

図１　特別支援学校（病弱）等における精神疾患・心身症のある子供の割合の推移、全国病弱虚弱教育研究連盟（2022）令和３年度全国病類調査より

もっと詳しく知りたい！

○障害のある子供の教育支援の手引～子供たち一人一人の教育的ニーズを踏まえた学びの充実に向けて～（文部科学省初等中等教育局特別支援教育課、令和３年６月）

病弱教育の対象であるうつ病等の精神疾患や心身症（反復性腹痛、頭痛、摂食障害等）について説明しています。

○特別支援学校学習指導要領解説 自立活動編（幼稚部・小学部・中学部）」(文部科学省、平成 30 年)

心身症やうつ病などのある児童生徒への指導の記載があり、不登校となり心身症により中学校から特別支援学校（病弱）へ転校したケースが「実態把握から具体的な指導内容を設定するまでの流れの例（流れ図）」に記載されています。

＊上記の資料の一部はP.166 からの関連資料に掲載しています。

Co-MaMe は特別支援学校（病弱）の実際の支援をもとに開発したものですが、小学校や中学校、高等学校等に在籍する行動面や適応面に困難を抱える子供たちにも活用できるケースが多いことが推測されます。

令和元、２年度に本研究所病弱班が行った Co-MaMe セミナーで、多くの小・中学校、高等学校の先生方から勤務校で活用したいとの声をいただいています。

2

こころの病気についての理解

本ガイドの「こころの病気」とは、適応障害やうつ病、統合失調症、反復性腹痛、頭痛等の主に「精神疾患・心身症」を指しています。

「こころの病気」は多種多様ですが、文部科学省初等中等教育局特別支援教育課が、令和３（2021）年に発行した「障害のある子供の教育支援の手引～子供たち一人一人の教育的ニーズを踏まえた学びの充実に向けて～」では、病弱教育の対象となる「精神疾患・心身症」について、表１のように例示しています。また「それぞれの病気についての正しい知識（教育を行う上で必要とされる病気に関する知識）を得るとともに、病気の子供の気持ち（治療への不安や学習への不安など）等を理解した上で指導に当たる必要がある」としています。

表１　「障害のある子供の教育支援の手引」に例示されている精神疾患・心身症

・心身症（反復性腹痛、頭痛、摂食障害等） ・うつ病等の精神疾患（うつ病、双極性障害等の気分障害や、適応障害、統合失調症等）

しかし、多様な「こころの病気」への支援の全てを網羅するのは難しい面もあります。そこで本ガイドでは、前述の「障害のある子供の教育支援の手引」で例示されている病気をはじめ、代表的なこころの病気やその状態について「こころの病気の理解に関する資料」（P.170）を掲載しましたのでお役立てください。

また、実際の支援では、病気そのものへの支援だけでなく、本ガイドに記載している一人一人の児童生徒への教育的ニーズを踏まえた支援や配慮を行うことが大切であり、その他、環境要因（家庭、学校等）、個人要因（性格、興味等）等も含めて、様々な視点からこころの病気のある児童生徒の実態を把握することが必要となります。

■ 本ガイドでの「こころの病気」とは、適応障害やうつ病、統合失調症、反復性腹痛、頭痛等の「精神疾患・心身症」を指している。
■「こころの病気」等は多種多様であるが、各病状を踏まえた対応が必要である

10 代にもある「こころの病気」

「こころの病気」は 10 代でも、決して珍しいものではありません。

だからといって、あわてなくても大丈夫。たとえば、大切な人を亡くしてショックを受けたときには、誰でも気分が落ち込んで何もする気がしなくなるでしょう。試験の前には不安でたまらないかもしれません。

そんなときには、誰かにつらい気持ちを話したり、ゆっくり休養をとることで、こころも体も元気な状態に戻ることができます。

しかし、いくつかのストレスが重なったり、ストレスのケアが十分にできないときには、こころの調子をくずしてしまうこともあります。また、これといったきっかけもなく、こころの SOS サインが出てくることもあるでしょう。そして、こころの病気にかかってしまうこともあります。

10 代でも、様々なこころの病気になる可能性があります。では、どのような SOS サインに気をつければいいのでしょうか。自分だけでなく、友達の変化にも早く気づいてあげられるように、注意したいサインについて知っておきましょう。

気分が落ち込む

思いどおりに物事が進まなかったり、ショッキングなことに出会ったりしたときは、とてもつらい気持ちになるでしょう。そんな経験は誰にでもあります。

しかし、気分がひどく落ち込む、楽しいことが何もないといった状態が続いているときは、ちょっと心配です。

さらに、毎日泣いてばかり、眠れない、頭が重い、ゴハンが美味しくない、人と話すのが面倒だから一人でいたいといった状態が長く続いている場合は、もしかすると「うつ病」になっているかもしれません。学校に行くのもつらくなってくるかもしれません。

うつ病はこころのエネルギーを失って、くたくたに疲れた状態です。自分を責める気持ちが強くなり、将来に希望がもてなくなったり、「消えてしまいたい」と考えたりすることもあります。

「なんとなくうつっぽい」くらいの軽いうつ状態なら、自然によくなることもありますが、こころも体もつらくて、これまでできていたことができなくなっているようなら、誰かの助けが必要です。

一人で抱え込まないで、家族やスクールカウンセラーなど、信頼できる人に今の苦しさを話しましょう。こころの専門家に相談することが大切です。

「こころもメンテしよう 若者のためのメンタルヘルスブック」（厚生労働省）より
https://www.mhlw.go.jp./kokoro/youth/docs/book.Pdf（令和５年４月確認）からダウンロードできます。

不安でたまらない

初めてのことで不安になったり、人前で緊張することは誰にでもあるでしょう。しかし、こうした不安や緊張がとても強くて、普段の生活に支障があったり、自分のしたいことができなくなっている場合は、「不安障害」という病気かもしれません。

不安障害はストレスが引き金になって起こることが多いこころの病気です。恐怖心や集中困難、ちょっとしたことでビックリする、といったこころのサインとともに、寝つきが悪い、筋肉がコチコチに硬くなる、疲れやすい、のどに何か詰まった気がするといった体のサインもあります。

強い不安を感じる場面では、急に心臓がドキドキして、息苦しさやめまいなどが襲ってきて、死ぬのではないかという恐怖を感じる「パニック発作」を起こすこともあります。このようなときには、早めに家族に相談して、こころの専門家に相談しましょう。

周りに誰もいないのに声が聞こえる

周りに誰もいないのに声が聞こえたり、いつも人に見られている気がする、周りの人が自分に危害を加えようとたくらんでいるようで怖い、不気味なイメージが目に浮かぶ、といったサインが続いている場合は、「統合失調症」という病気の始まりかもしれません。

統合失調症には、現実と非現実の境目があいまいになって、考えのまとまりが悪くなる病気。順序立てて物事を考えることができない、意欲が低下して身の回りのことをするのもおっくうになる、その場の状況に応じた感情が生まれない、人とのコミュニケーションがうまくできない、集団の中でなじめない、いつも同じ考えが頭の中を支配している、といったサインがあります。

始めのうちは、気分が落ち込んで集中力ややる気がなくなる、眠れないといったうつ病のようなサインのほうが目立ったり、不安や緊張で神経過敏になったり、考えが頭の中でスピードアップしたり、逆にスローダウンしたような感覚を覚えたりします。

いつの間にか自分をとりまく世界が変わってしまった気がして、こころが不安定になり、これまでできていたことができなくなった、家から出られない、眠れなくてつらい、というときは、早めに家族に話して、こころの専門家に相談してみましょう。

「こころもメンテしよう 若者のためのメンタルヘルスブック」（厚生労働省）より
https://www.mhlw.go.jp./kokoro/youth/docs/book.Pdf（令和４年３月確認）からダウンロードできます。

第2章

Co-MaMe（多相的多階層支援）の概要

1

適切な実態把握と支援

第１章で述べたように、「こころの病気」等のある児童生徒の実態は様々で、教員が実態把握を行い、児童生徒の支援を考えることが困難なことがあります。また、学校だけの支援にとどまらず、その児童生徒に対して、行政や医療等の複数の関係者が支援に関わることがありますが、連携を十分に図らずに異なる考え方で支援を行うと、かえって児童生徒が戸惑ってしまうことも予想されます。そこで、「こころの病気」のある児童生徒の支援を行うに当たっては、適切な実態把握を行い、複数の支援者で共通理解を図ることが重要となります。

その際には、Co-MaMe の【アセスメントシート】（P.19 図 2-1）を使用することで、児童生徒の教育的ニーズについて、共通の視点で実態把握を行うことができます。この【アセスメントシート】には、表 2-1 に示した「A 心理」、「B 社会性」、「C 学習」、「D 身体」、「E 学校生活」、「F 自己管理」の６つのカテゴリーと、関連する 40 項目の教育的ニーズが記載されています。

【アセスメントシート】をチェックする際には、顕著な課題として感じることが多い「A 心理」、「B 社会性」の項目だけでなく、「D 身体」や「F 自己管理」等も含め、様々な項目から見るようにします。

また複数の支援者でチェックを行い、児童生徒の実態について、共通理解を図りましょう。

表 2-1　こころの病気のある児童生徒の教育的ニーズ

領域	項目
A 心理	A1 不安・悩み，A2 感情のコントロール，A3 こだわり，A4 意欲・気力 A5 自己理解，A6 気持ちの表現，A7 情緒の安定，A8 気分の変動，A9 自信
B 社会性	B1 集団活動，B2 社会のルールの理解，B3 コミュニケーションスキル B4 同年代との関係，B5 家族との関係，B6 教師との関係， B7 異性との関係，B8 他者への信頼，B9 他者への相談，B10 他者理解
C 学習	C1 学習状況，C2 処理能力，C3 聞き取り・理解力，C4 読み・書き C5 記憶力，C6 注意・集中，C7 学習への意識，C8 経験
D 身体	D1 身体症状・体調，D2 巧緻性，D3 動作・体力，D4 多動性，D5 感覚過敏
E 学校生活	E1 見通し，E2 物の管理，E3 登校・入室への抵抗感
F 自己管理	F1 睡眠・生活リズム，F2 食事，F3 服薬，F4 病気の理解 F5 ストレスへの対処

児童生徒の教育的ニーズを把握した後は、その教育的ニーズをもとに適切な支援を考えることが大切です。その際に Co-MaMe の【支援のイメージ図】（図 2-2）を参考にすることで、適切な支援が考えやすくなります。図 2-2 の【支援のイメージ図】は、児童生徒の教育的ニーズ 1 項目につき 1 枚ずつ作成され、全部で 40 枚あります。

また、支援の時期や教育的ニーズ間の関連性を分かりやすく表した【支援のイメージ図】を見ながら教員間で話し合うことで、共通理解しやすくなります。

A 心理	チェック ①	チェック ②
A1 不安・悩み（不安が強い、悩みが頭から離れない）		
A2 感情のコントロール（気持ちを抑えられない、すぐに怒ってしまう）		
A3 こだわり（一つのことにこだわると他のことが考えられない）		
A4 意欲・気力（目標がもてない、やる気がおきない）		
A5 自己理解（何が辛いのか自分でも分からない）		
A6 気持ちの表現（気持ちを言葉・文字に表せない）		
A7 情緒の安定（嫌なことを思い出してしまう、イライラする）		
A8 気分の変動（気分の浮き沈みがある）		
A9 自信（自分に自信がない、自己肯定感が低い）		

B 社会性	チェック ①	チェック ②
B1 集団活動（集団の中にいると疲れる、ルールに従えない）		
B2 社会のルールの理解（学校や社会の規則を守れない、自分で変更する）		
B3 コミュニケーションスキル（あいづちがうてない、人の話が聞けない）		
B4 同年代との関係（相手のことを考えた言動ができずトラブルになる）		
B5 家族との関係（家族との関係がうまくいかない）		
B6 教師との関係（教師を信用しない、教師とトラブル）		
B7 異性との関係（異性との関係がうまくいかない）		
B8 他者への信頼（人が信用できない、人と関わりたくない）		
B9 他者への相談（困った時に相談できない）		
B10 他者理解（表情や態度から気持ちが読み取れない）		

C 学習	チェック ①	チェック ②
C1 学習状況（勉強の仕方が分からない）		
C2 処理能力（書きながら聞くなど、2つの作業を同時に行えない）		
C3 聞き取り・理解力（話を聞いても理解できない、指示内容が分からない）		
C4 読み・書き（文章を読むのが苦手、漢字を正しく書けない）		
C5 記憶力（すぐに忘れてしまう）		
C6 注意・集中（集中が続かない、気が散って集中できない）		
C7 学習への意識（嫌いな教科に出たくない）		
C8 経験（生活経験が低い）		

D 身体	チェック ①	チェック ②
D1 身体症状・体調（お腹や頭が痛い、過呼吸や喘息がおこる）		
D2 巧緻性（手先を使って操作することが指示通りできない）		
D3 動作・体力（体力がない、動きがはやくできない）		
D4 多動性（じっとしていられない、待てない）		
D5 感覚過敏（においに敏感、大きな声が嫌）		

E 学校生活	チェック ①	チェック ②
E1 見通し（予定の変更が受け入れられない）		
E2 物の管理（忘れ物が多い、物をなくしてしまう）		
E3 登校・入室への抵抗感（学校に行きたくない、教室に入れない）		

F 自己管理	チェック ①	チェック ②
F1 睡眠・生活リズム（朝起きられず遅刻してしまうことが多い）		
F2 食事（給食が食べられない、外食ができない）		
F3 服薬（薬が手離せない、薬の管理が面倒）		
F4 病気の理解（自分自身の病状を理解していない）		
F5 ストレスへの対処（ストレスへの対処、苦手なことから逃れたい）		

図 2-1　Co-MaMe の【アセスメントシート】

A1. 不安・悩み
課題
・不安が強いため教室に入れず、強迫的な行為や暴言・暴力がある
・見通しをもてずに自信がなく、新しい活動を嫌がる
・心配が強くて経験の幅が広がらないため、進路に不安がある
受容期
＊気持ちを聞く
・話したい時にじっくり聴き、認める
・イライラすること等、感情を言葉にできるようにする
＊共感、理解する
・その時に出来ていることをほめる
・否定的な言葉を使わずに接する
＊無理なく好きな活動ができるようにする
・本人が好きな活動を行う
・授業はゆったり進めて会話を増やし、学習量を減らす
・不安になりやすい場所、時間は避ける
試行期
＊相談しながら行えるようにする
・行ったことを振り返り、落ち着ける方法や対処の仕方を一緒に考える
・不安や困難さを具体的に相談して共有していく
＊スモールステップで行う学習設定
・一つ一つ見本を見せたり、練習したりしてから行う
・少しずつ離れて一人で活動できるように見守る
＊見通しをもたせる
・学校のルール・日程、活動内容を板書や手元で視覚的に提示する
・初めて体験すること、場所、内容を詳しく説明
＊目標を設定して学習
・目標を細かく設定し、達成したら変容に気付かせる
・目標をクリアできない原因やその対策を考えさせる
安定期
＊対処方法を考えて取り組めるようにする
・ロールプレイを行い、適切な行動を考えて練習する
・あらかじめ対策を立てられるようなスキルを身につける
＊将来に向けて学習する
・高校進学についての知識を身に着けられるようにする
・実習で困った場合の対応方法を身に付けられるようにする
National Institute of Special Needs Education

図 2-2　Co-MaMe の【支援のイメージ図】

Co-MaMe【アセスメントシート】（図 2-1）
Co-MaMe の【支援のイメージ図】（図 2-2）

● こころの病気のある児童生徒を指導・支援している特別支援学校（病弱）の教員（のべ 300 名以上）の実践を整理・分析したもの

● 適切な支援を行うには、適切な実態把握が大切である。

● 実態把握には教育的ニーズの Co-MaMe【アセスメントシート】を使用する。

2

アセスメントシート

図2-3に示したものが、Co-MaMeの【アセスメントシート】です。

【アセスメントシート】は、児童生徒の教育的ニーズ6カテゴリーと40項目のチェック欄からなっています。40項目の中から、対象となる児童生徒に当てはまるものをチェックすることで実態把握を行います。何回か行い、慣れると5～10分程度でチェックできます。

対象児童生徒1名につき、1枚のアセスメントシートを使い、チェックします。各項目の下にはチェックをしやすいように、児童生徒の実態の例が記載されていますので参考にしてください。

また、チェックする際は、「A 心理」や「B 社会性」のカテゴリーだけでなく、全てのカテゴリーについて、偏りや漏れがないかを確認しながら行うようにします。40項目がそれぞれ関連しているので、例えば「A 1 不安・悩み」と「E 3 登校・入室への抵抗感」の関連性を見逃さないようにすることが大切です。また複数の教員でチェックし、共通点や相違点を話し合い、教育的ニーズを明確にして共通理解を図ります。共通理解を図ることについては、P.24～P.26をご覧ください。

一通りチェックが終わったら、その項目の中で、「重要と思われる項目」又は「早急に取り組む必要がある項目」を3つ程度決め、◎等の異なる記号を付けます。◎を付けることで、対象児童生徒にとっての必要な教育的ニーズを絞ることができ、教員間や関係者間での情報共有がしやすくなります。

またチェック欄は、各項目につき①、②の2カ所を設けています。①は第1回目に記入する欄であり、②は第2回目に記入する欄です。数カ月後に②にチェックすることで、児童生徒の変容を把握することができます。

- 【アセスメントシート】は、教育的ニーズの6カテゴリーと関連する40項目のチェック欄から構成されている
- 全てのカテゴリーに偏りや漏れがないか確認しながらチェックする
- 複数人でチェックを行い、共通点や相違点を確認する
- ①は1回目、②は数カ月後にチェックして変容を確認する

⇒すぐに使える用紙を巻末に付録として掲載

6つのカテゴリー名

教育的ニーズの記号と名称、項目の下には実態の例を記載

A 心理	チェック ①	②
A1 不安・悩み（不安が強い、悩みが頭から離れない）		
A2 感情のコントロール（気持ちを抑えられない、すぐに怒ってしまう）		
A3 こだわり（一つのことにこだわると他のことが考えられない）		
A4 意欲・気力（目標がもてない、やる気がおきない）		
A5 自己理解（何が辛いのか自分でも分からない）		
A6 気持ちの表現（気持ちを言葉・文字に表せない）		
A7 情緒の安定（嫌なことを思い出してしまう、イライラする）		
A8 気分の変動（気分の浮き沈みがある）		
A9 自信（自分に自信がない、自己肯定感が低い）		

B 社会性	チェック ①	②
B1 集団活動（集団の中にいると疲れる、ルールに従えない）		
B2 社会のルールの理解（学校や社会の規則を守れない、自分で変更する）		
B3 コミュニケーションスキル（あいづちがうてない、人の話が聞けない）		
B4 同年代との関係（相手のことを考えた言動ができずトラブルになる）		
B5 家族との関係（家族との関係がうまくいかない）		
B6 教師との関係（教師を信用しない、教師とトラブル）		
B7 異性との関係（異性との関係がうまくいかない）		
B8 他者への信頼（人が信用できない、人と関わりたくない）		
B9 他者への相談（困った時に相談できない）		

①の欄は1回目、②の欄は2回目のチェック欄

C 学習		
C1 学習状況（勉強の仕方が分からない）		
C2 処理能力（書きながら聞くなど、2つの作業を同時に行えない）		
C3 聞き取り・理解力（話を聞いても理解できない、指示内 … い）		
C4 読み・書き（文章を読むのが苦手、漢字を正しく …		
C5 記憶力（すぐに忘れてしまう）		
C6 注意・集中（集中が続かない、気が散って集中できない）		
C7 学習への意識（嫌いな教科に出たくない）		
C8 経験（生活経験が低い）		

D 身体	チェック ①	②
D1 身体症状・体調（お腹や頭が痛い、過呼吸や喘息がおこる）		
… りできない）		
… ）		
D4 多動性（じっとしていられない、待てない）		
D5 感覚過敏（においに敏感、大きな声が嫌）		

○等でチェックを行い、さらに重要、又は早急に取組項目3つ程度に◎をする

E 学校生活	チェック ①	②
E1 見通し（予定の変更が受け入れられない）		
E2 物の管理（忘れ物が多い、物をなくしてしまう）		
E3 登校・入室への抵抗感（学校に行きたくない、教室に入れない）		

F 自己管理	チェック ①	②
F1 睡眠・生活リズム（朝起きられず遅刻してしまうことが多い）		
F2 食事（給食が食べられない、外食ができない）		
F3 服薬（薬が手離せない、薬の管理が面倒）		
F4 病気の理解（自分自身の病状を理解していない）		
F5 ストレスへの対処（ストレスへの対処、苦手なことから逃れたい）		

図2-3 Co-MaMeの【アセスメントシート】

3

支援のイメージ図

図2- 4は、【支援のイメージ図】の例（「A1 不安・悩み」）です。

児童生徒の教育的ニーズを把握した後は、その教育的ニーズをもとに適切な支援を検討します。その際に【支援のイメージ図】を使用します。

【支援のイメージ図】は、児童生徒の教育的ニーズ6カテゴリー、40項目の支援を図にしたものです。1項目に対して1枚の図があり、計40枚で構成しています。

⇒すぐに使える用紙を巻末に付録として掲載

図の中には、「受容期」、「試行期」、「安定期」の3つに分けて児童生徒への支援を記載しています。この「受容期」、「試行期」、「安定期」は児童生徒の状態に応じた「支援の時期」を表したもので、図2-4にそれぞれの時期の説明を掲載しています。「こころの病気」のある児童生徒は、病状やストレス等により状態が変化しやすいため、児童生徒の状態に応じた適切な支援を行う必要があります。そこで【支援のイメージ図】には3つの「支援の時期」に分けて掲載しています。

アセスメントシートで「◎」を付けた項目の【支援のイメージ図】を使用することで、児童生徒の状態や支援方法を絞ることができます。また、◎を付けた図から支援・配慮を考える際には、関連すると思われる図も使用することが重要になります。例えば「E3 登校・入室への抵抗感」と関連していると思われる「A1 不安・悩み」等も一緒に見ることで、児童生徒の複数の教育的ニーズがどのように関連しているか等について検討しながら支援を考えることもできます。

図2-4は背景色を、「受容期」は赤色、「試行期」は黄色、「安定期」は青色としています。この図はグラデーションになっていますが、その理由は、児童生徒の状態は変化しやすく、時期の境界は明確に区切られる訳ではないので、背景色をグラデーションにしています。

図の背景をグラデーションにすることで、気持ちが落ちつかない「受容期」の児童生徒が、気持ちを振り返る「試行期」になったり、病状が安定して目標に向けて取り組んでいる「安定期」の児童生徒が、強いストレスを感じて少しずつ取り組む「試行期」になったりすること等をイメージできるようにしています。

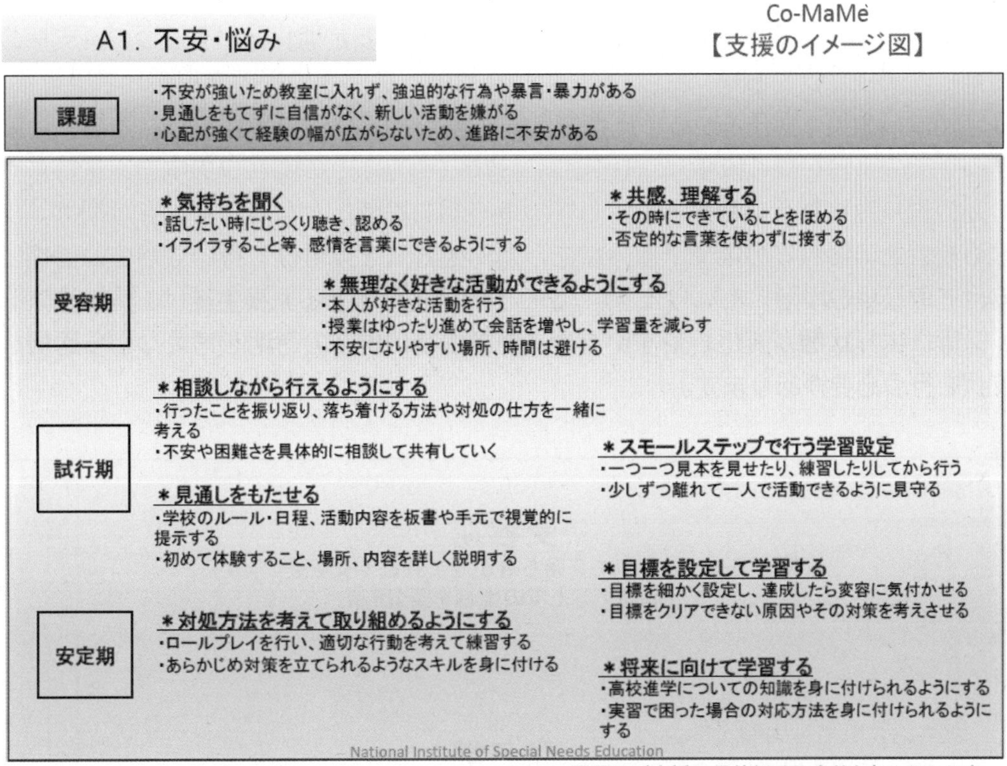
A1. 不安・悩み
Co-MaMe
【支援のイメージ図】
課題
・不安が強いため教室に入れず、強迫的な行為や暴言・暴力がある
・見通しをもてずに自信がなく、新しい活動を嫌がる
・心配が強くて経験の幅が広がらないため、進路に不安がある
受容期
＊気持ちを聞く
・話したい時にじっくり聴き、認める
・イライラすること等、感情を言葉にできるようにする
＊共感、理解する
・その時にできていることをほめる
・否定的な言葉を使わずに接する
＊無理なく好きな活動ができるようにする
・本人が好きな活動を行う
・授業はゆったり進めて会話を増やし、学習量を減らす
・不安になりやすい場所、時間は避ける
試行期
＊相談しながら行えるようにする
・行ったことを振り返り、落ち着ける方法や対処の仕方を一緒に考える
・不安や困難さを具体的に相談して共有していく
＊スモールステップで行う学習設定
・一つ一つ見本を見せたり、練習したりしてから行う
・少しずつ離れて一人で活動できるように見守る
＊見通しをもたせる
・学校のルール・日程、活動内容を板書や手元で視覚的に提示する
・初めて体験すること、場所、内容を詳しく説明する
安定期
＊目標を設定して学習する
・目標を細かく設定し、達成したら変容に気付かせる
・目標をクリアできない原因やその対策を考えさせる
＊対処方法を考えて取り組めるようにする
・ロールプレイを行い、適切な行動を考えて練習する
・あらかじめ対策を立てられるようなスキルを身に付ける
＊将来に向けて学習する
・高校進学についての知識を身に付けられるようにする
・実習で困った場合の対応方法を身に付けられるようにする
National Institute of Special Needs Education

課題及び支援の具体例は代表的なもののみ示す

図 2-4 【支援のイメージ図】「A1　不安・悩み」

<【支援のイメージ図】「A1 不安・悩み」（図2 - 4）による支援の例>

- 「受容期」は活動する上で土台を作る時期であり、児童生徒の「気持ちを聞く」、「共感、理解する」ように心がけ、本人が好きな活動を行う等の「無理なく好きな活動ができるように学習する」。
- 「試行期」は少しずつ取り組む時期であり、「相談しながら行えるようにする」等を行いながら、一つ一つ見本を見せたり、一緒に練習したりして「スモールステップで行う学習設定」をする。
- 「安定期」は目標に向けて取り組む時期であり、「対処方法を考えて取り組めるようにする」ことを心がけ、高校進学について知識を身に付けられるようにする等により「将来に向けて学習する」。

支援の時期について

【支援のイメージ図】には「受容期」、「試行期」、「安定期」という３つの「支援の時期」が記載されており、図2-５には、それぞれの時期の説明を掲載しています。受容期は「教員(担任)から、気持ちを落ち着かせて共感や受容をしながら、活動する上での土台を築く段階」、試行期は「教員(担任)との関わりの中で、気持ちや行動の振り返りを行いながら、少しずつ取り組む段階」となります。安定期は「友達や社会との関わりの中で、自分にあった対処方法を見付けて行いながら、目標に向けて取り組む段階」となります。「こころの病気」のある児童生徒は、病状やストレス等により状態が変化しやすいため、児童生徒の現在の時期を考えながら適切な支援を行う必要があります。

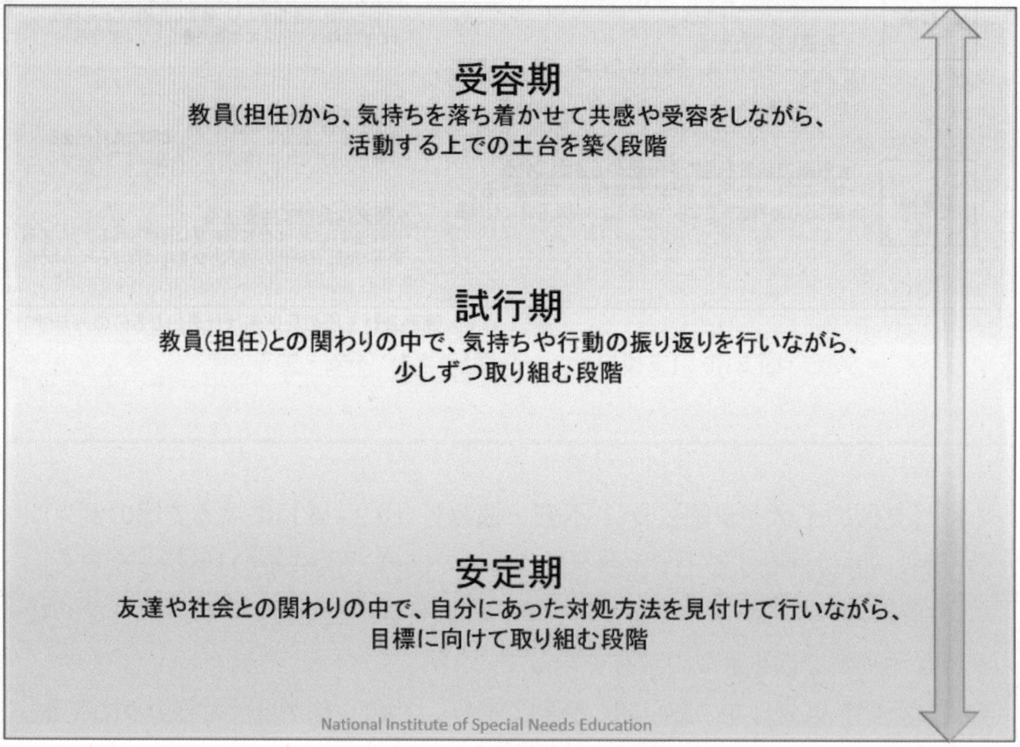

受容期
教員(担任)から、気持ちを落ち着かせて共感や受容をしながら、
活動する上での土台を築く段階
試行期
教員(担任)との関わりの中で、気持ちや行動の振り返りを行いながら、
少しずつ取り組む段階
安定期
友達や社会との関わりの中で、自分にあった対処方法を見付けて行いながら、
目標に向けて取り組む段階
National Institute of Special Needs Education

図 2-5 「支援の時期」の説明

4

教員間の共通理解

- 児童生徒の教育的ニーズの明確化 -

Co-MaMe による実態把握を行い、支援方法を考える際には、教員一人で行うのではなく、複数の教員で行うようにします。複数の教員が【アセスメントシート】を○及び◎でチェックして持ち寄り、それぞれの教員が考えている教育的ニーズについて共通点や相違点を話し合うことで、対象児童生徒の状態を明確にして、支援の共通理解を図ることができます。

＊アセスメントシートで対象児童生徒の教育的ニーズを明確化した後は、【支援のイメージ図】を用いて対象児童生徒への支援を考えていきます。

図 2-5　支援に関する考え方の違いの例

＜共通理解の方法の例①　- アセスメントシートを使って - ＞

上の図 2- 5では、３人の先生方の考え方が異なっているようです。

このような場合、アセスメントシートを使うと相違点や共通点が分かります。P.26 図 2- 6のアセスメントシートを見ると、A 先生は「A 心理」、B 先生は「B 社会性」、C 先生は「C 学習」のように重視している領域が異なることが分かります。ただ「E 3　登校・入室への抵抗感」には３人ともに◎があり、共通して重視している項目のようです。そこで、次にＥ３の【支援のイメージ図】を見ながら支援を話し合います。

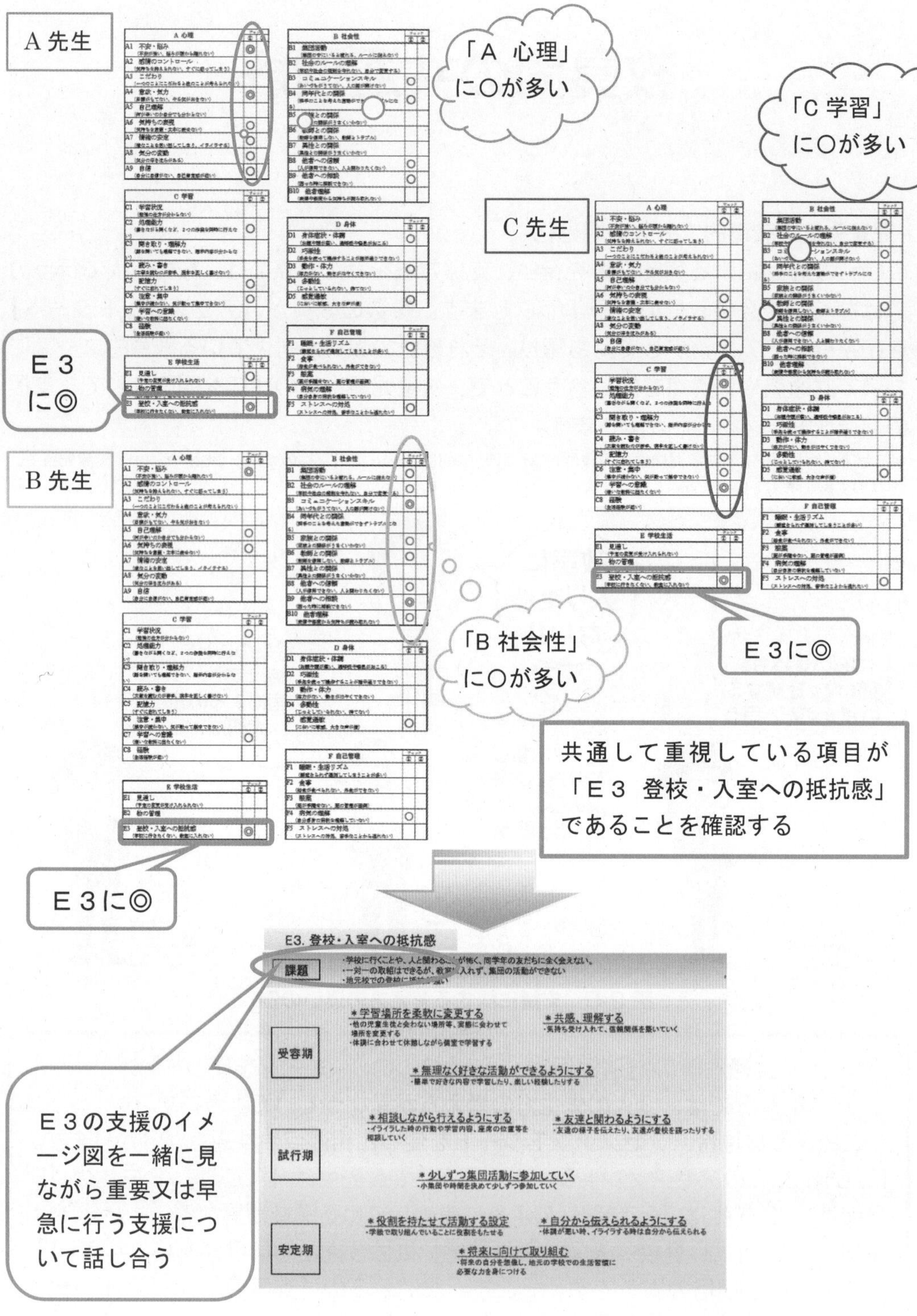
A 先生
「A　心理」に○が多い
「C 学習」に○が多い
C 先生
E３に◎
B 先生
「B 社会性」に○が多い
E３に◎
共通して重視している項目が「E３　登校・入室への抵抗感」であることを確認する
E３に◎
E3. 登校・入室への抵抗感
課題
受容期
＊学習場所を柔軟に変更する
・他の児童生徒と会わない場所等、実態に合わせて場所を変更する
・体調に合わせて休憩しながら個室で学習する
・気持ち受け入れて、信頼関係を築いていく
＊無理なく好きな活動ができるようにする
・簡単で好きな内容で学習したり、楽しい経験したりする
試行期
＊相談しながら行えるようにする
・イライラした時の行動や学習内容、座席の位置等を相談していく
＊友達と関わるようにする
・友達の様子を伝えたり、友達が登校を誘ったりする
＊少しずつ集団活動に参加していく
・小集団や時間を決めて少しずつ参加していく
安定期
＊役割を持たせて活動する設定
・学級で取り組んでいることに役割をもたせる
＊自分から伝えられるようにする
・体調が悪い時、イライラする時は自分から伝えられる
＊将来に向けて取り組む
・将来の自分を想像し、地元の学校での生活習慣に必要な力を身につける
E３の支援のイメージ図を一緒に見ながら重要又は早急に行う支援について話し合う

図 2-6　アセスメントシートによる教育的ニーズの明確化

- 支援の見える化 -

対象児童生徒の教育的ニーズについて教員間で明確にした後は、対象児童生徒への支援について、共通理解を図ります。その際、【支援のイメージ図】を見ながら話し合います。

【支援のイメージ図】は児童生徒の状態に合わせて支援を整理したもので、その図を見ながらアイデアを出し合って考えることができるので、具体的な支援を教員間や関係者間で共有しやすくなります。

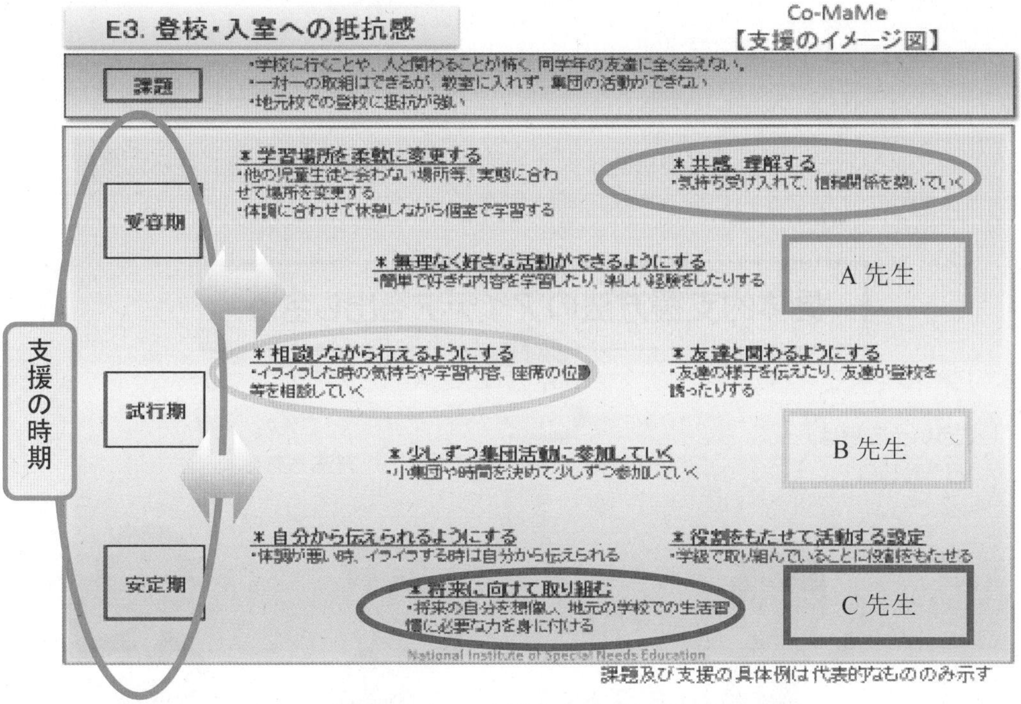

E3. 登校・入室への抵抗感
Co-MaMe
【支援のイメージ図】
課題
・学校に行くことや、人と関わることが怖く、同学年の友達に全く会えない。
・一対一の取組はできるが、教室に入れず、集団の活動ができない
・地元校での登校に抵抗が強い
支援の時期
受容期
試行期
安定期
＊学習場所を柔軟に変更する
・他の児童生徒と会わない場所等、実態に合わせて場所を変更する
・体調に合わせて休憩しながら個室で学習する
＊共感、理解する
・気持ち受け入れて、信頼関係を築いていく
＊無理なく好きな活動ができるようにする
・簡単で好きな内容を学習したり、楽しい経験をしたりする
A 先生
＊相談しながら行えるようにする
・イライラした時の気持ちや学習内容、座席の位置等を相談していく
＊友達と関わるようにする
・友達の様子を伝えたり、友達が登校を誘ったりする
B 先生
＊少しずつ集団活動に参加していく
・小集団や時間を決めて少しずつ参加していく
＊自分から伝えられるようにする
・体調が悪い時、イライラする時は自分から伝えられる
＊役割をもたせて活動する設定
・学級で取り組んでいることに役割をもたせる
＊将来に向けて取り組む
・将来の自分を想像し、地元の学校での生活習慣に必要な力を身に付ける
C 先生
National Institute of Special Needs Education
課題及び支援の具体例は代表的なもののみ示す

図 2- 7　【支援のイメージ図】による支援の見える化

<共通理解の方法の例②　- 支援のイメージ図を使って - >

上の図 2- 7 は【支援のイメージ図】（「E 3　登校・入室への抵抗感」）を使って話し合った時のものです。話し合いから A 先生は「共感、理解する」、B 先生は「相談しながら行えるようにする」、C 先生は「将来に向けて取り組む」を重視していることが分かってきました。

このように各先生によって、重視している支援が異なる場合は、児童生徒の状態から支援の時期（受容期・試行期・安定期）を検討することで、支援の時期と図 2- 8 のように時期に応じた支援を「見える化」します。その後、具体的な支援方法についてアイデアを出し合い、より適した方法を共有して支援にあたります。

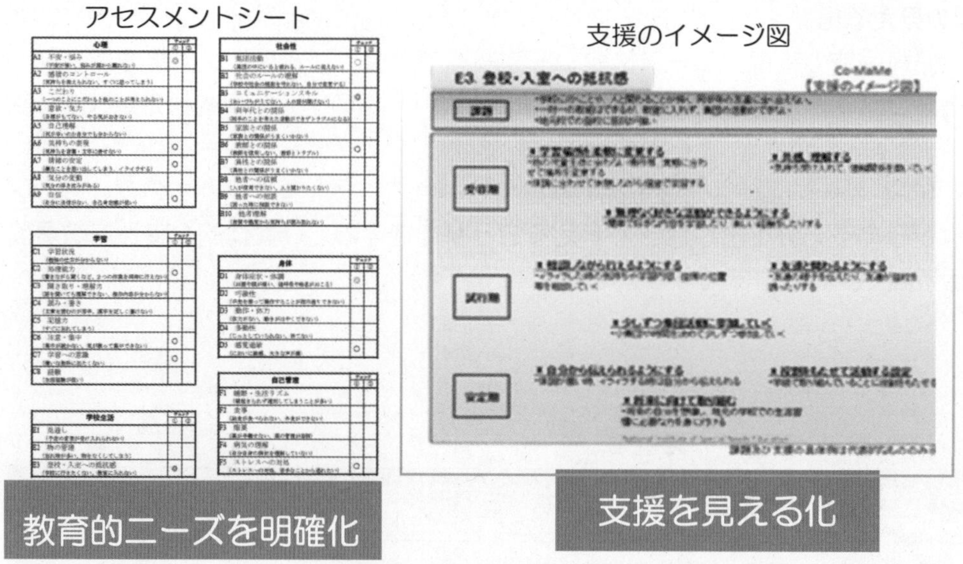

【アセスメントシート】と【支援のイメージ図】より共通理解した後、さらに支援の具体的なアイデアを出し合って話し合います。

図 2- 8 Co-MaMe をもとに具体的なアイデアを出し合う

「こころの病気」等のある児童生徒について、複数の教職員で
教育的ニーズや状態の変化等について実態把握を行い、
支援方法を協議し、共通理解のもとに支援をする

5

多相的多階層支援

「こころの病気」のある児童生徒は、病気の状態等が常に変化するため、児童生徒の状態に合わせて教育的ニーズや支援方法を変えて取り組んでいくことが大切となります。そのためアセスメントシートには、教育的ニーズの６カテゴリー 40 項目、支援のイメージ図には３つの「支援の時期」(受容期・試行期・安定期) を掲載しています。児童生徒を支援する上で、対象児童生徒の「教育的ニーズ」のどれが当てはまるのか、「支援の時期」のどこに位置付けられるのかを検討することがとても大切です。

本ガイドでは、児童生徒の教育的ニーズの６カテゴリー 40 項目をもとに行う支援方法に**多相的支援**、３つの「支援の時期」(受容期・試行期・安定期) をもとに行う支援方法に多階層支援という名称を付けました。これらの教育的ニーズの６カテゴリー 40 項目及び３つの支援の時期は、それぞれの区分が明確に分かれているものではなく、関連や連続しているものとして、グラデーションの図で示しています。

これらのことから、本支援方法全体の名称を**「連続性のある多相的多階層支援」**略称を、英語表記の頭文字から 【Co-MaMe (こまめ)】 と名付けています。また Co-MaMe には、「こまめ」に児童生徒を支援しながら活用して、教員が「共に」取り組んで欲しいという意味も含んでいます。

連続性のある多相的多階層支援
Continuous MultiPhase and Multistage educational support
【Co-MaMe（こまめ）】

- ■ **多階層支援：３つの支援の時期（受容期・試行期・安定期）による支援方法**
- ■ **多相的支援：教育的ニーズ 40 項目による支援方法**
- ■ **「教育的ニーズ」６カテゴリー 40 項目は関連し、３つの「支援の時期」は連続している**

図 2- 9 Co-MaMe の多階層支援と多層的支援

第3章

Co-MaMeの実施方法

1

実態把握と支援方法の共通理解

第３章では、Co-MaMe の実施方法について解説します。

最初に Co-MaMe による実態把握から具体的な支援方法を教員間（支援者間）で共通理解するまでの流れを説明します。

協議を行う場面は、学年会、グループ会、支援会議、研究会等を想定しています。

（１）＜協議＞　対象児童生徒の決定

Co-MaMe を活用して支援を行うことが適当だと思われる児童生徒を一人決め、アセスメントシート、整理用シート、支援のイメージ図を配布します。

（２）＜個人作業＞　アセスメントシートの記入

対象児童生徒に当てはまる教育的ニーズについて、チェック欄の①の項目に○、特に重要と思われる項目は◎をします（３つ程度）。
（②の欄は、数カ月後に２回目の実態把握の時等に使用します）。

A 心理	チェック①	チェック②
A1 不安・悩み（不安が強い、悩みが頭から離れない）	◎	
A2 感情のコントロール（気持ちを抑えられない、すぐに怒ってしまう）	○	
A3 こだわり（一つのことにこだわると他のことが考えられない）		
A4 意欲・気力（目標がもてない、やる気が起きない）	◎	
A5 自己理解（何が辛いのか自分でも分からない）		
A6 気持ちの表現（気持ちを言葉・文字に表せない）	○	
A7 情緒の安定（嫌なことを思い出してしまう、イライラする）	○	
A8 気分の変動（気分の浮き沈みがある）	○	
A9 自信（自分に自信がない、自己肯定感が低い）	○	

B 社会性	チェック①	チェック②
B1 集団活動（集団の中にいると疲れる、ルールに従えない）		
B2 社会のルールの理解（学校や社会の規則を守れない、自分で変更する）		
B3 コミュニケーションスキル（あいさつができない、人の話が聞けない）	○	
B4 同年代との関係（相手のことを考えた言動ができずトラブルになる）	○	
B5 家族との関係（家族との関係がうまくいかない）		
B6 教師との関係（教師を信用しない、教師とトラブル）		
B7 異性との関係（異性との関係がうまくいかない）		
B8 他者への信頼（人が信用できない、人と関わりたくない）	○	
B9 他者への相談（困った時に相談できない）	○	
B10 他者理解（表情や言葉から気持ちが読み取れない）		

C 学習	チェック①	チェック②
C1 学習状況（勉強の仕方が分からない）		
C2 処理能力（書きながら聞くなど、２つの作業を同時に行えない）	○	
C3 聞き取り・理解力（話を聞いても理解できない、指示内容が分からない）		
C4 読み・書き（文章を読むのが苦手、漢字を正しく書けない）		
C5 記憶力（すぐに忘れてしまう）	○	
C6 注意・集中（集中が続かない、気が散って集中できない）	○	
C7 学習への意欲（嫌いな教科に出たくない）		
C8 経験（生活経験が低い）		

D 身体	チェック①	チェック②
D1 身体症状・体調（お腹や頭が痛い、過呼吸や吐き気がおこる）	○	
D2 巧緻性（手先を使って操作することが年齢相応にできない）		
D3 動作・体力（体力がない、動きがはやくできない）	○	
D4 多動性（じっとしていられない、待てない）		
D5 感覚過敏（においに敏感、大きな音が嫌）	○	

E 学校生活	チェック①	チェック②
E1 見通し（予定の変更が受け入れられない）	○	
E2 物の管理（忘れ物が多い、物をなくしてしまう）		
E3 登校・入室への抵抗感（学校に行きたくない、教室に入れない）	◎	

F 自己管理	チェック①	チェック②
F1 睡眠・生活リズム（朝起きられず遅刻してしまうことが多い）	○	
F2 食事（給食が食べられない、外食ができない）		
F3 服薬（薬が手離せない、薬の管理が困難）		
F4 病気の理解（自分自身の病状を理解していない）		
F5 ストレスへの対処（ストレスへの対処、苦手なことから逃れたい）	○	

図 3-1　アセスメントの記入例

（3）　＜個人作業＞　整理用シートの記入
　◎を付けた項目について、【支援のイメージ図】を参考にして記入します。

整理用シート　参考例

教育的ニーズの項目を１つ選び（◎の項目等）、記号と名称を記入。

	記入欄	
①教育的ニーズの項目	D１	身体症状・体調
②具体的な課題内容	不安な気持ちになると、かゆみや痛みを訴えて、学習に取り組めなくなる。	
③支援・配慮等のねらい	不安や痛み等について相談したり、好きな活動をしたりすることで、安心感をもつ。	
④教育的支援・配慮 【支援のイメージ図を参考に記入】	・不安な気持ちや、痛みやかゆみについていつでも相談できるようにして、焦りを感じたり、罪悪感をもったりしないようにする。 ・痛みやかゆみを気にせずに取り組めるように、本人が興味をもって取り組める内容を授業に取り入れる。 ＊Co-MaMe の図を参考した支援・配慮 ・本人の状態から〔受容期〕の取組を行う必要があり、気持ちを落ち着かせて共感や受容する支援を行っている ・不安なことは何かじっくりと聞く ・運動を行い頭痛や腹痛から思考をそらす	

今、行う支援・配慮のねらいを記入。

学校生活で
行っている取組等を記入。

「支援のイメージ図」から記入。

図３-２　整理用シートの記入例

●　整理用シート　●　⇒書式は巻末付録に掲載

「アセスメントシート」で◎した項目等について【支援のイメージ図】を見ながら記入するシートです。複数の教員で記入し、シートをもとに話し合うことで、課題やねらいを整理し、支援方法について共通理解を図ることができます。

①にはアセスメントシートの項目と名称、②には課題を記入し、一つのシートにつき、一つの項目についてのみ記入します。③には「今、行う支援のねらい」を記入しますが、自立活動で取り組む場合は、そのねらいを記入しても良いでしょう。

④には今行う支援を記入しますが、その際には、現在行っている支援のほか、【支援のイメージ図】も参考にして有効な支援方法について記入しましょう。支援の時期（受容期・試行期・安定期）を意識して記入することで、教員間の共通理解がしやすくなります。

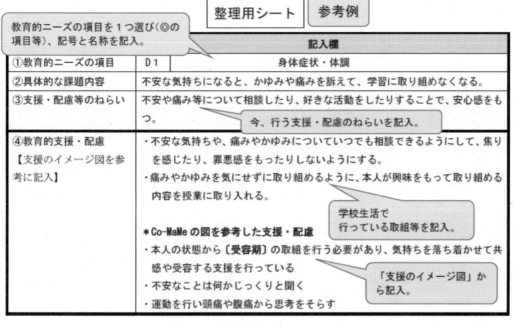

（4）<協議>　アセスメントシート及び整理用シートの共有

・アセスメントシートに○や◎を付けた項目を報告し、共通している項目、異なる項目を確認しながら、「教育的ニーズの共通点・相違点」を共有します。

・整理用シートから、それぞれの教員の支援について情報を共有します。

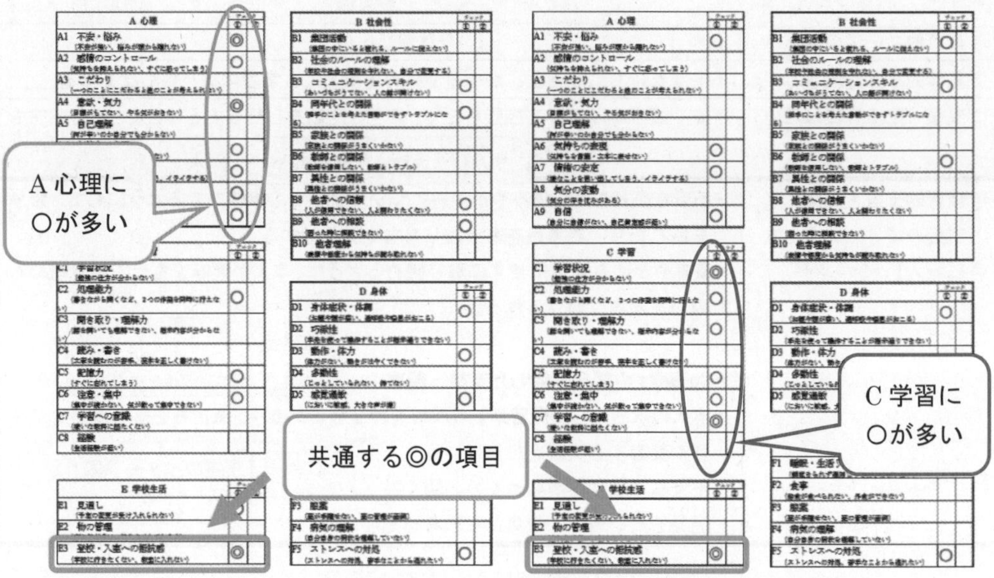

図 3-3　アセスメントシートの記入内容の違い

（5）　＜協議＞　支援のイメージ図から支援の時期及び方法を検討
・整理用シートに記載されている支援をもとに、重要と思われる支援のイメージ図を選び、その図を見ながら「支援の共通点・相違点」を話し合います。
・現在の支援の時期（受容期・試行期・安定期）はどこかを検討し、共通理解を図ります。
・支援のイメージ図を見ながら学年（又はグループ、学校等）としての支援の方針を確認します。

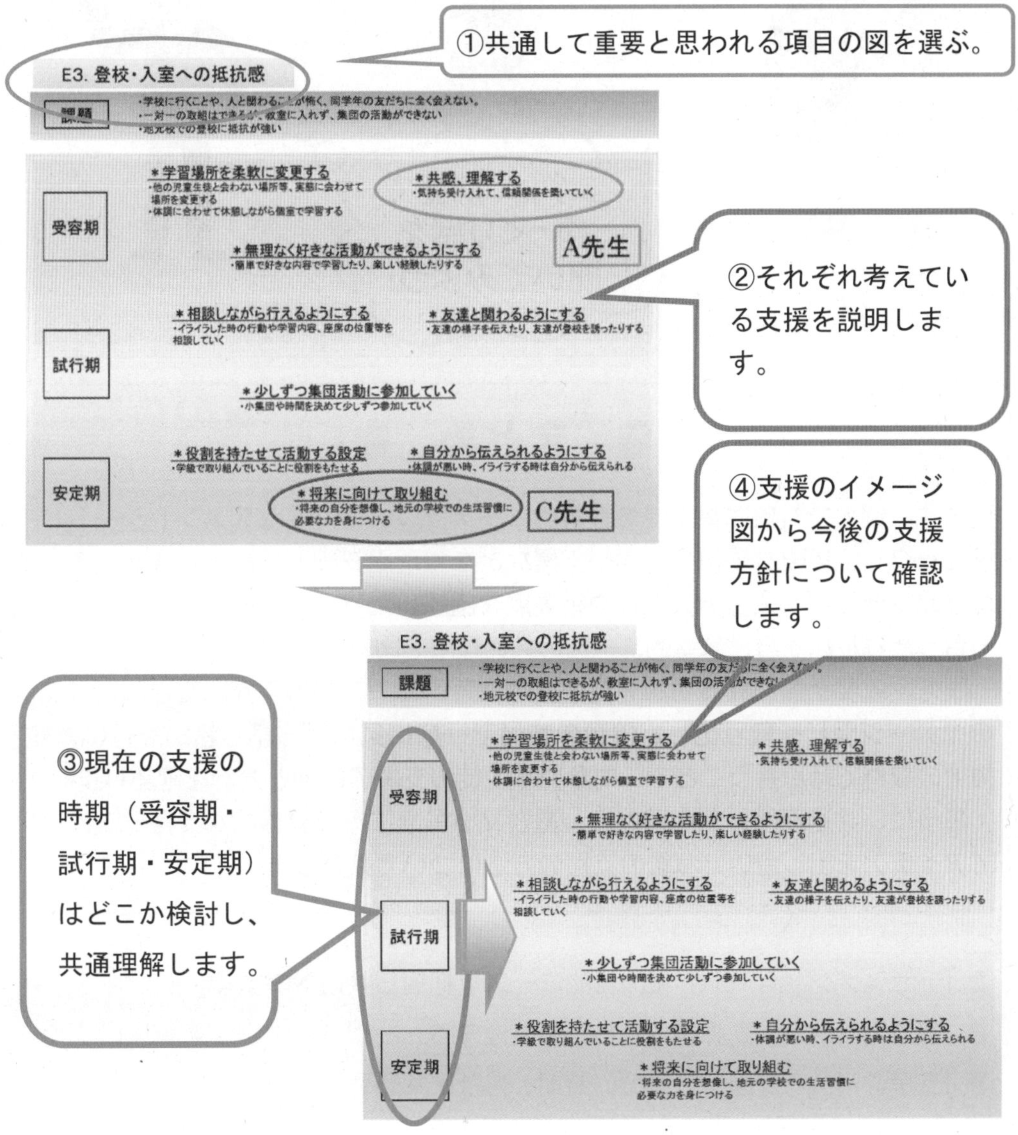

①共通して重要と思われる項目の図を選ぶ。
E3. 登校・入室への抵抗感
課題
・学校に行くことや、人と関わることが怖く、同学年の友だちに全く会えない。
・一対一の取組はできるが、教室に入れず、集団の活動ができない
・地元校での登校に抵抗が強い
受容期
＊学習場所を柔軟に変更する
・他の児童生徒と会わない場所等、実態に会わせて場所を変更する
・体調に合わせて休憩しながら個室で学習する
＊共感、理解する
・気持ち受け入れて、信頼関係を築いていく
A先生
＊無理なく好きな活動ができるようにする
・簡単で好きな内容で学習したり、楽しい経験したりする
②それぞれ考えている支援を説明します。
試行期
＊相談しながら行えるようにする
・イライラした時の行動や学習内容、座席の位置等を相談していく
＊友達と関わるようにする
・友達の様子を伝えたり、友達が登校を誘ったりする
＊少しずつ集団活動に参加していく
・小集団や時間を決めて少しずつ参加していく
安定期
＊役割を持たせて活動する設定
・学級で取り組んでいることに役割をもたせる
＊自分から伝えられるようにする
・体調が悪い時、イライラする時は自分から伝えられる
＊将来に向けて取り組む
・将来の自分を想像し、地元の学校での生活習慣に必要な力を身につける
C先生
④支援のイメージ図から今後の支援方針について確認します。
③現在の支援の時期（受容期・試行期・安定期）はどこか検討し、共通理解します。

図 3-4 イメージ図から支援の時期及び支援方法を検討

（6）＜協議＞　支援方法のアイデアを出し合う

・共通理解した教育的ニーズ、支援の時期、支援方針から、さらに重要又は早急に行う具体的な支援方法のアイデアを出し合い、今後、行う支援について共有します。

A先生
C先生
まずは、別室で
ゆっくり話を
聞いてみよう!

●　まとめ　●

まず、個人で対象児童生徒の教育的ニーズについて「アセスメントシート」でチェックし、重要な項目の課題や支援などを整理用シートに記入します。そして教員間でチェック項目の共通点や相違点を確認したり、整理用シートをもとに話し合ったりしながら、教育的ニーズの共通理解を図ります。

次に、重要と思われる対象児童生徒の教育的ニーズの項目が記載された【支援のイメージ図】を取り出し、複数の教員で一緒に見ながら話し合いを行います。複数の教員で話し合うことで、対象児童生徒の支援の時期と方針を確認します。

最後に、共通理解した内容から、重要又は早急に行う具体的な支援方法についてアイデアを出し合い、今後の支援の方法について共有します。

- 「アセスメントシート」で教育的ニーズを把握し共通理解する。
- 「整理用シート」で課題やねらいを整理する。
- 【支援のイメージ図】で支援の時期と方針を共通理解する。
- 共通理解した内容から支援方法のアイデアを出し合い共有する。

第4章

こころの病気のある児童生徒の教育的ニーズと支援例について

（6カテゴリー 40 項目）

A 心理

1 不安・悩み

児童生徒の課題

☑ 不安が強い

☑ 悩みが頭から離れない

課題の具体的内容

・不安が強いため教室に入れず、強迫的な行為や暴言・暴力がある。
・見通しをもてずに自信がなく、新しい活動を嫌がる。
・心配が強くて経験の幅が広がらないため、進路に不安がある。

支援の視点

不安や悩みのある児童生徒への支援では、最初に本人が不安や悩んでいることについてじっくり聞き取り、本人の感情や気持ちを言葉にできるようにします。次に、不安や悩みへの対処法について、本人と一緒に考えます。そして、その対処法について目標を設定して取り組み、あらかじめ対策をたてられるようなスキルを本人自身が身に付けていく支援をしていくことが大切です。

支援の具体例

＜気持ちを聞く＞（受容期の支援）

・話したい時にじっくり聞き、認める。
・イライラすること等、感情を言葉にできるようにする。

＜対処方法を考えて取り組めるようにする＞（安定期の支援）

・あらかじめ対策を立てられるようなスキルを身に付ける。

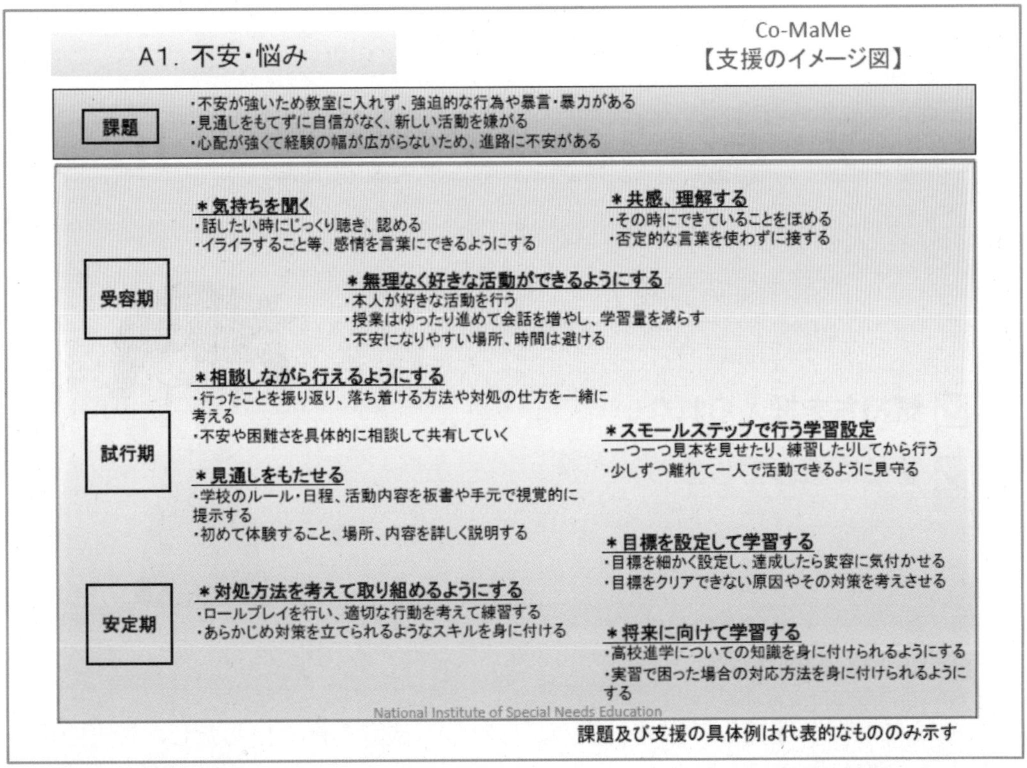
Co-MaMe
A1．不安・悩み
【支援のイメージ図】
課題
・不安が強いため教室に入れず、強迫的な行為や暴言・暴力がある
・見通しをもてずに自信がなく、新しい活動を嫌がる
・心配が強くて経験の幅が広がらないため、進路に不安がある
受容期
＊気持ちを聞く
・話したい時にじっくり聴き、認める
・イライラすること等、感情を言葉にできるようにする
＊共感、理解する
・その時にできていることをほめる
・否定的な言葉を使わずに接する
＊無理なく好きな活動ができるようにする
・本人が好きな活動を行う
・授業はゆったり進めて会話を増やし、学習量を減らす
・不安になりやすい場所、時間は避ける
試行期
＊相談しながら行えるようにする
・行ったことを振り返り、落ち着ける方法や対処の仕方を一緒に考える
・不安や困難さを具体的に相談して共有していく
＊スモールステップで行う学習設定
・一つ一つ見本を見せたり、練習したりしてから行う
・少しずつ離れて一人で活動できるように見守る
＊見通しをもたせる
・学校のルール・日程、活動内容を板書や手元で視覚的に提示する
・初めて体験すること、場所、内容を詳しく説明する
安定期
＊目標を設定して学習する
・目標を細かく設定し、達成したら変容に気付かせる
・目標をクリアできない原因やその対策を考えさせる
＊対処方法を考えて取り組めるようにする
・ロールプレイを行い、適切な行動を考えて練習する
・あらかじめ対策を立てられるようなスキルを身に付ける
＊将来に向けて学習する
・高校進学についての知識を身に付けられるようにする
・実習で困った場合の対応方法を身に付けられるようにする
National Institute of Special Needs Education
課題及び支援の具体例は代表的なもののみ示す

ケースＡ１

中学２年生 Ａ１さん

小学生の時、Ａ１さんは両親から身体的虐待を受け、学校を休むようになりました。そして自宅で一日中ゲームをして過ごしていました。自分に自信がもてず、感じていることや悩んでいることを周囲に話すこともできませんでした。PTSD の治療のため精神科に通院していた際に、医師に対して刃物を向けたことから、長期入院になりました。退院後、特別支援学校（病弱）へ転入となりました。

転入当初は、ふとしたことで失敗した経験や嫌だった体験が頭に浮かび落ちこむことが多くありました。気持ちが落ちこんでしまい何も手につかない状態になる前に**気持ちを教師に伝える練習を行いました。（受容期の支援）**言葉で表現できないこともあったため、意思表示カードを持ち歩くようにしました。カードは「イライラするのでクールダウンしたいです」「体調が悪いので保健室に行きたいです」「イライラします」「落ちこんでいます」のカードがあり、気持ちの整理がつかない時はクールダウンのカードを出し、別室で休む練習も行いました。また、睡眠が不安定なことから、睡眠の必要性を確認するため朝の HR で睡眠できたかをチェックすることにしました。

このような関わり合いの中で、気持ちを伝えることができ、悩みを解決できたという経験が増え、新しいことに取り組む自信がもてるようになってきました。気持ちの浮き沈みはありますが、気持ちを言葉にして伝え、自分の思いを整理することができるようになってきました。

A　心理

2 感情のコントロール

児童生徒の課題

☑ 気持ちを抑えられない
☑ すぐに怒ってしまう

課題の具体的内容

・すぐに感情が爆発して暴言、暴力をしたり、教室を飛び出したり、ひきこもりや自傷行為をしたりする。
・教員の話を聞いたり、対話したりできず、不満を教員にぶつける。
・イライラして不安になり授業に集中できず、友達と活動できない。

支援の視点

感情のコントロールが難しく、教室で感情を爆発させてしまった児童生徒への支援では、最初に本人がクールダウンできるように別な場所で気持ちを落ち着けるようにします。そして、本人が落ち着いたところで、不満やイライラした事を言葉や文字で伝えてもらうようにします。その後、感情を爆発させてしまった時の行動を振り返り、今後はそのような行動を起こす前に、他の人に相談する等の対処法を一緒に考えていく等の支援が大切です。

支援の具体例

＜クールダウン、気分転換できるようにする＞（受容期の支援）

・教室を離れ、一人になりクールダウンできる場所へ行く。

＜相談しながら行えるようにする＞（試行期の支援）

・不適切な行動になる前に相談する。
・暴言や暴力、トラブル等の不適切な行動を一緒に考える。

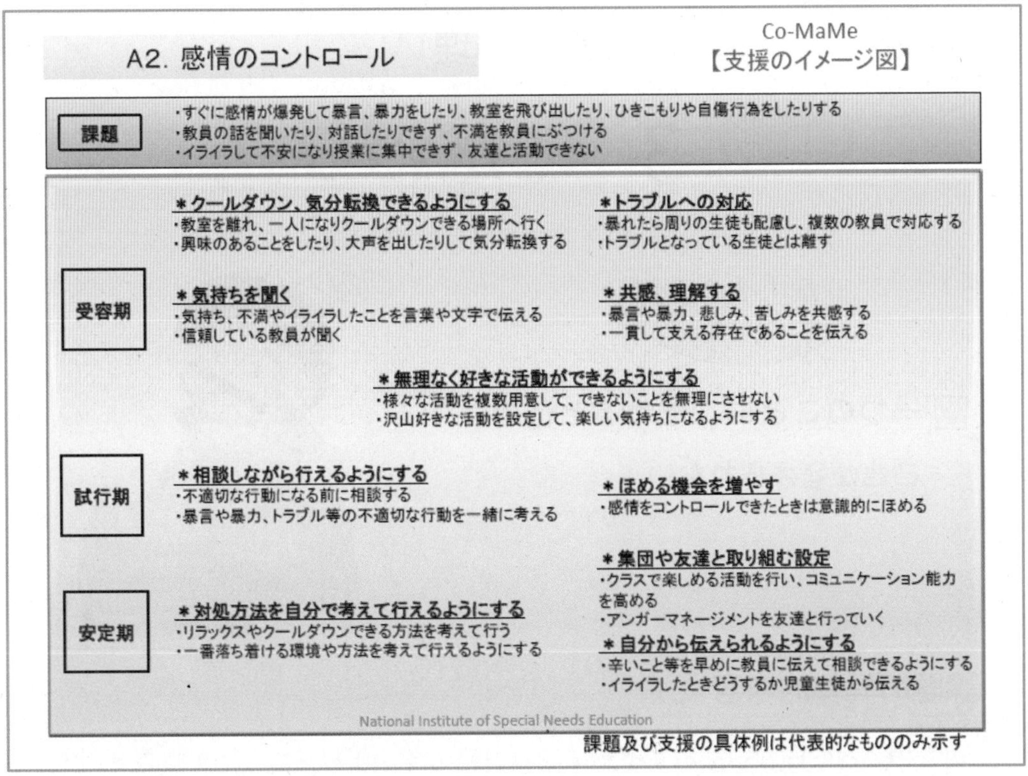
A2. 感情のコントロール
Co-MaMe
【支援のイメージ図】
課題
・すぐに感情が爆発して暴言、暴力をしたり、教室を飛び出したり、ひきこもりや自傷行為をしたりする
・教員の話を聞いたり、対話したりできず、不満を教員にぶつける
・イライラして不安になり授業に集中できず、友達と活動できない
受容期
＊クールダウン、気分転換できるようにする
・教室を離れ、一人になりクールダウンできる場所へ行く
・興味のあることをしたり、大声を出したりして気分転換する
＊トラブルへの対応
・暴れたら周りの生徒も配慮し、複数の教員で対応する
・トラブルとなっている生徒とは離す
＊気持ちを聞く
・気持ち、不満やイライラしたことを言葉や文字で伝える
・信頼している教員が聞く
＊共感、理解する
・暴言や暴力、悲しみ、苦しみを共感する
・一貫して支える存在であることを伝える
＊無理なく好きな活動ができるようにする
・様々な活動を複数用意して、できないことを無理にさせない
・沢山好きな活動を設定して、楽しい気持ちになるようにする
試行期
＊相談しながら行えるようにする
・不適切な行動になる前に相談する
・暴言や暴力、トラブル等の不適切な行動を一緒に考える
＊ほめる機会を増やす
・感情をコントロールできたときは意識的にほめる
安定期
＊集団や友達と取り組む設定
・クラスで楽しめる活動を行い、コミュニケーション能力を高める
・アンガーマネージメントを友達と行っていく
＊対処方法を自分で考えて行えるようにする
・リラックスやクールダウンできる方法を考えて行う
・一番落ち着ける環境や方法を考えて行えるようにする
＊自分から伝えられるようにする
・辛いこと等を早めに教員に伝えて相談できるようにする
・イライラしたときどうするか児童生徒から伝える
National Institute of Special Needs Education
課題及び支援の具体例は代表的なもののみ示す

ケースA２

中学３年生　Ａ２さん

ADHD と愛着障害で入院しているＡ２さんは、幼少期から落ち着きがなく、忘れ物も多く、そのたびに父親に殴られていました。次第に盗みもするようになり、父親の暴力もエスカレートしました。その頃、学校では、友達とうまく付き合えず、「ウザい」「イライラする」が口癖でキレやすくなっていました。そして、友達に悪口を言われたことをきっかけに、校舎の２階から飛び降りてしまいました。

転入当初は、表情が険しく常にイライラし、物に当たりやすく、「どうせ私なんか」が口癖でした。そこで、定期的に面談を行い、常に自分が大切に見守られていると実感できるようにしました。同時に、**「イライラ」の原因を具体的に言葉にする練習（受容期の支援）**をし、もやもやしていた理由を自覚できるようにしました。また、楽しい気持ちもつらい気持ちも、そばにいる教員が言葉で表現し、自分の感情を意識するとともに、人と共感する機会を増やしました。

その結果、「ウザい」や「イライラする」理由を言葉で伝えられるようになり、**教員に相談し（試行期の支援）**、クールダウンなど対処法も考えられるようになりました。イライラすることが少なくなり、感情をコントロールしながら、穏やかに学校生活が送れるようになりました。

3 こだわり

児童生徒の課題

☑ 一つのことにこだわると他のことが考えられない

課題の具体的内容

・一つのことが頭から離れず不安になり、自分で決まりをつくって暴言を吐く。
・意識が一つのことに集中してしまい、思った通りに運ばずにイライラする。
・一つのことにこだわってしまい、気持ちの切り替えができない。

支援の視点

　一つのことにこだわってしまい、気持ちの切り替えができない児童生徒への支援では、最初に目の前のやりたいことからやるべきことに意識を向けさせるようにします。次に、こだわっていることに時間をかけないように、事前にやるべき内容を確認する等、やるべき内容に見通しをもたせて伝える等の支援が大切です。さらに、本人がこだわりとの折り合いの付け方を身に付けられるようにしていく必要があります。

支援の具体例

＜気持ちを切り替えられるようにする＞（受容期の支援）

・目の前のやりたいことからやるべきことに意識を向けさせる。

＜見通しをもたせる＞（試行期の支援）

・流れやスケジュールを伝え、いつまでにやるかを明確にする。
・こだわっていることに時間をかけないように、事前にやるべき内容を確認する。

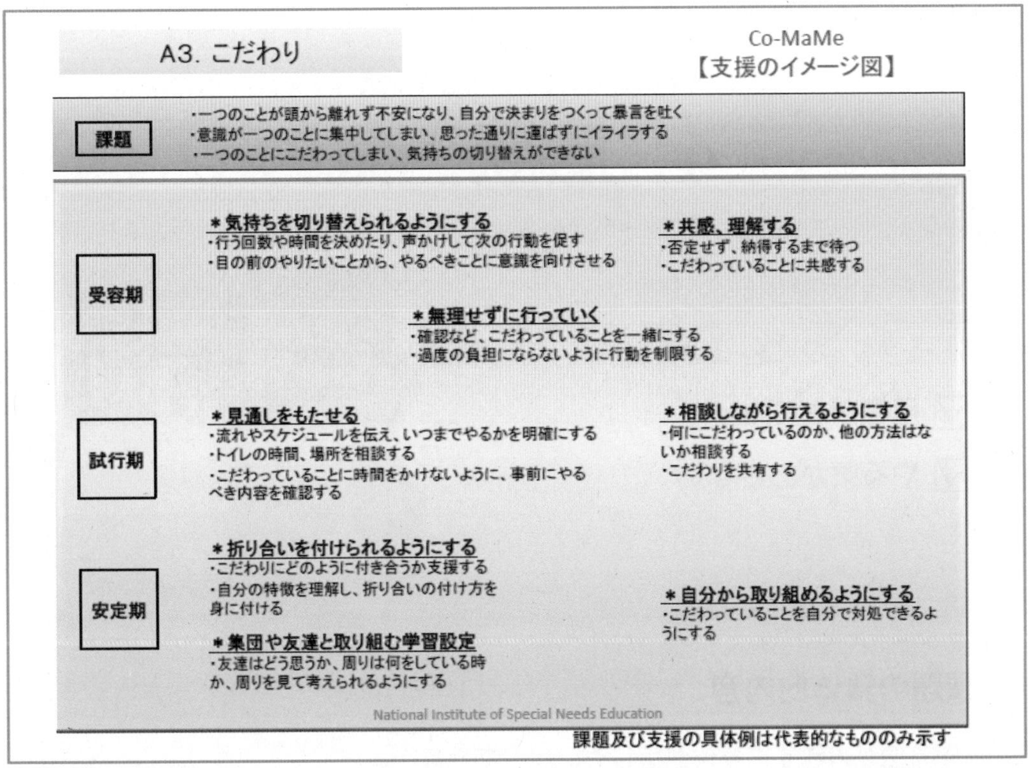
A3. こだわり
Co-MaMe
【支援のイメージ図】
課題
・一つのことが頭から離れず不安になり、自分で決まりをつくって暴言を吐く
・意識が一つのことに集中してしまい、思った通りに運ばずにイライラする
・一つのことにこだわってしまい、気持ちの切り替えができない
受容期
＊気持ちを切り替えられるようにする
・行う回数や時間を決めたり、声かけして次の行動を促す
・目の前のやりたいことから、やるべきことに意識を向けさせる
＊共感、理解する
・否定せず、納得するまで待つ
・こだわっていることに共感する
＊無理せずに行っていく
・確認など、こだわっていることを一緒にする
・過度の負担にならないように行動を制限する
試行期
＊見通しをもたせる
・流れやスケジュールを伝え、いつまでやるかを明確にする
・トイレの時間、場所を相談する
・こだわっていることに時間をかけないように、事前にやるべき内容を確認する
＊相談しながら行えるようにする
・何にこだわっているのか、他の方法はないか相談する
・こだわりを共有する
安定期
＊折り合いを付けられるようにする
・こだわりにどのように付き合うか支援する
・自分の特徴を理解し、折り合いの付け方を身に付ける
＊集団や友達と取り組む学習設定
・友達はどう思うか、周りは何をしている時か、周りを見て考えられるようにする
＊自分から取り組めるようにする
・こだわっていることを自分で対処できるようにする
National Institute of Special Needs Education
課題及び支援の具体例は代表的なもののみ示す

ケース A3

小学６年生 Ａ３さん

小学６年生のＡ３さんは、算数を得意としています。しかし、学習問題でつまずくと問題の解き方にこだわってしまい、他の考え方を提案されても受け入れられませんでした。自身が納得をするまで教師に質問をし続ける様子や、反対に塞ぎ込んで教科書やノートを黒く塗りつぶす、文房具を破壊するなどの行動が見られました。５年生の時には、長期間にわたって学習に気持ちを向けることができない状況もありました。

はじめに、A3 さんの気持ちが落ち着くまで一人の時間を設けました。（受容期の支援）会話ができる状況になってから、再度問題の解き方を一緒に確認することで悩みを共有しました。（試行期の支援）その後に他の解き方を提案したり他の問題を解くように促したりし、解けたことで前向きな気持ちになることができました。しかし A3 さんは「自分の解き方のどこが間違えていたのか」がこだわりの根底にあるため、算数の授業の度に「あの問題解けなかったな、もう一度教えて」と再度こだわろうとする姿がありました。

次に、高等部の先生に中学部や高等部での問題の解き方を先取りして教えてもらう機会を設けました。また、地域の小学６年生の学習進度を知らせ、学習が順調に進んでいることを伝えました。問題を解けたことや学習が先に進んでいる安心感をもてたことで、間違えても「まあいいか」、「もうすぐ教科書終わりそうだね」などの発言が聞かれ、以前よりもこだわりすぎずに安定した気持ちで学習に取り組める場面が増えました。（安定期の支援）

A　心理

4　意欲・気力

児童生徒の課題

☑ 目標がもてない

☑ やる気がおきない

課題の具体的内容

・やる気がおきずに表現が乏しく、登校できない。
・見通しがもてずに自信がなく、学習に集中できない。
・行事・集団で取り組む事が苦手で、目標がもてない。

支援の視点

目標がもてず、やる気がおきない児童生徒への支援では、スモールステップで取り組む学習等を設定し、成功体験や達成感を少しずつ積み上げていくことが大切です。また、不登校の児童生徒については、登校できるまでの目標を段階的に示していきます。それらの積み重ねから、最終的には、長期的な目標を設定して学習する等、何かを目標に取り組めるような支援をしていく必要があります。

支援の具体例

<スモールステップで取り組む学習設定>（試行期の支援）

・成功体験・達成感を少しずつ積み上げる。
・登校できるまでを段階的に目標で示す。

<見通しをもたせる>（試行期の支援）

・退院を目標に学年を意識しながら学習する。
・修学旅行を目標にして取り組む。

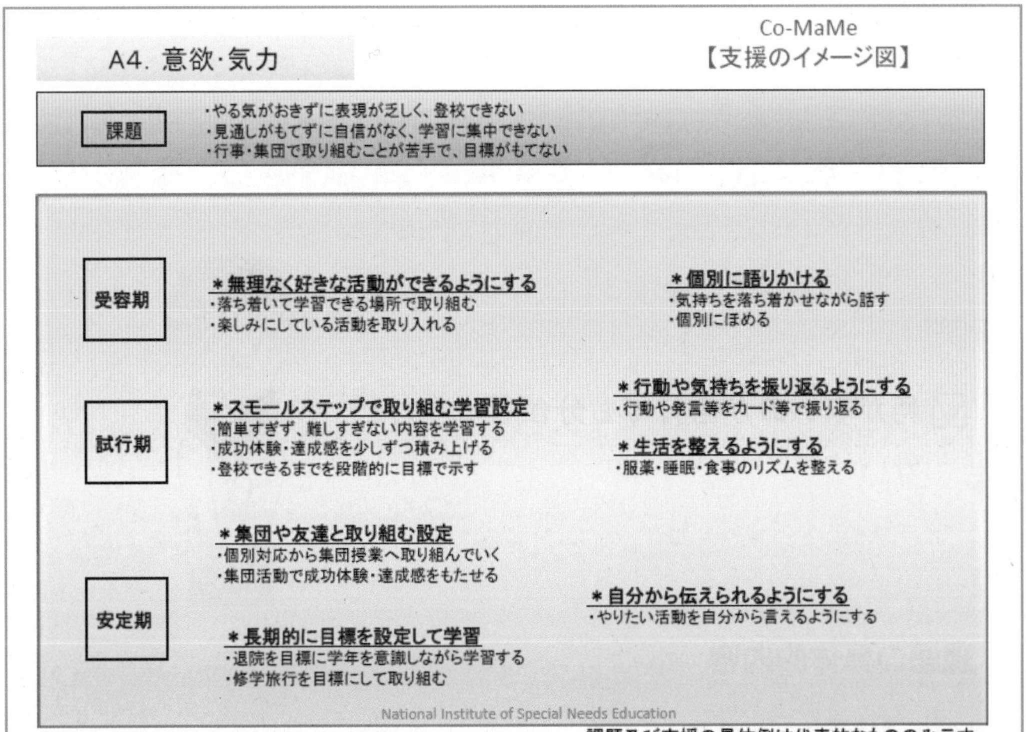
Co-MaMe
【支援のイメージ図】
A4. 意欲・気力
課題
・やる気がおきずに表現が乏しく、登校できない
・見通しがもてずに自信がなく、学習に集中できない
・行事・集団で取り組むことが苦手で、目標がもてない
受容期
＊無理なく好きな活動ができるようにする
・落ち着いて学習できる場所で取り組む
・楽しみにしている活動を取り入れる
＊個別に語りかける
・気持ちを落ち着かせながら話す
・個別にほめる
試行期
＊スモールステップで取り組む学習設定
・簡単すぎず、難しすぎない内容を学習する
・成功体験・達成感を少しずつ積み上げる
・登校できるまでを段階的に目標で示す
＊行動や気持ちを振り返るようにする
・行動や発言等をカード等で振り返る
＊生活を整えるようにする
・服薬・睡眠・食事のリズムを整える
安定期
＊集団や友達と取り組む設定
・個別対応から集団授業へ取り組んでいく
・集団活動で成功体験・達成感をもたせる
＊自分から伝えられるようにする
・やりたい活動を自分から言えるようにする
＊長期的に目標を設定して学習
・退院を目標に学年を意識しながら学習する
・修学旅行を目標にして取り組む
National Institute of Special Needs Education
課題及び支援の具体例は代表的なもののみ示す

ケース A4

中学２年生　Ａ４さん

小学４年生までは毎日元気に登校していたが、５年生の秋頃から不登校と家庭内暴力が始まり、６年生の時に初入院。２か月で退院となりましたが、中学２年生の秋に再入院となり、分教室への通学を始めました。不安やストレスを感じると、リストカットや市販薬の服用等で自分を傷つける行動に出てしまう面がありました。

集団生活では、一人でいることも多いが、一人でいるストレスよりも「２人組を作るときに一人残される危機感」や、「友達に話しかけないといけない場面」等で不安を感じるようなので、他の先生方と連携し、授業中は２人組を作らないように、教員が常に気を配りながら学校生活を送るようにしました。また、何のために勉強をするのか、何で頑張らなければならないのかと悩む姿も見られました。疲れてくると苦手な教科がある日は学校を休んでしまうこともあったため、まずは、欠席するのではなく、苦手な教科は途中で早退したりしながら、毎日、学校に通うことを目標にしました。（試行期の支援）

学校を休むのではなく、難しいことや、苦手な場面はどのような対応をしてもらえれば、ストレスが最小限で抑えられるかを経験して、次のステップに進んで欲しいと思っています。時間はかかりますが、友達とのコミュニケーションを少しずつ楽しめるようになりました。前の学校に通えなくなってしまった理由も自分で説明できるようになったので、これからどのように考慮すれば通えるのかを話し合って、学校へ通う練習をしていきたいと思っています。

A　心理

5 自己理解

児童生徒の課題

☑ 何が辛いのか自分でも分からない

課題の具体的内容

・辛い気持ちを伝えられずにパニックになり、行動できない。
・何をしたら疲れるか分からず、イライラしたことを振り返れずに、どんな気持ちか分からない。
・気持ちを整理できず、自分を過大評価して、目標設定が難しい。

支援の視点

何が辛いのか自分でも分からない児童生徒への支援では、面談する等して、本人の行動や気持ちを振り返り、辛くなっている原因や気持ちを整理して考えていくことが大切です。また、長期的には、自分の特徴を理解出来るよう、好きなこと、嫌いなこと、長所、短所等をまとめ、本人の自己理解を促す取組が必要です。

支援の具体例

＜行動や気持ちを振り返られるようにする＞（試行期の支援）

・面談でプリントに記入しながら、行動や気持ちを振り返る。

＜気持ちを整理できるようにする＞（試行期の支援）

・その気持ちになった具体的な場面や経緯を絵・言葉で整理できるようにする。

＜自分の特徴を理解できるようにする＞（試行期の支援）

・自分を知るために好きなこと・嫌いなこと、長所・短所等をまとめる。

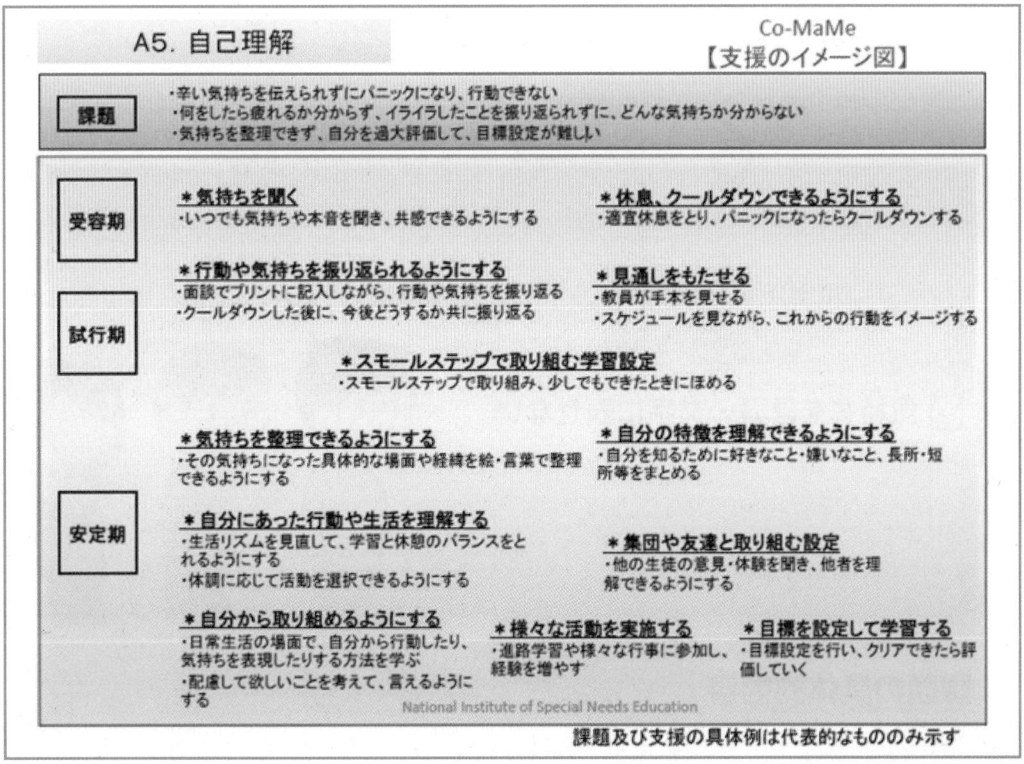
A5. 自己理解
Co-MaMe
【支援のイメージ図】
課題
・辛い気持ちを伝えられずにパニックになり、行動できない
・何をしたら疲れるか分からず、イライラしたことを振り返られずに、どんな気持ちか分からない
・気持ちを整理できず、自分を過大評価して、目標設定が難しい
受容期
＊気持ちを聞く
・いつでも気持ちや本音を聞き、共感できるようにする
＊休息、クールダウンできるようにする
・適宜休息をとり、パニックになったらクールダウンする
試行期
＊行動や気持ちを振り返られるようにする
・面談でプリントに記入しながら、行動や気持ちを振り返る
・クールダウンした後に、今後どうするか共に振り返る
＊見通しをもたせる
・教員が手本を見せる
・スケジュールを見ながら、これからの行動をイメージする
＊スモールステップで取り組む学習設定
・スモールステップで取り組み、少しでもできたときにほめる
安定期
＊気持ちを整理できるようにする
・その気持ちになった具体的な場面や経緯を絵・言葉で整理できるようにする
＊自分の特徴を理解できるようにする
・自分を知るために好きなこと・嫌いなこと、長所・短所等をまとめる
＊自分にあった行動や生活を理解する
・生活リズムを見直して、学習と休憩のバランスをとれるようにする
・体調に応じて活動を選択できるようにする
＊集団や友達と取り組む設定
・他の生徒の意見・体験を聞き、他者を理解できるようにする
＊自分から取り組めるようにする
・日常生活の場面で、自分から行動したり、気持ちを表現したりする方法を学ぶ
・配慮して欲しいことを考えて、言えるようにする
＊様々な活動を実施する
・進路学習や様々な行事に参加し、経験を増やす
＊目標を設定して学習する
・目標設定を行い、クリアできたら評価していく
National Institute of Special Needs Education
課題及び支援の具体例は代表的なもののみ示す

ケースA5

小学6年生　Ａ５さん

小学６年生のＡ５さんは、授業中の私語が増えてきたことで担任に指導されることが多くなりました。指導されると、Ａ５さんは「どうして僕だけ？」と憤慨し、教室を出て行くことが続きました。

そうした事態を受けて、**副担任がA5さんと毎日放課後に、感情が抑えられない場面の振り返りをしました。**（試行期の支援）「きっかけ」「出来事をどう捉えたか」「どういう感情になったか」「どういう行動をとったか」をノートに書き残し、整理しました。振り返りを積み重ね、自分が授業の始まりの時間に指導され感情的になることが多いことを知りました。休み時間から授業への切り替えをうまくするために、休み時間終了の３分前に着席し授業の準備をするという対処法を副担任と共に考え「カップラーメン作戦」という名前を付け、ロールプレイング演習の中で実践するための練習を行いました。

そうしたことを積み重ね、少しずつ対人関係のトラブルは少なくなり、落ち着いて学校生活を送ることができるようになりました。

A　心理

6　気持ちの表現

児童生徒の課題

☑ 気持ちを言葉・文字に表せない

課題の具体的内容

・感情をため込み、怒って騒ぎ、暴言を吐く。
・黙り込んで、イライラして暴れる。
・嫌なことを伝えられず、気持ちと裏腹の表現をしたり、態度で表したりする。

支援の視点

　自分の気持ちを言葉や文字にして表現することが難しい児童生徒への支援では、最初に表情等から気持ちを読み取ったり、本人に自分の気持ちを表すカードで選んでもらったりする等、本人の気持ちを理解することが大切です。次に、自分の気持ちを伝えられるようにしたり、気持ちを表現したりする方法を学べるような支援が必要です。

支援の具体例

＜気持ちを聞く＞（受容期の支援）

・表情等から気持ちを読み取り、早めに相談や対応をする。
・気持ちをカードや例などから選べるようにし、伝えられたらほめる。

＜気持ちを伝えられるようにする＞（試行期の支援）

・気持ちを点数で表現したり、文字で表したりする。
・教員が気持ちを表現して、言葉・タイミングを伝えていく。

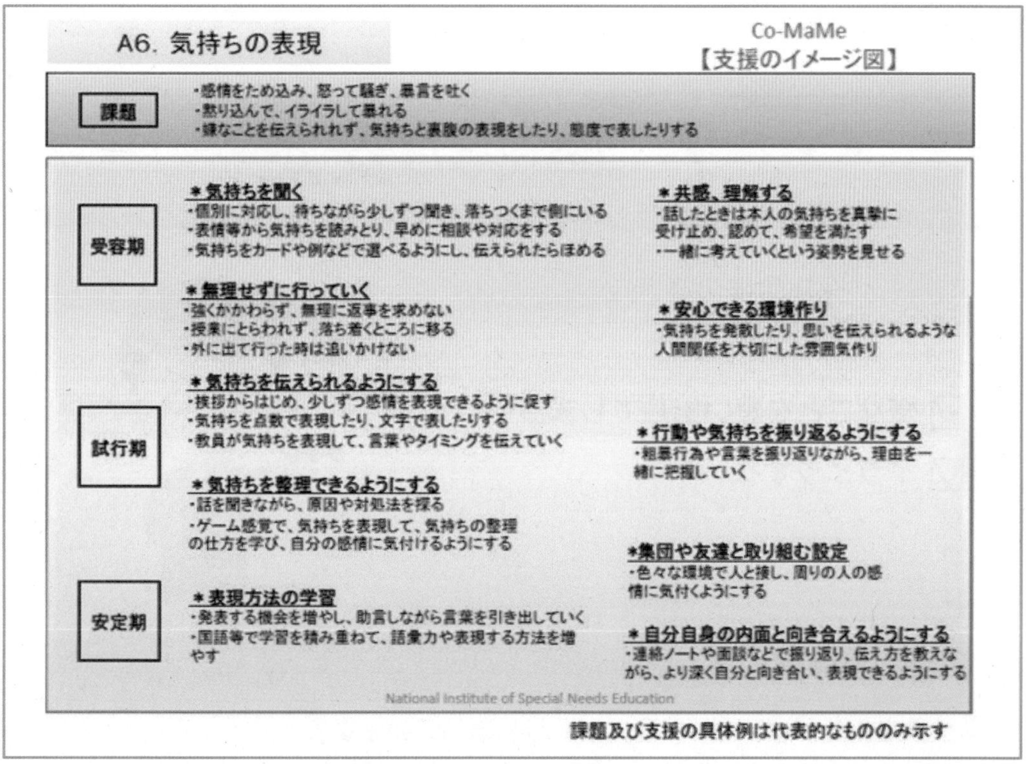
A6. 気持ちの表現
Co-MaMe
【支援のイメージ図】
課題
・感情をため込み、怒って騒ぎ、暴言を吐く
・黙り込んで、イライラして暴れる
・嫌なことを伝えられれず、気持ちと裏腹の表現をしたり、態度で表したりする
受容期
＊気持ちを聞く
・個別に対応し、待ちながら少しずつ聞き、落ちつくまで側にいる
・表情等から気持ちを読みとり、早めに相談や対応をする
・気持ちをカードや例などで選べるようにし、伝えられたらほめる
＊共感、理解する
・話したときは本人の気持ちを真摯に受け止め、認めて、希望を満たす
・一緒に考えていくという姿勢を見せる
＊無理せずに行っていく
・強くかかわらず、無理に返事を求めない
・授業にとらわれず、落ち着くところに移る
・外に出て行った時は追いかけない
＊安心できる環境作り
・気持ちを発散したり、思いを伝えられるような人間関係を大切にした雰囲気作り
試行期
＊気持ちを伝えられるようにする
・挨拶からはじめ、少しずつ感情を表現できるように促す
・気持ちを点数で表現したり、文字で表したりする
・教員が気持ちを表現して、言葉やタイミングを伝えていく
＊行動や気持ちを振り返るようにする
・粗暴行為や言葉を振り返りながら、理由を一緒に把握していく
＊気持ちを整理できるようにする
・話を聞きながら、原因や対処法を探る
・ゲーム感覚で、気持ちを表現して、気持ちの整理の仕方を学び、自分の感情に気付けるようにする
＊集団や友達と取り組む設定
・色々な環境で人と接し、周りの人の感情に気付くようにする
安定期
＊表現方法の学習
・発表する機会を増やし、助言しながら言葉を引き出していく
・国語等で学習を積み重ねて、語彙力や表現する方法を増やす
＊自分自身の内面と向き合えるようにする
・連絡ノートや面談などで振り返り、伝え方を教えながら、より深く自分と向き合い、表現できるようにする
National Institute of Special Needs Education
課題及び支援の具体例は代表的なもののみ示す

ケースA６

中学部１年生　Ａ６さん

　中学部１年のＡ６さんは幼い頃に虐待を受け、親戚に引き取られました。学校ではイライラしやすく暴言を抑えられず、小学４年生からは学校に行けなくなりました。

　転入当初、友達とは遊べず、教員とオセロなどのゲームをしていましたが、ごまかしてでも勝つことにこだわりました。授業では、板書が多いと感じるだけで怒り出しました。そして、怒った後は必ず、長時間体を硬くしたまま動かなくなりました。

　そこで、友達と穏やかな交流が持てるよう、ゲームでは「たまには勝ちたいな。」と伝え、対等に遊べないときの相手の気持ちを言葉にしました。**（試行期の支援）**また、そばにいる友達に相手を交代してもらい、少しずつ交流を広げていきました。**（試行期の支援）**苦手なことには一緒に取り組み、困った時は誰かを頼れることを示して、できたときにはほめることを繰り返しました。

　そうするうちに教員のそばを離れ、一日中友達と遊べるようになりました。まだ暴言は抑えきれませんが、イライラすることは減り、怒って長時間動けなくなることはなくなりました。

A　心理

7 情緒の安定

児童生徒の課題

☑ 嫌なことを思い出してしまう

☑ イライラする

課題の具体的内容

・大声を出して泣いたり、物に当たり、自傷行為をする。
・クールダウンできずに教室から飛び出したり、帰ったりする。
・過去のことを思い出してイライラし、安定した気持ちで過ごせず、授業に出られない。

支援の視点

情緒が不安定な児童生徒への支援では、クールダウンや気分転換ができるよう配慮し、情緒が安定するよう働きかけることが大切です。また、本人の情緒が安定してきたら、自分の行動や気持ちを振り返ったり、自分の行動や感情をコントロールできるようにしたりするための支援をすることが必要です。

支援の具体例

＜クールダウン、気分転換できるようにする＞（受容期の支援）

・一人になれる場所を確保して、落ち着くのを待つ。

＜行動や気持ちを振り返るようにする＞（試行期の支援）

・イライラする出来事を振り返り、「大丈夫」という声かけをする。

＜感情を安定させる方法を学ぶ＞（安定期の支援）

・感情のメカニズムを知り、コントロールする方法を学ぶ。

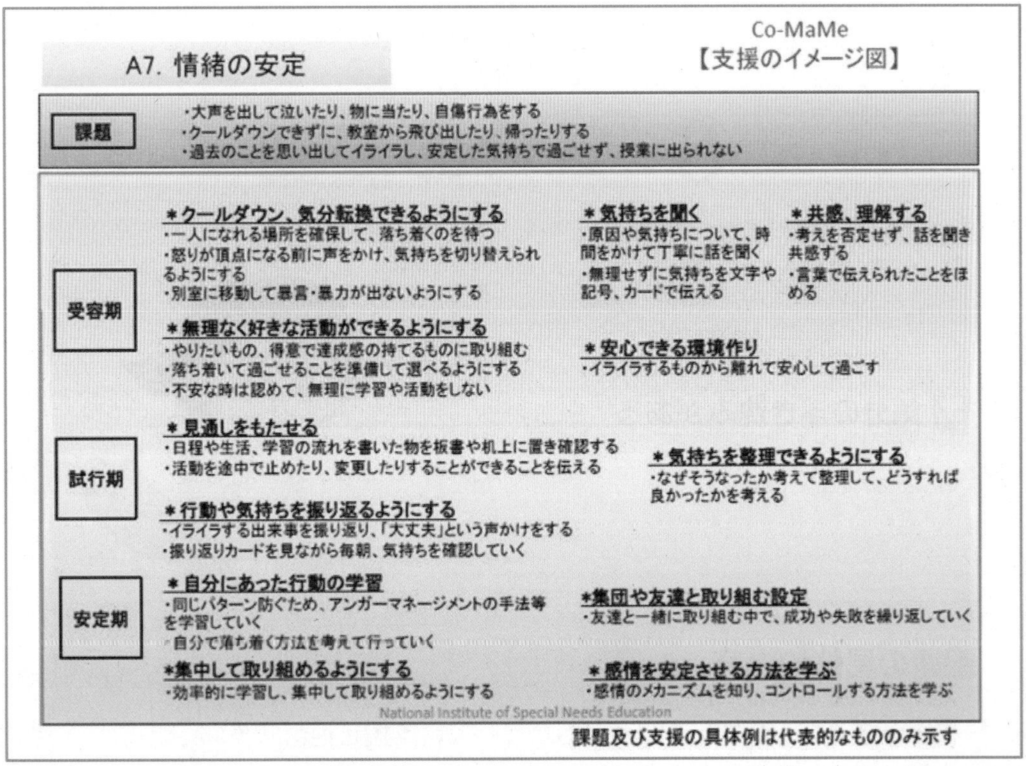
Co-MaMe
【支援のイメージ図】
A7. 情緒の安定
課題
・大声を出して泣いたり、物に当たり、自傷行為をする
・クールダウンできずに、教室から飛び出したり、帰ったりする
・過去のことを思い出してイライラし、安定した気持ちで過ごせず、授業に出られない
受容期
＊クールダウン、気分転換できるようにする
・一人になれる場所を確保して、落ち着くのを待つ
・怒りが頂点になる前に声をかけ、気持ちを切り替えられるようにする
・別室に移動して暴言・暴力が出ないようにする
＊気持ちを聞く
・原因や気持ちについて、時間をかけて丁寧に話を聞く
・無理せずに気持ちを文字や記号、カードで伝える
＊共感、理解する
・考えを否定せず、話を聞き共感する
・言葉で伝えられたことをほめる
＊無理なく好きな活動ができるようにする
・やりたいもの、得意で達成感の持てるものに取り組む
・落ち着いて過ごせることを準備して選べるようにする
・不安な時は認めて、無理に学習や活動をしない
＊安心できる環境作り
・イライラするものから離れて安心して過ごす
試行期
＊見通しをもたせる
・日程や生活、学習の流れを書いた物を板書や机上に置き確認する
・活動を途中で止めたり、変更したりすることができることを伝える
＊気持ちを整理できるようにする
・なぜそうなったか考えて整理して、どうすれば良かったかを考える
＊行動や気持ちを振り返るようにする
・イライラする出来事を振り返り、「大丈夫」という声かけをする
・振り返りカードを見ながら毎朝、気持ちを確認していく
安定期
＊自分にあった行動の学習
・同じパターン防ぐため、アンガーマネージメントの手法等を学習していく
・自分で落ち着く方法を考えて行っていく
＊集団や友達と取り組む設定
・友達と一緒に取り組む中で、成功や失敗を繰り返していく
＊集中して取り組めるようにする
・効率的に学習し、集中して取り組めるようにする
＊感情を安定させる方法を学ぶ
・感情のメカニズムを知り、コントロールする方法を学ぶ
National Institute of Special Needs Education
課題及び支援の具体例は代表的なもののみ示す

ケースＡ７

高校３年生　Ａ７さん

中学生の時、転入転出を繰り返しながら病弱特別支援学校の高等部に進学したＡ７さんは、新しい友達との関係を作っていくのに時間がかかっていた。自分の好きな教科の授業には出席するが、苦手意識がある先生の授業は出ない。それも、気持ちの在り方でいろいろと変化してしまう状況であった。

毎朝の段取り（スケジュール確認）の進み具合や教師・友達との会話の内容によって、イライラしたりまったく反応しなくなったりすることがよくあった。お腹が痛いとか、眠いなどの身体症状も出て保健センターなどの別室で過ごすことも多くあった。自分なりにやりたいことやみんなのために動きたいという気持ちをもっているけど、それがうまく表現できないでいることが様々な場面で見えてきたので、**授業や行事などの場面で本人の考えややりたいことを確認して可能な限り実現できるようにした。**（受容期の支援）

自分で考えたことができ、みんなが喜んでくれるという体験が増えると授業などに参加できる割合が増えてきた。Ａ７さん自身に考えさせ受け止めてもらえる体験や、クラスの友達に受け入れられる体験を重ねることで学校でも笑顔が増えて生徒会役員になるなど活動的になっていった。

A　心理

8　気分の変動

児童生徒の課題

☑ 気分の浮き沈みがある

課題の具体的内容

・機嫌が悪くなったり、イライラしたりして、支援を拒否する。
・疲労などから気持ちが大きく変化し、登校が不安定になる。
・気分によって授業に集中したり、活動に取り組むことができない。

支援の視点

気分の浮き沈みがある児童生徒への支援では、クールダウンや気分転換ができるよう配慮し、気分が安定するよう働きかけることが大切です。また、気分が安定してきたら、自分の行動や気持ちを振り返ったり、自分の状態を踏まえて自主的に学習する時間や場所を決められる等して、自ら取り組めるように支援をすることが必要です。

支援の具体例

＜クールダウン、気分転換できるようにする＞（受容期の支援）

・一人になって、静かに見守り、落ち着いてから活動に取り組めるような環境を作る。

＜行動や気持ちを振り返るようにする＞（試行期の支援）

・振り返りながら、同じような状態になる時の対処を考える。

＜自分から取り組めるようにする＞（安定期の支援）

・状態を伝えて、自主的に学習する時間や場所を決められるようにする。

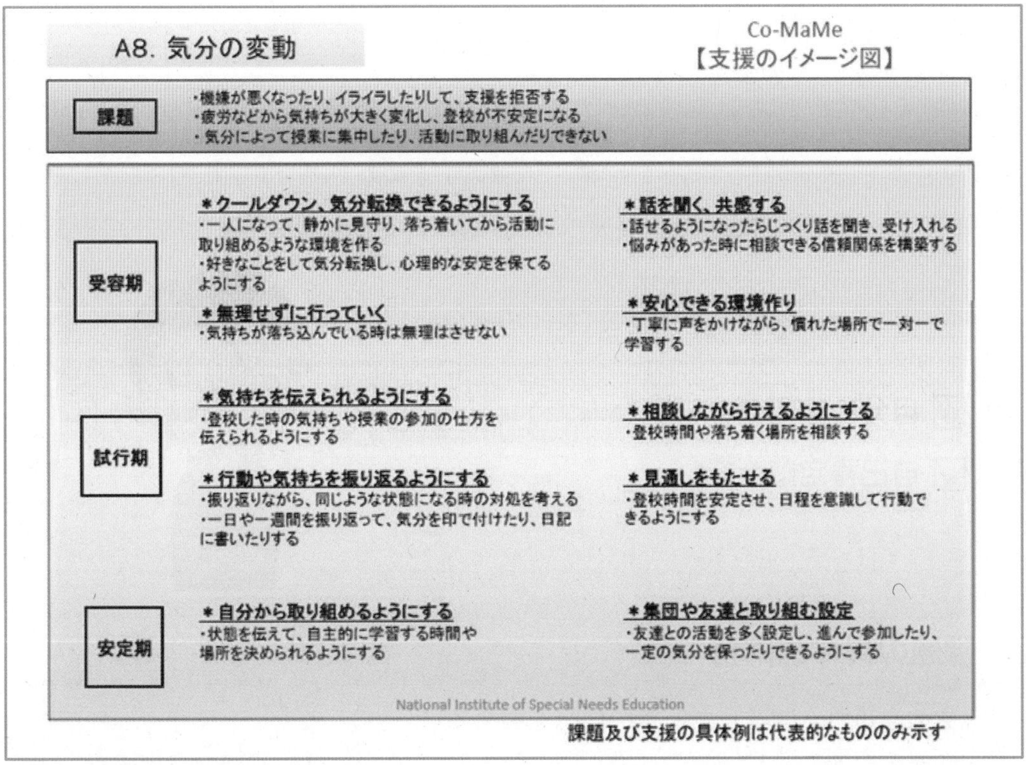
A8. 気分の変動
Co-MaMe
【支援のイメージ図】
課題
・機嫌が悪くなったり、イライラしたりして、支援を拒否する
・疲労などから気持ちが大きく変化し、登校が不安定になる
・気分によって授業に集中したり、活動に取り組んだりできない
受容期
＊クールダウン、気分転換できるようにする
・一人になって、静かに見守り、落ち着いてから活動に取り組めるような環境を作る
・好きなことをして気分転換し、心理的な安定を保てるようにする
＊無理せずに行っていく
・気持ちが落ち込んでいる時は無理はさせない
＊話を聞く、共感する
・話せるようになったらじっくり話を聞き、受け入れる
・悩みがあった時に相談できる信頼関係を構築する
＊安心できる環境作り
・丁寧に声をかけながら、慣れた場所で一対一で学習する
試行期
＊気持ちを伝えられるようにする
・登校した時の気持ちや授業の参加の仕方を伝えられるようにする
＊行動や気持ちを振り返るようにする
・振り返りながら、同じような状態になる時の対処を考える
・一日や一週間を振り返って、気分を印で付けたり、日記に書いたりする
＊相談しながら行えるようにする
・登校時間や落ち着く場所を相談する
＊見通しをもたせる
・登校時間を安定させ、日程を意識して行動できるようにする
安定期
＊自分から取り組めるようにする
・状態を伝えて、自主的に学習する時間や場所を決められるようにする
＊集団や友達と取り組む設定
・友達との活動を多く設定し、進んで参加したり、一定の気分を保ったりできるようにする
National Institute of Special Needs Education
課題及び支援の具体例は代表的なもののみ示す

ケースＡ８

小学５年生　Ａ８さん

Ａ８さんは不安障害で入院しています。家庭生活や学校生活の中で、疲れから気持ちが落ち着かなくなったり、自分のイメージどおりに物事が進まなくなったりすると、イライラして机に身体を打ち付けることがありました。病院への入院後、特別支援学校（病弱）への転入となりました。

転入してしばらくは、新しい環境に対する不安が大きく、なかなか登校することができませんでした。そのため、教師と１対１の環境をつくり、無理せず安心して学習に取り組むことができるようにしました。また、気持ちが落ち着かずイライラしてしまう時は、クールダウンができる部屋で１人になったり、身近な先生と一緒に折り紙をしたりすることで気持ちが切り替えられるようにしました。（受容期の支援）

そのような中で、はじめは固かったＡ８さんの表情にも笑顔が見られるようになり、「学校が楽しい」と、毎日登校することができるようになってきました。また、毎日登校できるという自信がもてたことで、友達と同じ教室で学習したいという意欲にもつながりました。

A　心理

9　自信

児童生徒の課題

☑ 自分に自信がない

☑ 自己肯定感が低い

課題の具体的内容

・失敗を恐れ、間違えたときに自分を責める。
・過去の経験から自己肯定感が低く、新しいことなどはやる前から出来ないと決めてしまう。
・挫折感が強く、目標が決められず、将来への意欲が持ちにくい。

支援の視点

自分に自信がない、自己肯定感が低い児童生徒への支援では、小さな成功体験や達成感を積み重ねて、少しずつ本人の自己肯定感が高まるようにしていく取組が大切です。また、少し自信がついてきたら、集団の中で人に喜んでもらえる活動を行い、他者からの評価を得られるようにして、自己肯定感を高められるような支援が必要です。

支援の具体例

＜スモールステップで行う学習設定＞（試行期の支援）

・小さな成功体験・達成感を積み重ねて、少しずつ自己肯定感が高まる工夫。

＜集団や友達と取り組む設定＞（安定期の支援）

・係活動・日直等、周囲の中で役割を果たして人に役立ちたいという気持ちを育てる。

＜他者からの評価を得る＞（安定期の支援）

・人に喜んでもらえる活動を行う。

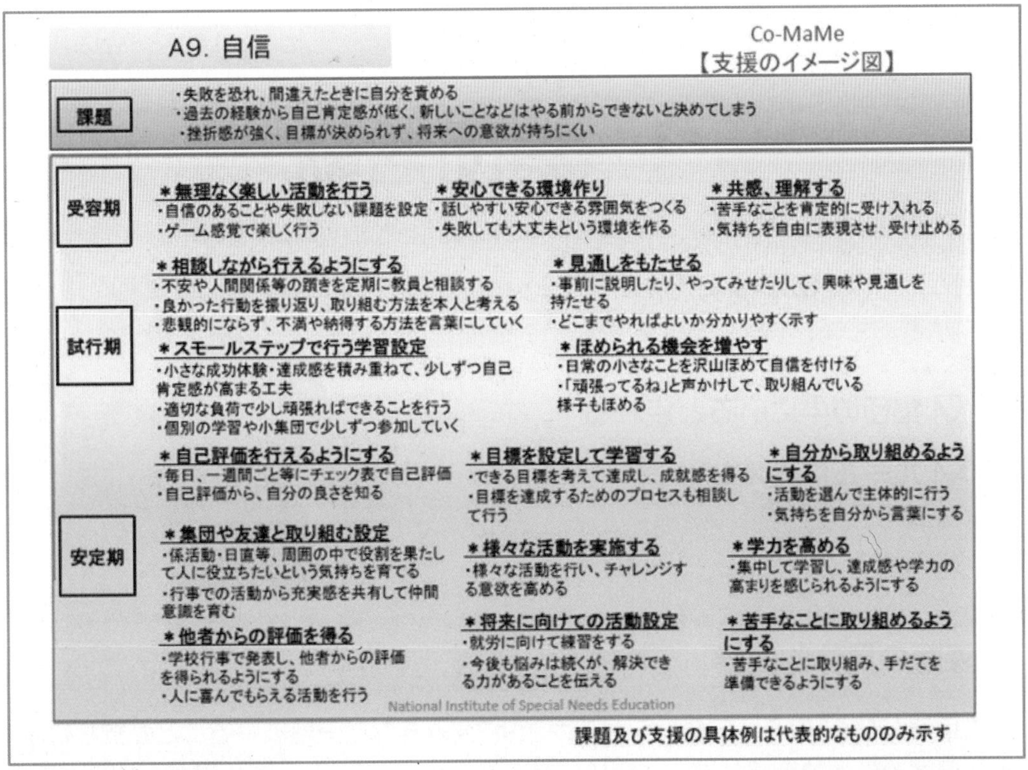

ケースＡ９

小学６年生　Ａ９さん

小学６年生のＡ９さんは、ADHD の診断を受けています。幼いころから落ち着きがなく、失敗ばかり繰り返してきました。友達ともうまくいかず、学校や家庭で叱られることも多かったＡ９さんは「自分は何をやってもダメだ」と自信を無くしていました。失敗を恐れるあまり、学校で新しい課題や苦手な課題等で、ほんの少しうまくいかないことがあると、暴れたり暴力を振るったり、周りに無理な要求をしたりするようになりました。

転入当初も、少し難しいことやうまくいかないことがあると、不穏になっていました。また、自分の気持ちを言葉で伝えることが苦手で、「自分が不調になったのは周りが悪い」と、被害的・他責的に捉えていました。そこで、まずは、**安心できる環境づくり、自信をもって無理なく取り組める活動**（**受容期の支援**）から始めました。次第に表情が良くなり、ほめられる機会も増え、自発的に何かに挑戦しようとする姿も見られ始めました。**失敗が許される雰囲気づくりもし、再挑戦をして、成功体験を積めるよう配慮しました。**（**試行期の支援**）同時にイライラした時のクールダウンの方法や、伝え方も一緒に考え、練習しました。集団の中で役割を果たし、認め合う授業も取り入れ、仲間と楽しく過ごす経験を積み重ねました。

その結果、以前はあきらめてしまったことに取り組めるようになってきました。また、うまくいかないときも、言葉で伝えられ、クールダウンできるようになり、暴力は振るわなくなりました。新しいことへの挑戦もできるようになってきています。

B　社会性

1 集団活動

児童生徒の課題

☑ 集団の中にいると疲れる

☑ ルールに従えない

課題の具体的内容

・自信がなく、コミュニケーションが苦手で、みんなと一緒にいることが難しい。
・集団での活動を嫌がり、一緒に活動できない。
・集団の中でルールに従って、活動できない。

支援の視点

集団での活動が困難な児童生徒への支援では、最初に安心できる環境を設定し、活動に見通しをもたせたり、集団構成や時間を工夫したりしながら徐々に集団活動に慣れるように支援していくことが大切です。

また、集団の中でルールに従えない児童生徒への支援では、その時の自分の気持ちを振り返ったり、集団活動での個々の役割や大切さを意識させたりする働きかけが大切です。

支援の具体例

＜見通しをもたせる＞（受容期から試行期の支援）

・集団活動の前に、不安が減るような情報を多く与える。
・見通しを視覚的に示して活動させる。
・事前にその場に行き、場所に慣れておく。

＜ルールを守れるようにする＞（安定期の支援）

・活動前や放課後にルールを確認したり、守れたかを振り返ったりする。

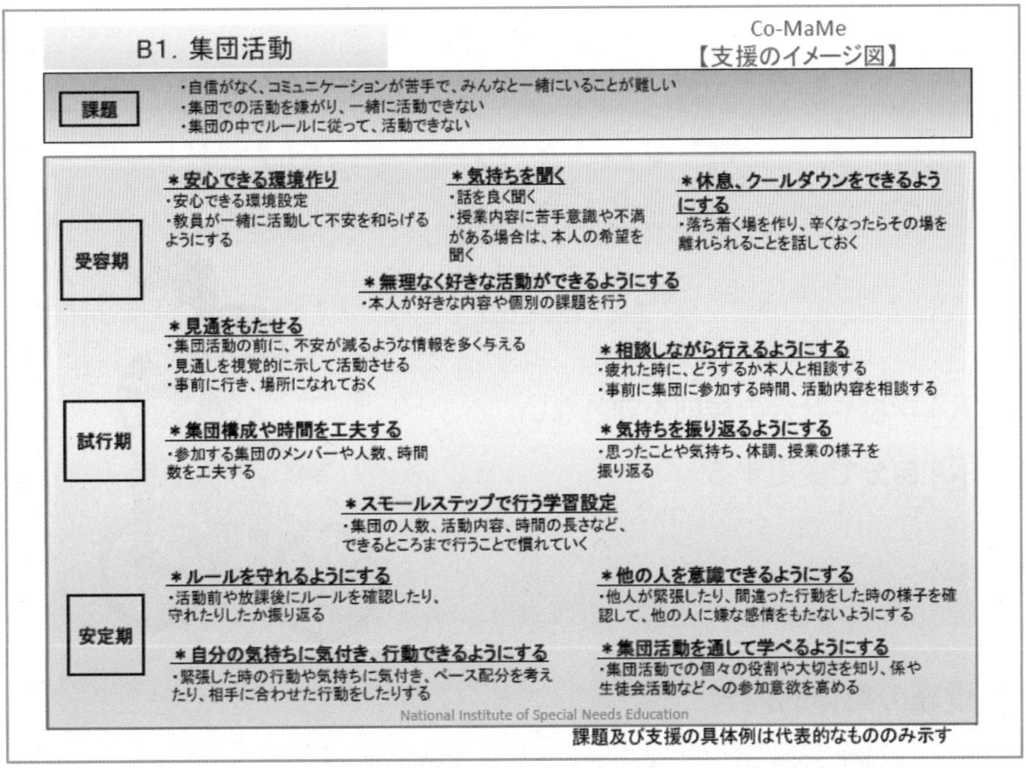
B1. 集団活動
Co-MaMe
【支援のイメージ図】
課題
・自信がなく、コミュニケーションが苦手で、みんなと一緒にいることが難しい
・集団での活動を嫌がり、一緒に活動できない
・集団の中でルールに従って、活動できない
受容期
＊安心できる環境作り
・安心できる環境設定
・教員が一緒に活動して不安を和らげるようにする
＊気持ちを聞く
・話を良く聞く
・授業内容に苦手意識や不満がある場合は、本人の希望を聞く
＊休息、クールダウンをできるようにする
・落ち着く場を作り、辛くなったらその場を離れられることを話しておく
＊無理なく好きな活動ができるようにする
・本人が好きな内容や個別の課題を行う
試行期
＊見通をもたせる
・集団活動の前に、不安が減るような情報を多く与える
・見通しを視覚的に示して活動させる
・事前に行き、場所になれておく
＊相談しながら行えるようにする
・疲れた時に、どうするか本人と相談する
・事前に集団に参加する時間、活動内容を相談する
＊集団構成や時間を工夫する
・参加する集団のメンバーや人数、時間数を工夫する
＊気持ちを振り返るようにする
・思ったことや気持ち、体調、授業の様子を振り返る
＊スモールステップで行う学習設定
・集団の人数、活動内容、時間の長さなど、できるところまで行うことで慣れていく
安定期
＊ルールを守れるようにする
・活動前や放課後にルールを確認したり、守れたりしたか振り返る
＊他の人を意識できるようにする
・他人が緊張したり、間違った行動をした時の様子を確認して、他の人に嫌な感情をもたないようにする
＊自分の気持ちに気付き、行動できるようにする
・緊張した時の行動や気持ちに気付き、ペース配分を考えたり、相手に合わせた行動をしたりする
＊集団活動を通して学べるようにする
・集団活動での個々の役割や大切さを知り、係や生徒会活動などへの参加意欲を高める
National Institute of Special Needs Education
課題及び支援の具体例は代表的なもののみ示す

ケース B1

高校１年生　Ｂ１さん

中学校から病弱特別支援学校高等部に入学してきたＢ１さん。小中学校時代ほとんど学校に行ったことがないため、集団での活動体験が乏しく、同年代からの言葉が素直に受け止められずに不安定になることがよくありました。集団の中にいると疲れると言ったり、励ましの言葉が腹立たしく感じてしまったりするなどの状況にあったため学校を休みがちになっていました。

体育など他学年との合同授業が苦手で参加することが難しかったですが、感情が不安定になったり、腹立たしく感じたりしたことがあったときは**個別にじっくりと話を聞くようにしました。**（受容期の支援）そして、本人の気持ちに共感しながらも、相手の言葉の裏側にある思いをできるだけ解説するようにしていきました。集団での活動に疲れた時には泣き出すこともあったが個別に話を聞くことで落ち着きやすくなってきました。

最近では、徐々に集団での活動にも参加できるようになり、何か感情が乱れることがあっても担任に気持ちを言葉で伝えたり、その場で自分なりに折り合いを付けようとしたりするようになってきました。そのように変わってくると学校を休むことも減り、廊下を堂々と歩く姿が見られるようになってきました。

B　社会性

2　社会のルールの理解

児童生徒の課題

☑ 学校や社会の規則を守れない

☑ 自分で変更する

課題の具体的内容

・自分勝手な行動をして、嫌な思いをしたら粗暴行為をする。
・イメージが持てず、自分でルールを作り上げてしまう。
・学校のルールを守れず、破ってしまう。

支援の視点

　社会のルールを理解することに課題のある児童生徒への支援では、最初は本人がなぜそのような行動をとったのかを本人自身が話せるように根気よく待ち、次に、社会のルールを本人にとって分かりやすい形で伝え、社会のルールについて本人自身が意識できるような支援をしていくことが大切です。

支援の具体例

＜相談しながら行えるようにする＞（試行期の支援）

・事例を伝えながらルールについての意識を高めていく。

＜自分から意識できるようにする＞（安定期の支援）

・自分からしてはいけないことに気付き、意識できるようにする。

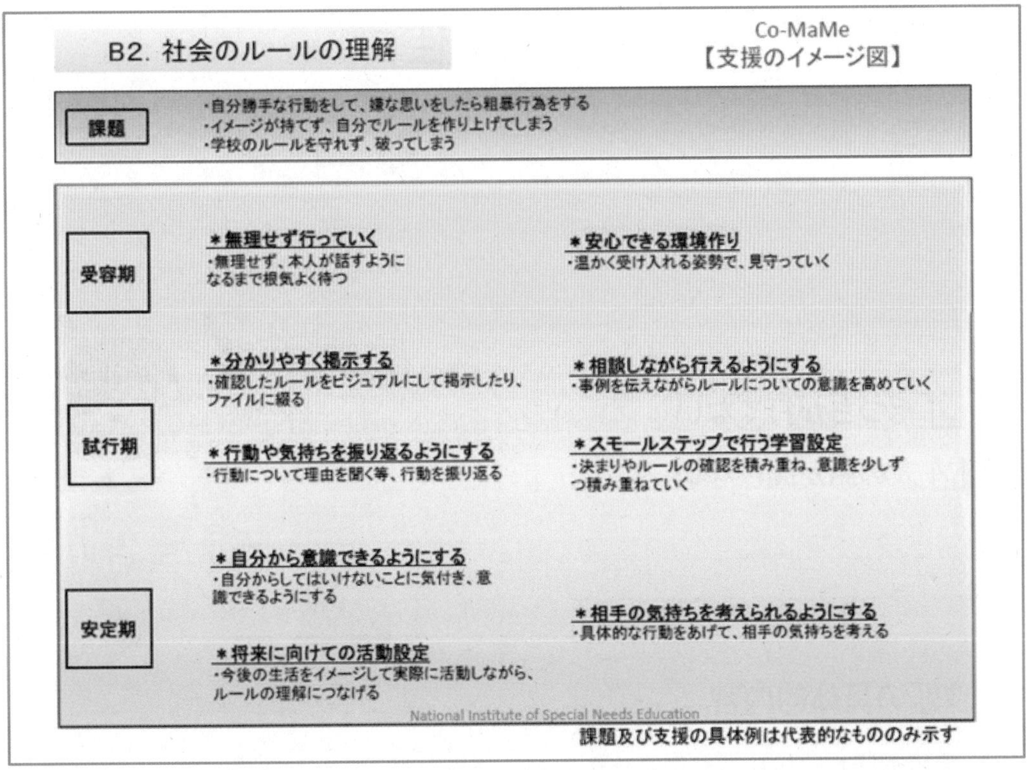
B2. 社会のルールの理解
Co-MaMe
【支援のイメージ図】
課題
・自分勝手な行動をして、嫌な思いをしたら粗暴行為をする
・イメージが持てず、自分でルールを作り上げてしまう
・学校のルールを守れず、破ってしまう
受容期
＊無理せず行っていく
・無理せず、本人が話すようになるまで根気よく待つ
＊安心できる環境作り
・温かく受け入れる姿勢で、見守っていく
試行期
＊分かりやすく掲示する
・確認したルールをビジュアルにして掲示したり、ファイルに綴る
＊相談しながら行えるようにする
・事例を伝えながらルールについての意識を高めていく
＊行動や気持ちを振り返るようにする
・行動について理由を聞く等、行動を振り返る
＊スモールステップで行う学習設定
・決まりやルールの確認を積み重ね、意識を少しずつ積み重ねていく
安定期
＊自分から意識できるようにする
・自分からしてはいけないことに気付き、意識できるようにする
＊相手の気持ちを考えられるようにする
・具体的な行動をあげて、相手の気持ちを考える
＊将来に向けての活動設定
・今後の生活をイメージして実際に活動しながら、ルールの理解につなげる
National Institute of Special Needs Education
課題及び支援の具体例は代表的なもののみ示す

ケースＢ２

中学３年生　Ｂ２さん

Ｂ２さんは、小学校高学年から不登校で昼夜逆転、自宅でゲーム中心の生活を立て直すため、中学２年生の時、入院し１回目の転入をしました。

ADHD の衝動性が高く、集団での活動に適応が難しく、見るものすべて触っていたずらしたい欲求を抑えきれない様子でした。教室内では、立ち歩きや机や椅子を積み上げる行動、校外活動においては、落ちている小石や枝を拾う、自動販売機のボタンを押す行動などが毎日のように見られました。

行動の振り返りでは「言われていないからやっていいと思った」と自分なりの解釈をしていることが分かりました。一つ一つやってはいけない行動について確認してはいましたが、最初に言われていないことは守ろうとせず、衝動的な行動が収まることはありませんでした。

その後退院しましたが、すぐに以前のゲーム中心の生活になり、半年で再入院しました。２回目の転入時には**ルールを分かりやすく提示し（試行期の支援）**、細かく確認してから学校生活を始めることにしました。最初にルールを確認したこと、卒業後の進路を考えなくてはいけないこと、守れた時には褒めてルールを見直していくことで、少しずつ社会のルールやマナーを意識できるようになりました。

3 コミュニケーションスキル

児童生徒の課題

☑ 相づちが打てない

☑ 人の話が聞けない

課題の具体的内容

・意思表示が難しく、暴言を吐き、トラブルになることがある。
・人の話が聞けず、気持ちの整理が難しい。
・相手のことを考えて発言できず、人と上手くかかわれない。

支援の視点

　コミュニケーションスキルに課題のある児童生徒への支援では、最初に安心して表現できる活動を設定し、次に伝える方法を理解できるように工夫したり、どのようなことを伝えたいのかを整理したりして、実際の場面でコミュニケーションする場面を設け、その中で、状況に応じた行動や、相手の気持ちを理解できるような支援をしていくことが大切です。

支援の具体例

＜安心して表現できる活動設定＞（受容期から試行期の支援）

・話しやすい環境の中で、声かけをしながら活動を行う。

＜伝える方法を理解できるようにする＞（試行期から安定期の支援）

・あらかじめ話す内容を考え、パターンを用意しておく。
・見本を示して伝え方を理解できるようにする。

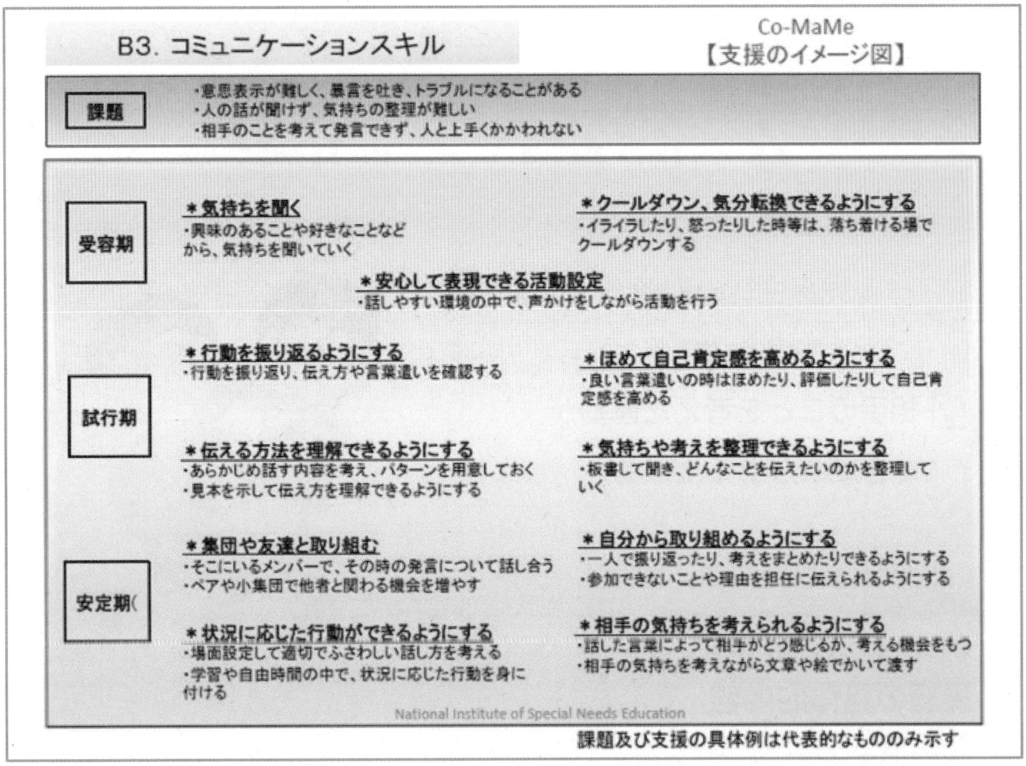
B3. コミュニケーションスキル
Co-MaMe
【支援のイメージ図】
課題
・意思表示が難しく、暴言を吐き、トラブルになることがある
・人の話が聞けず、気持ちの整理が難しい
・相手のことを考えて発言できず、人と上手くかかわれない
受容期
＊気持ちを聞く
・興味のあることや好きなことなど
から、気持ちを聞いていく
＊クールダウン、気分転換できるようにする
・イライラしたり、怒ったりした時等は、落ち着ける場で
クールダウンする
＊安心して表現できる活動設定
・話しやすい環境の中で、声かけをしながら活動を行う
試行期
＊行動を振り返るようにする
・行動を振り返り、伝え方や言葉遣いを確認する
＊ほめて自己肯定感を高めるようにする
・良い言葉遣いの時はほめたり、評価したりして自己肯
定感を高める
＊伝える方法を理解できるようにする
・あらかじめ話す内容を考え、パターンを用意しておく
・見本を示して伝え方を理解できるようにする
＊気持ちや考えを整理できるようにする
・板書して聞き、どんなことを伝えたいのかを整理して
いく
安定期(
＊集団や友達と取り組む
・そこにいるメンバーで、その時の発言について話し合う
・ペアや小集団で他者と関わる機会を増やす
＊自分から取り組めるようにする
・一人で振り返ったり、考えをまとめたりできるようにする
・参加できないことや理由を担任に伝えられるようにする
＊状況に応じた行動ができるようにする
・場面設定して適切でふさわしい話し方を考える
・学習や自由時間の中で、状況に応じた行動を身に
付ける
＊相手の気持ちを考えられるようにする
・話した言葉によって相手がどう感じるか、考える機会をもつ
・相手の気持ちを考えながら文章や絵でかいて渡す
National Institute of Special Needs Education
課題及び支援の具体例は代表的なもののみ示す

ケースＢ３

高校２年生　Ｂ３さん

適応障害で入院しているＢ３さんは、小学校で不登校になり、中学３年時に特別支援学校（病弱）に転入してきました。大人しい性格で、声が小さく、人前で話すことが苦手でした。

転入当初は、集団の授業で教員からの質問に答える場面で、指名されると何分間も黙ったまま答えられない状態でした。しかし、紙に書いてある文章であれば、指名されるとすぐに小声ながら読むことができることが分かりました。そこで教員が指名する前に１分程度の自分の考えを整理し、紙にメモ書きする時間をとり、メモを読んで発表する練習（試行期の支援）を個別の自立活動でしました。併せて、ICT 機器の音声入力を使って、声で文字入力する練習も行いました。少しずつＢ３さんと ICT 機器の距離を離していき、１ｍくらい離れたところからも相手に聞こえる程度の声の大きさで話すことが多くなりました。

その後、個別の授業だけでなく、集団の授業でも指名する前に考える時間をとるようにしたことで、Ｂ３さんは人前でもスムーズに声に出して自分の考えを発表することができるようになりました。

B　社会性

4　同年代との関係

児童生徒の課題

☑ 相手のことを考えた言動が
　できずトラブルになる

課題の具体的内容

・相手を責めてトラブルを招く。
・相手のことを考えた言動ができない。
・同年代の生徒と良好な人間関係を築くことが困難。

支援の視点

　同年代の児童生徒と良好な人間関係を築くことに課題のある児童生徒への支援では、最初にトラブルが発生したときにすぐに対応することが大切です。次に本人のとった言動を振り返られるようにし、場面や状況に応じた言動が出来るように、実際に友達と気持ちを伝え合う場面等を設定し、実際場面で本人の言動について支援をしていくことが大切です。

支援の具体例

＜適切な発言を促す＞（試行期の支援）

・その場で不適切な言動はアドバイスをし、良い言動はほめて自信をもたせる。

＜友達と気持ちを伝えあう設定＞（安定期の支援）

・どのような言動をすれば、友達と仲良くできるかお互いの意見を伝えあう。
・クラスで嫌なことは断って良いことを確認する。

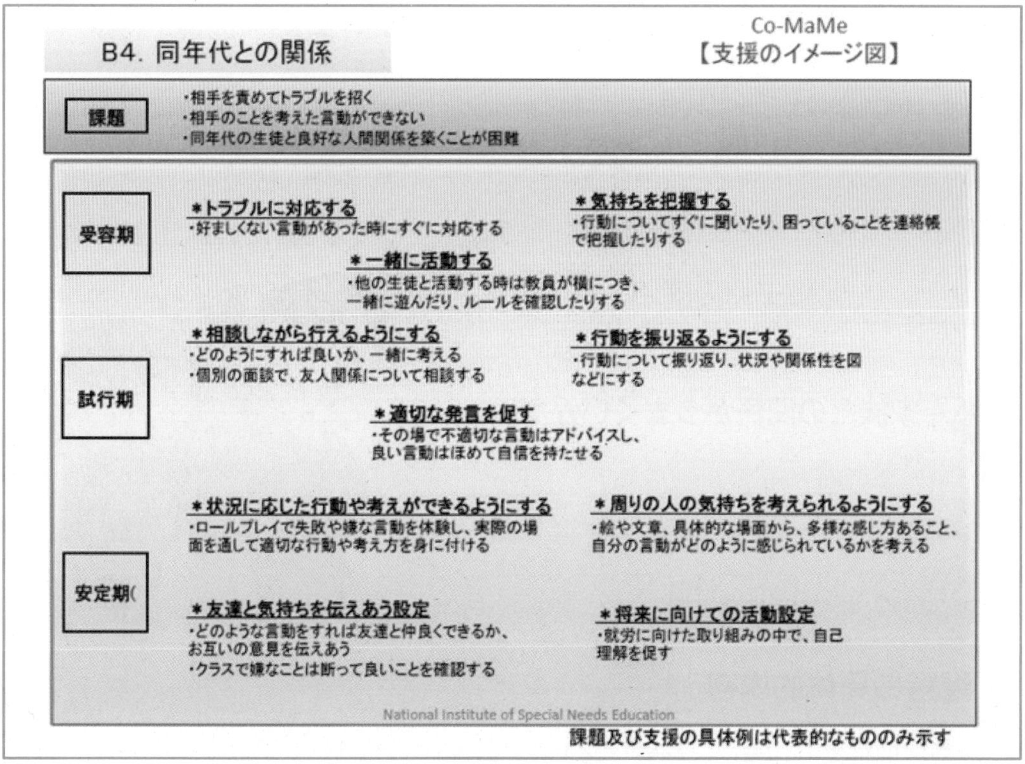
B4. 同年代との関係
Co-MaMe
【支援のイメージ図】
課題
・相手を責めてトラブルを招く
・相手のことを考えた言動ができない
・同年代の生徒と良好な人間関係を築くことが困難
受容期
＊トラブルに対応する
・好ましくない言動があった時にすぐに対応する
＊気持ちを把握する
・行動についてすぐに聞いたり、困っていることを連絡帳で把握したりする
＊一緒に活動する
・他の生徒と活動する時は教員が横につき、一緒に遊んだり、ルールを確認したりする
試行期
＊相談しながら行えるようにする
・どのようにすれば良いか、一緒に考える
・個別の面談で、友人関係について相談する
＊行動を振り返るようにする
・行動について振り返り、状況や関係性を図などにする
＊適切な発言を促す
・その場で不適切な言動はアドバイスし、良い言動はほめて自信を持たせる
安定期(
＊状況に応じた行動や考えができるようにする
・ロールプレイで失敗や嫌な言動を体験し、実際の場面を通して適切な行動や考え方を身に付ける
＊周りの人の気持ちを考えられるようにする
・絵や文章、具体的な場面から、多様な感じ方あること、自分の言動がどのように感じられているかを考える
＊友達と気持ちを伝えあう設定
・どのような言動をすれば友達と仲良くできるか、お互いの意見を伝えあう
・クラスで嫌なことは断って良いことを確認する
＊将来に向けての活動設定
・就労に向けた取り組みの中で、自己理解を促す
National Institute of Special Needs Education
課題及び支援の具体例は代表的なもののみ示す

ケースＢ４

小学４年生　Ｂ４さん

自閉スペクトラム症のＢ４さんは、転入してすぐの頃、周囲の児童から矢継ぎ早に声かけされたことに立腹して机を蹴り倒し、他児に打撲を負わせてしまいました。**その時に振り返りの場を作りました（受容期の支援）**が、行動の改善は見られませんでした。

その後も小さなトラブルが起こるたびに振り返りを行いました。**Ｂ４さんの気持ちに寄り添いました（受容期の支援）**が、「暴力はだめ」という点については譲らず、繰り返し伝えました。どの教員が対応しても、同じことを伝えるようにしました。そして、**振り返りの最後には相手に謝ることも徹底しました。（試行期の支援）**初めのうちは「ごめんなさい」を自分で言うか、教員が代わりに言うかを選択させるようにしましたが、次第に自分から謝ることができるようになりました。

近くで教員が見守り、言葉かけすることで、他害に至ることが減りました。また、腹が立ってもすぐには手を出さず、教員に言葉で伝える姿も見られるようになりました。休み時間は大人と過ごすことが多かったＢ４さんですが、同学年の友だちと一緒にカードゲームで盛り上がったり、元気に外遊びを楽しんだりすることが増えてきました。

B　社会性

5　家族との関係

児童生徒の課題

☑ 家族との関係がうまくいかない

課題の具体的内容

・親には甘えてしまい、暴言、暴力行為が出てしまう。
・家族との関係をうまく築けず、家出を繰り返す。
・家族に自分の気持ちを伝えることができない。

支援の視点

家族との関係がうまくいかないことに課題のある児童生徒への支援では、本人のストレスの軽減を図るとともに、家族と協力して児童生徒に丁寧に対応してもらうよう伝えることが大切です。また、家族に不満を伝えられずにいる児童生徒に対しては、どのように伝えるかを一緒に整理したり、家族の愛情表現や気持ちについて理解するための支援をしたりしていくことが大切です。

支援の具体例

＜家族と協力する＞（受容期から試行期の支援）

・父親に対して、子供へ丁寧な語りかけをしてもらえるよう伝える。
・こまめに母親へ連絡し、良かったことを伝えておく。

＜家族との関係改善を図る＞（安定期の支援）

・家族の愛情表現や気持ちを理解する。
・家族と過ごしたり、手紙を書いたりして気持ちを伝えられるようにする。

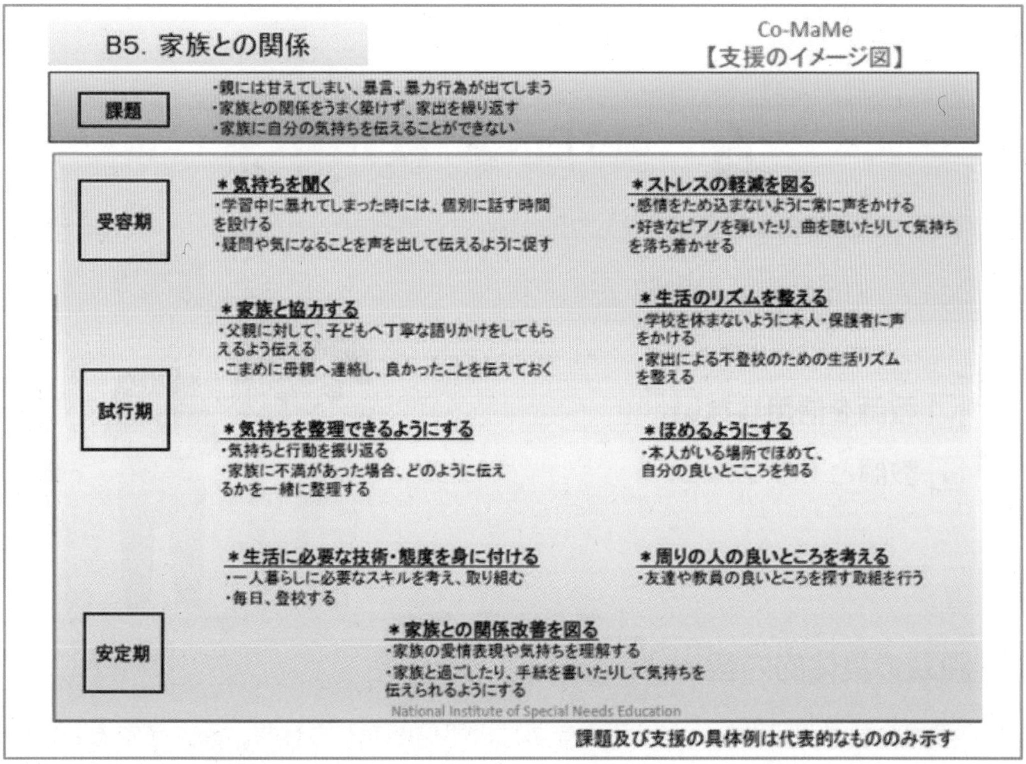
B5. 家族との関係
Co-MaMe
【支援のイメージ図】
課題
・親には甘えてしまい、暴言、暴力行為が出てしまう
・家族との関係をうまく築けず、家出を繰り返す
・家族に自分の気持ちを伝えることができない
受容期
＊気持ちを聞く
・学習中に暴れてしまった時には、個別に話す時間を設ける
・疑問や気になることを声を出して伝えるように促す
＊ストレスの軽減を図る
・感情をため込まないように常に声をかける
・好きなピアノを弾いたり、曲を聴いたりして気持ちを落ち着かせる
試行期
＊家族と協力する
・父親に対して、子どもへ丁寧な語りかけをしてもらえるよう伝える
・こまめに母親へ連絡し、良かったことを伝えておく
＊生活のリズムを整える
・学校を休まないように本人・保護者に声をかける
・家出による不登校のための生活リズムを整える
＊気持ちを整理できるようにする
・気持ちと行動を振り返る
・家族に不満があった場合、どのように伝えるかを一緒に整理する
＊ほめるようにする
・本人がいる場所でほめて、自分の良いとこころを知る
安定期
＊生活に必要な技術・態度を身に付ける
・一人暮らしに必要なスキルを考え、取り組む
・毎日、登校する
＊周りの人の良いところを考える
・友達や教員の良いところを探す取組を行う
＊家族との関係改善を図る
・家族の愛情表現や気持ちを理解する
・家族と過ごしたり、手紙を書いたりして気持ちを伝えられるようにする
National Institute of Special Needs Education
課題及び支援の具体例は代表的なもののみ示す

ケース B5

中学３年生　Ｂ５さん

Ｂ５さんは不登校の状態が長く家庭では部屋にこもって生活をすることが多かったため、生活のリズムを整えたり学習に取り組んだりすることができるようにするため、児童精神科に入院し病弱特別支援学校に転校してきました。

Ｂ５さんは、登校することに関しては、人が多いところが苦手で教室に入ることがきつかったと話していました。学校を休んだことで保護者に叱られ、保護者に対して「怖い」という気持ちを強くもち、その後は家族とのコミュニケーションが難しい状況に陥ったそうです。特別支援学校や病院では、時間をかけてそのようなＢ５さんのこれまでの気持ちを聞き取り（受容期の支援）、Ｂ５さんの思いに寄り添いました。また、会話の内容を絵に表しながら、Ｂ５さんの気持ちを整理できるようにしていきました。（試行期の支援）入院中の外泊時でも、家族とのコミュニケーションには恐怖を感じているとのことだったので、保護者と学校で話し合う機会を設けました。保護者の話も伺いながら、本人の思いを伝え「Ｂ５さんの頑張ろうとしていることを応援している」というメッセージを伝えてもらうように（試行期の支援）と話し合いました。

時間は掛かりましたが、その後Ｂ５さんは不安を感じることなく外泊することができるようになりました。更に進路希望についてもＢ５さんが考えている進路を尊重し、親として応援しているという話し合いができたことで、家族との関係は良い方向に向かい始めました。

B　社会性

6　教師との関係

児童生徒の課題

☑ 教師を信用しない

☑ 教師とトラブル

課題の具体的内容

・教員の配慮が足りないと、不満を訴え、不信感をもち暴言、暴力をする。
・前の学校とのトラブルで大人に不信感があり、特定の人としか話さず、登校しない。
・自分の思いが言えず、イライラして相手をすぐに否定してしまう。

支援の視点

教師との関係がうまくいかないことに課題のある児童生徒への支援では、苦手な教員と当事者同士にならないように配慮したり、暴言や暴力があった場合には、他の教員と協力して児童生徒が落ち着けるよう、冷静に対応することが大切です。児童生徒の気持ちを受け止め、児童生徒が穏やかになった時に気持ちが高ぶった時のことを考えられるような支援をしていくことが大切です。

支援の具体例

＜気持ちを受け止める＞（受容期の支援）

・過去の学校のことは話題にせず、不信感を受け止める。
・否定せず、不安を受け止められている感覚をもたせる。

＜行動を振り返る＞（安定期の支援）

・穏やかになった時に、気持ちが高ぶった時のことを考える。
・振り返り、原因や問題点に気付くように促す。

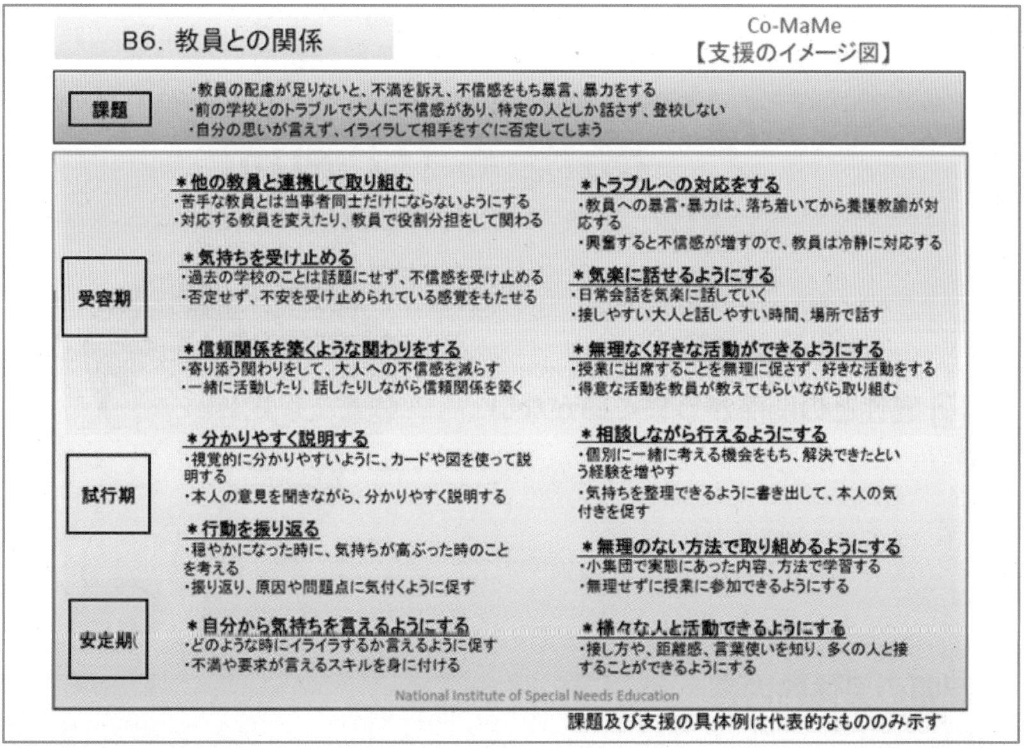
B6. 教員との関係
Co-MaMe
【支援のイメージ図】
課題
・教員の配慮が足りないと、不満を訴え、不信感をもち暴言、暴力をする
・前の学校とのトラブルで大人に不信感があり、特定の人としか話さず、登校しない
・自分の思いが言えず、イライラして相手をすぐに否定してしまう
受容期
＊他の教員と連携して取り組む
・苦手な教員とは当事者同士だけにならないようにする
・対応する教員を変えたり、教員で役割分担をして関わる
＊気持ちを受け止める
・過去の学校のことは話題にせず、不信感を受け止める
・否定せず、不安を受け止められている感覚をもたせる
＊信頼関係を築くような関わりをする
・寄り添う関わりをして、大人への不信感を減らす
・一緒に活動したり、話したりしながら信頼関係を築く
＊トラブルへの対応をする
・教員への暴言・暴力は、落ち着いてから養護教諭が対応する
・興奮すると不信感が増すので、教員は冷静に対応する
＊気楽に話せるようにする
・日常会話を気楽に話していく
・接しやすい大人と話しやすい時間、場所で話す
＊無理なく好きな活動ができるようにする
・授業に出席することを無理に促さず、好きな活動をする
・得意な活動を教員が教えてもらいながら取り組む
試行期
＊分かりやすく説明する
・視覚的に分かりやすいように、カードや図を使って説明する
・本人の意見を聞きながら、分かりやすく説明する
＊行動を振り返る
・穏やかになった時に、気持ちが高ぶった時のことを考える
・振り返り、原因や問題点に気付くように促す
＊相談しながら行えるようにする
・個別に一緒に考える機会をもち、解決できたという経験を増やす
・気持ちを整理できるように書き出して、本人の気付きを促す
＊無理のない方法で取り組めるようにする
・小集団で実態にあった内容、方法で学習する
・無理せずに授業に参加できるようにする
安定期
＊自分から気持ちを言えるようにする
・どのような時にイライラするか言えるように促す
・不満や要求が言えるスキルを身に付ける
＊様々な人と活動できるようにする
・接し方や、距離感、言葉使いを知り、多くの人と接することができるようにする
National Institute of Special Needs Education
課題及び支援の具体例は代表的なもののみ示す

ケースＢ６

高校１年生　Ｂ６さん

自閉症スペクトラム症と適応障害のＢ６さんは、自分なりの決まり事や道徳心をもっており、これらがもとで中学校時代は担任とトラブルになることがしばしばありました。Ｂ６さんは学校生活において、自分流儀に合わないルールや約束を提示されると激しく抗議します。冷静なうちはルールや約束自体を罵倒したり担任に暴言を吐いたりして抗議しますが、興奮すると暴力を振るうことも少なくありませんでした。自分流儀に反する担任からの提案に対して折り合いを付けることなく常に抵抗しました。この結果、Ｂ６さんと担任は必要最低限のやりとりをするか、ぶつかり合うかという関係になり、Ｂ６さんは担任だけでなく、他の教師との関係も希薄になっていきました。

病弱特別支援学校高等部入学後は、中学校からの引き継ぎを受けて、まずＢ６さんの**自分流儀や主張を丁寧に聞き取り、Ｂ６さんの考え方を認めるようにしました。**（**受容期の支援**）次にＢ６さんが**自己の良さや可能性を知ることができるよう、自己理解を促す活動に取り組みました。**（**試行期の支援**）これらの取組によりＢ６さんは自分から担任に関わるようになるとともに、今まで何とも思っていなかったことが、自分の良さや可能性であることに気付くこともできました。現在でも時々自分流儀が強くなり、担任とぶつかるＢ６さんですがその頻度は少なくなってきています。自分流儀に反するルールや約束に対しては、その理由やこれらを守ることでＢ６さんに起こる様々なメリットを丁寧に説明することで受け入れられるようになってきました。

B　社会性

7　異性との関係

児童生徒の課題

☑ 異性との関係がうまくいかない

課題の具体的内容

・異性が怖くて話せない、声を聞くだけでイライラする。
・異性への興味が強く、平等な関わり方、適切な距離感が分からない。
・相手が思い通りに応答をしてくれないと何もできない。

支援の視点

異性との関係がうまくいかないことに課題のある児童生徒への支援では、最初は異性と離す等の対応をしますが、少しずつ異性と小集団で活動できるように教員も関わりながら一緒に活動することが大切です。

また、異性への興味が強く、適切な距離感が分からない児童生徒に対しては、異性との適切な距離感を伝えたり、異性との関わり方について学ぶ環境を設定したりする等の支援をしていくことが大切です。

支援の具体例

＜少しずつ異性と取り組む＞　（試行期の支援）

・異性と小集団で、同性教員も一緒に活動する。

＜異性との関わり方についての学習＞（安定期の支援）

・保健の授業等で異性との関係について学習する。
・具体的に場面を取り上げ、異性との関わり方を考える。

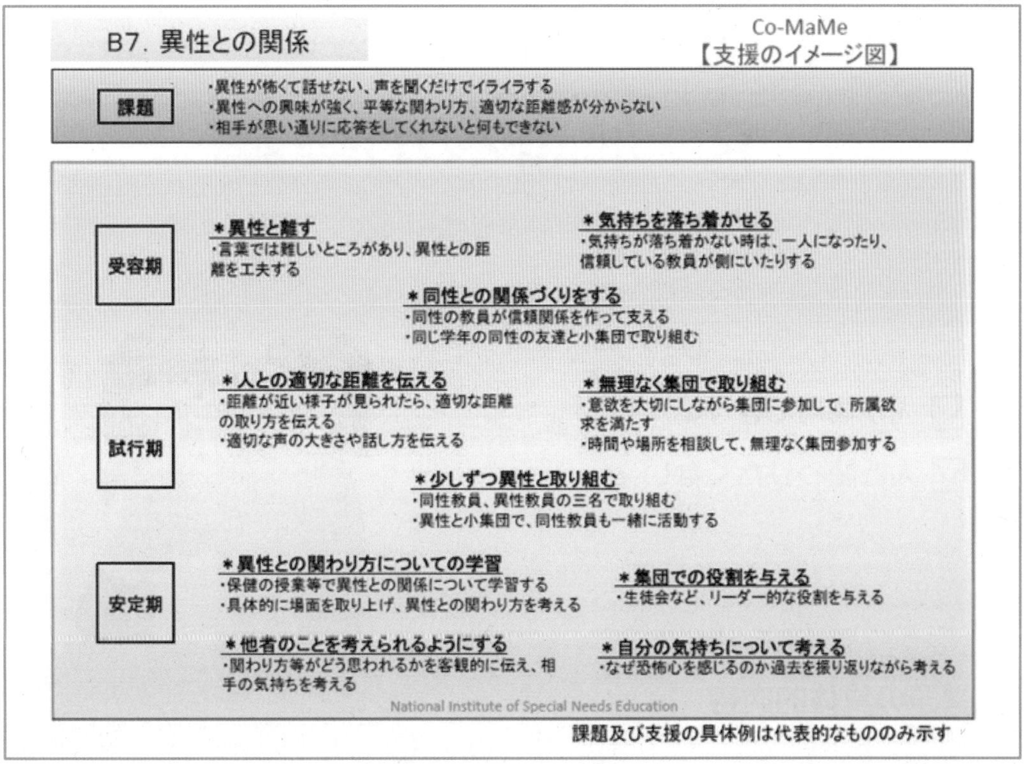
B7. 異性との関係
Co-MaMe
【支援のイメージ図】
課題
・異性が怖くて話せない、声を聞くだけでイライラする
・異性への興味が強く、平等な関わり方、適切な距離感が分からない
・相手が思い通りに応答をしてくれないと何もできない
受容期
＊異性と離す
・言葉では難しいところがあり、異性との距離を工夫する
＊気持ちを落ち着かせる
・気持ちが落ち着かない時は、一人になったり、信頼している教員が側にいたりする
＊同性との関係づくりをする
・同性の教員が信頼関係を作って支える
・同じ学年の同性の友達と小集団で取り組む
試行期
＊人との適切な距離を伝える
・距離が近い様子が見られたら、適切な距離の取り方を伝える
・適切な声の大きさや話し方を伝える
＊無理なく集団で取り組む
・意欲を大切にしながら集団に参加して、所属欲求を満たす
・時間や場所を相談して、無理なく集団参加する
＊少しずつ異性と取り組む
・同性教員、異性教員の三名で取り組む
・異性と小集団で、同性教員も一緒に活動する
安定期
＊異性との関わり方についての学習
・保健の授業等で異性との関係について学習する
・具体的に場面を取り上げ、異性との関わり方を考える
＊集団での役割を与える
・生徒会など、リーダー的な役割を与える
＊他者のことを考えられるようにする
・関わり方等がどう思われるかを客観的に伝え、相手の気持ちを考える
＊自分の気持ちについて考える
・なぜ恐怖心を感じるのか過去を振り返りながら考える
National Institute of Special Needs Education
課題及び支援の具体例は代表的なもののみ示す

ケースＢ７

中学３年生　Ｂ７さん

中学３年生のＢ７さんは、幼い頃から父に身体的心理的虐待を受けてきました。小学５年で両親が離婚した後も、男性への恐怖心が強く、友達をはじめ医者や教員に対しても苦手意識を抱えていました。日常生活でも常に理由の分からない不安を抱えていることや、嫌と言えず「いい子」になろうとしてしまうことでストレスがかかり、学校にも行けなくなってしまいました。

このような状況に配慮し、転入当初は、個別の学習から始めました。そして、医者及び本人からＯＫが出るまでは、**男性教員の授業は行いませんでした。（受容期の支援）**廊下等で男性教員とたまたま会っても、声かけはしないことも周知しました。次の段階として、男性教員の授業を取り入れるときには、はじめは、女性教員が同席するよう配慮しました。また、本人と確認の上で、集団の構成に配慮しながら、**同年代の異性との交流も徐々に増やしていきました。（試行期の支援）**疲れたらその場から離れ、別室で休めるよう保障もしました。安心できる環境で、異性と健全で対等な関係が結べるよう配慮していきました。

その結果、得意なイラストを生かして、異性と交流することもできるようになり、男性がいても安心して過ごせるようになりました。また、その都度本人と面談し、不安なことや心配なことを伝えられるよう確認していたため、自分の本音を伝えられるようになり、困ったときは大人に相談できるようになりました。

8 他者への信頼

児童生徒の課題

☑ 人が信用できない

☑ 人と関わりたくない

課題の具体的内容

・他者を怖がり、誤解して、相談したり信頼したりしない。
・他の人と会話をしたり、気持ちを話したりできず、ストレスを溜める。
・他の人との関わり方が分からず、集団活動が苦手。

支援の視点

他者を怖がったり、誤解をして信頼をしない児童生徒への支援では、最初は児童生徒の気持ちや意見を最後まで聞き、受け止めたり、関わる人を一定にして、安心できる環境を設定することが大切です。

徐々に他者に慣れてきたら、他者と関われるように、例えば、本人も楽しめる場面で活動を一緒にしたり、作業をする等の場面を設定して自然に関わることができる場面を設定したりする等の支援をしていくことが大切です。

支援の具体例

＜安心できる環境設定＞　（受容期の支援）

・関わる人を一定にして、行動を共通理解をしながら対応する。

＜他者と関われるようにする＞（安定期の支援）

・他の生徒と作業をするなかで自然に関われるようにする。
・無理のない範囲で集団活動の参加を促し、人と関わる楽しさを経験する。

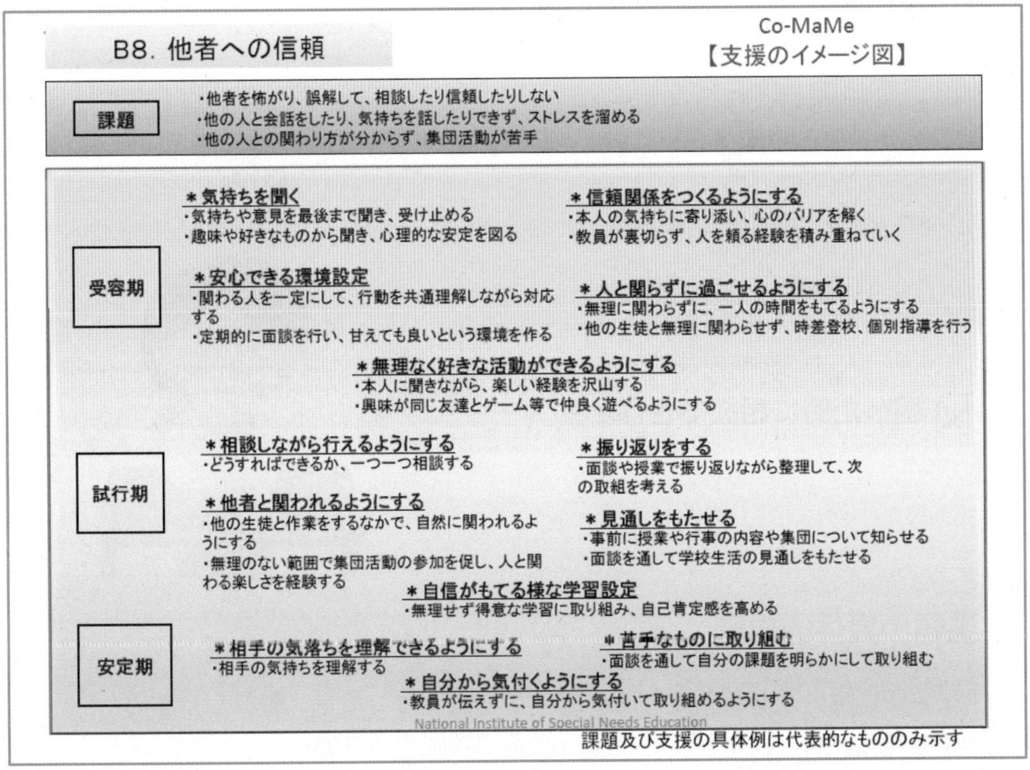

B8. 他者への信頼
Co-MaMe
【支援のイメージ図】
課題
・他者を怖がり、誤解して、相談したり信頼したりしない
・他の人と会話をしたり、気持ちを話したりできず、ストレスを溜める
・他の人との関わり方が分からず、集団活動が苦手
受容期
＊気持ちを聞く
・気持ちや意見を最後まで聞き、受け止める
・趣味や好きなものから聞き、心理的な安定を図る
＊信頼関係をつくるようにする
・本人の気持ちに寄り添い、心のバリアを解く
・教員が裏切らず、人を頼る経験を積み重ねていく
＊安心できる環境設定
・関わる人を一定にして、行動を共通理解しながら対応する
・定期的に面談を行い、甘えても良いという環境を作る
＊人と関らずに過ごせるようにする
・無理に関わらずに、一人の時間をもてるようにする
・他の生徒と無理に関わらせず、時差登校、個別指導を行う
＊無理なく好きな活動ができるようにする
・本人に聞きながら、楽しい経験を沢山する
・興味が同じ友達とゲーム等で仲良く遊べるようにする
試行期
＊相談しながら行えるようにする
・どうすればできるか、一つ一つ相談する
＊振り返りをする
・面談や授業で振り返りながら整理して、次の取組を考える
＊他者と関われるようにする
・他の生徒と作業をするなかで、自然に関われるようにする
・無理のない範囲で集団活動の参加を促し、人と関わる楽しさを経験する
＊見通しをもたせる
・事前に授業や行事の内容や集団について知らせる
・面談を通して学校生活の見通しをもたせる
＊自信がもてる様な学習設定
・無理せず得意な学習に取り組み、自己肯定感を高める
安定期
＊相手の気落ちを理解できるようにする
・相手の気持ちを理解する
＊苦手なものに取り組む
・面談を通して自分の課題を明らかにして取り組む
＊自分から気付くようにする
・教員が伝えずに、自分から気付いて取り組めるようにする
National Institute of Special Needs Education
課題及び支援の具体例は代表的なもののみ示す

ケース B8

中学１年生　Ｂ８さん

小学３年生からクラスの女子の関係性に悩み不登校になりました。自分に自信がなく、自分の殻に閉じこもっている印象でした。入院後、病院内の分教室に転入してきた当初も自分から話すことも少なく、教員からの問いかけに対しても返事をするぐらいでした。

分教室では無理をしなくてよいこと、安心して過ごせる場所であることを分かってもらえるよう、普段から冗談を言い、生徒が笑ってツッコミができるように、クラスで明るく楽しく壁を作らないように**環境を整えました**（**受容期の支援**）。クラスで一芸大会を行うと、担任の口癖のマネを披露し、担任やクラスメイトと打ち解けるようになってきました。また、文化祭の劇発表において、多くの観客の前でダンスを披露でき、自信を付けていきました。

試行期、分教室に籍を置いたまま、週に１回程度、地域の学校に通学する練習を始め、**他者と関われるようにしました**（**試行期の支援**）。環境が変わるため、また固くなりましたが、自分の中で頑張らなくてもいいという気付きがありました。分教室のクラスで、そのままの自分でいいことを受け入れるスタンスが、周りを受け入れられるようになり、次の居場所へ一歩踏み出せました。

B　社会性

9　他者への相談

児童生徒の課題

☑ 困った時に相談できない

課題の具体的内容

・授業中に嫌なことがあると何も言わずに出て行ったり、暴れたりする。
・体調が悪い時、困ったことがあった時に相談できない。
・自分の体調や心情を伝えられない。

支援の視点

他者への相談ができない児童生徒への支援では、最初は児童生徒の不安を聞き、受容される経験を重ねることで安心感をもたせ、他者を信頼できるような気持ちをもてるようにすることが大切です。

また、授業中に何も言わず出て行ったり、暴れたりする児童生徒に対しては、クールダウンや休息ができる別室を用意する等して、まずは気持ちを落ち着かせることが大切です。安定期には、モデルケースから自分の行動を考える学習を設定する等の支援をしていくことが大切です。

支援の具体例

＜気持ちを聞いて受け止める＞　（受容期の支援）

・本人の要求や不安感を聞き、受け入れられる経験を重ねることで安心感をもたせる。

＜クールダウン・休息ができるようにする＞（受容期の支援）

・心身の状態に応じて、見学したり、別室に移動したりして休息やクールダウンができるようにする。

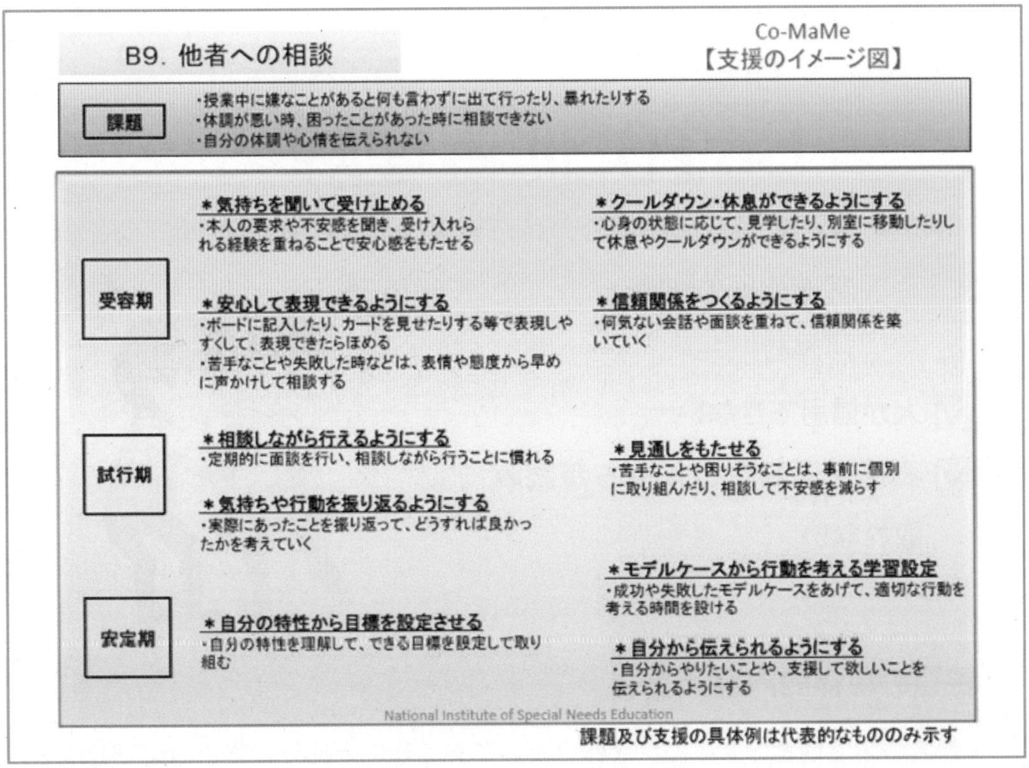
B9. 他者への相談
Co-MaMe
【支援のイメージ図】
課題
・授業中に嫌なことがあると何も言わずに出て行ったり、暴れたりする
・体調が悪い時、困ったことがあった時に相談できない
・自分の体調や心情を伝えられない
受容期
＊気持ちを聞いて受け止める
・本人の要求や不安感を聞き、受け入れられる経験を重ねることで安心感をもたせる
＊クールダウン・休息ができるようにする
・心身の状態に応じて、見学したり、別室に移動したりして休息やクールダウンができるようにする
＊安心して表現できるようにする
・ボードに記入したり、カードを見せたりする等で表現しやすくして、表現できたらほめる
・苦手なことや失敗した時などは、表情や態度から早めに声かけして相談する
＊信頼関係をつくるようにする
・何気ない会話や面談を重ねて、信頼関係を築いていく
試行期
＊相談しながら行えるようにする
・定期的に面談を行い、相談しながら行うことに慣れる
＊見通しをもたせる
・苦手なことや困りそうなことは、事前に個別に取り組んだり、相談して不安感を減らす
＊気持ちや行動を振り返るようにする
・実際にあったことを振り返って、どうすれば良かったかを考えていく
＊モデルケースから行動を考える学習設定
・成功や失敗したモデルケースをあげて、適切な行動を考える時間を設ける
安定期
＊自分の特性から目標を設定させる
・自分の特性を理解して、できる目標を設定して取り組む
＊自分から伝えられるようにする
・自分からやりたいことや、支援して欲しいことを伝えられるようにする
National Institute of Special Needs Education
課題及び支援の具体例は代表的なもののみ示す

ケース B9　　中学３年生　Ｂ９さん

Ｂ９さんは不安障害で入院しています。状況が理解できなかったり、納得できる状況ではなかったりするときに、自分の気持ちを表現することができず、黙って固まるしかありませんでした。イライラすることや不安なことがあると腹痛が激しくなってしまうので、中学１年生の途中から学校に登校できなくなりました。病院に入院し、しばらくしてから特別支援学校（病弱）に転入しました。

授業中や休み時間に嫌なことがあって黙って固まり、自分の気持ちを表現することができないときには、Ｂ９さんの気持ちが落ち着くのを待ったり、話を聞いて言語化しながらＢ９さんの気持ちを受け止めたりしました。（受容期の支援）学習ではＢ９さんが安心して活動できるように、Ｂ９さんの表情などを見ながら早めに声をかけて相談するようにしました。（試行期の支援）

少しずつその時の気持ちを先生に伝えることができるようになり、先生と一緒に考えようとすることが増えてきました。気持ちの整理がつかないときにも、翌日に振り返って考えることができるようになってきました。

B　社会性

10 他者理解

児童生徒の課題

☑ 人が信用できない

☑ 表情や態度から気持ちが読み取れない

課題の具体的内容

・自分の中で他者のイメージを作り上げて見る傾向があり、強い口調で要求を伝える。
・他人や自分の良いところが分からず、同世代の友達と関わらない。
・周囲の状況が理解できず、周りの友達の表情や言動から気持ちを読み取れない。

支援の視点

他者を理解することに課題のある児童生徒への支援では、最初に安心できる環境を設定し、次に本人が自分自身の感情や言動等を認識した上で、相手の気持ちや特徴を考えられるような支援をしていくことが大切です。

支援の具体例

＜安心できる環境設定＞　（受容期の支援）

・本人に対して厳しくせずに落ち着いた態度で接し、本人が楽しく活動するようにすることができるような支援を心がけること。

＜適切な他者との関わり方や感情を促す＞（試行期の支援）

・その都度、適切な感情の持ち方、行動や発言の仕方、他者との距離の取り方を伝える。

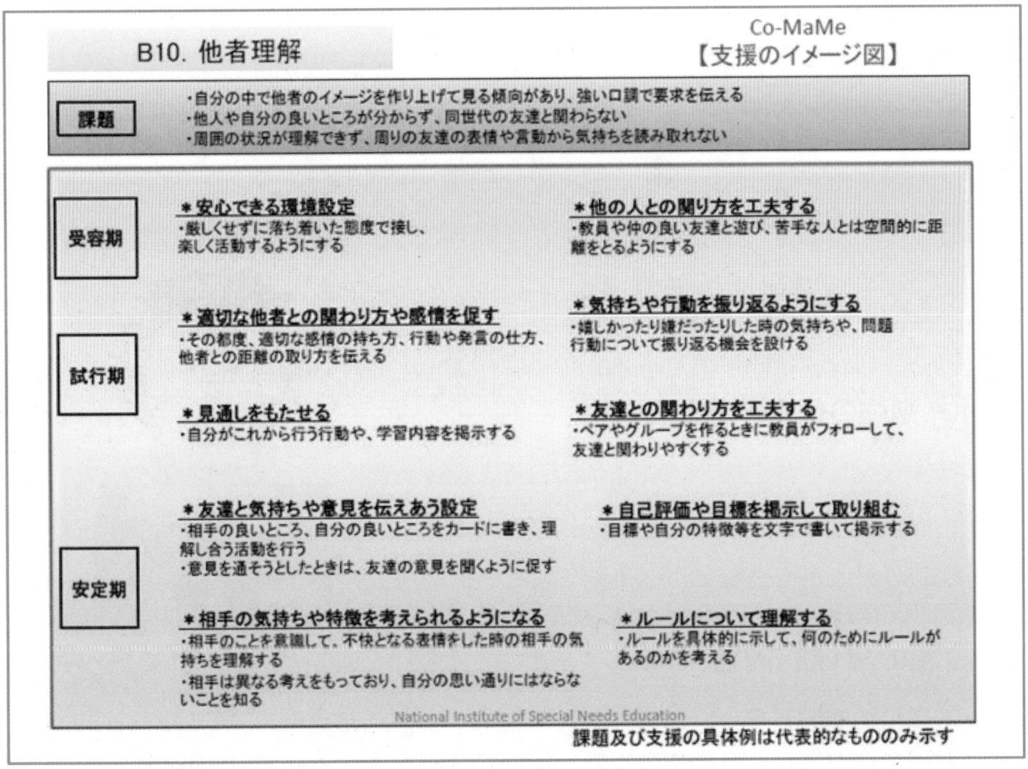
B10. 他者理解
Co-MaMe
【支援のイメージ図】
課題
・自分の中で他者のイメージを作り上げて見る傾向があり、強い口調で要求を伝える
・他人や自分の良いところが分からず、同世代の友達と関わらない
・周囲の状況が理解できず、周りの友達の表情や言動から気持ちを読み取れない
受容期
＊安心できる環境設定
・厳しくせずに落ち着いた態度で接し、楽しく活動するようにする
＊他の人との関わり方を工夫する
・教員や仲の良い友達と遊び、苦手な人とは空間的に距離をとるようにする
試行期
＊適切な他者との関わり方や感情を促す
・その都度、適切な感情の持ち方、行動や発言の仕方、他者との距離の取り方を伝える
＊気持ちや行動を振り返るようにする
・嬉しかったり嫌だったりした時の気持ちや、問題行動について振り返る機会を設ける
＊見通しをもたせる
・自分がこれから行う行動や、学習内容を掲示する
＊友達との関わり方を工夫する
・ペアやグループを作るときに教員がフォローして、友達と関わりやすくする
安定期
＊友達と気持ちや意見を伝えあう設定
・相手の良いところ、自分の良いところをカードに書き、理解し合う活動を行う
・意見を通そうとしたときは、友達の意見を聞くように促す
＊自己評価や目標を掲示して取り組む
・目標や自分の特徴等を文字で書いて掲示する
＊相手の気持ちや特徴を考えられるようになる
・相手のことを意識して、不快となる表情をした時の相手の気持ちを理解する
・相手は異なる考えをもっており、自分の思い通りにはならないことを知る
＊ルールについて理解する
・ルールを具体的に示して、何のためにルールがあるのかを考える
National Institute of Special Needs Education
課題及び支援の具体例は代表的なもののみ示す

ケース B10

高校２年生　Ｂ 10 さん

適応障害とＡＳＤで入院しているＢ 10 さんは、高校受験の際に、急に不安になり検査会場に入ることができなくなり、病弱特別支援学校高等部入学者選抜の２次選抜に志願してきました。律儀な性格で他者に迷惑をかけるような行為をする人を許せない面があります。

入学当初は、他者に迷惑をかける行動をしてしまう生徒を見て、許せないという思いを教員に訴えることが多くみられました。個別の自立活動で、**自分を含めた人の行動について、行動とその前後に生じた事象との関係を書き出して分析することに取り組みました。（試行期の支援）** Ｂ 10 さんは、環境を変えることで行動が変わることを学び、Ｂ 10 さん自身が不安に感じてきた公共の場での活動に参加することにもチャレンジすることができるようになりました。

その後、他の生徒の行為についても、自分を基準に考えて相手を責めるのではなく、どうしてその生徒がそのような行為をしてしまうのかという原因を行動と前後の事象を教員と一緒に考えることで、その生徒の行動の理由を納得することができるようになってきました。

C　学習

1 学習状況

児童生徒の課題

☑ 勉強の仕方が分からない

課題の具体的内容

・不登校の期間が長く、学習への苦手意識や拒否感が強い。
・学習空白があり、下学年の内容や学習方法を指導する必要がある。
・学習への意欲がわかず、不得意な教科に取り組まない。

支援の視点

学習への苦手意識や拒否感が強い児童生徒への支援では、本人ができる内容から取り組んだり、楽しんで取り組めるように工夫したりして、学習に対して自信を付けることが大切です。また、少し自信が付いてきたら、つまずいているところを放課後等に学習したり、家庭学習等を行ったりできるようにしていくことが大切です。

支援の具体例

＜できる内容を学習する＞（試行期の支援）

・できる内容を学習し、自信を付ける。
・理解度を把握し、出来そうなところから進める。

＜取り組みやすいように教材を工夫する＞（試行期の支援）

・タブレット端末やパソコン等で楽しんで取り組めるように工夫する。

＜宿題や補習を行う＞（安定期の支援）

・つまずいているところは放課後や昼休みに学習する。
・担任が家庭学習を確認して、アドバイスなどのコメントをする。

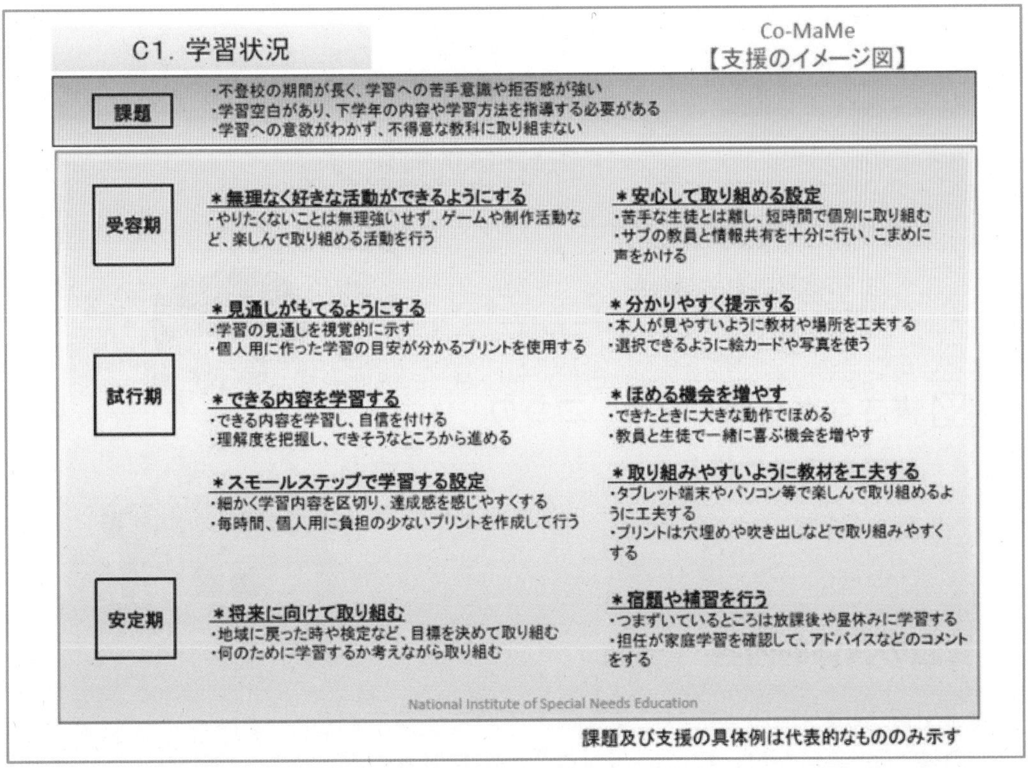
C1. 学習状況
Co-MaMe
【支援のイメージ図】
課題
・不登校の期間が長く、学習への苦手意識や拒否感が強い
・学習空白があり、下学年の内容や学習方法を指導する必要がある
・学習への意欲がわかず、不得意な教科に取り組まない
受容期
＊無理なく好きな活動ができるようにする
・やりたくないことは無理強いせず、ゲームや制作活動など、楽しんで取り組める活動を行う
＊安心して取り組める設定
・苦手な生徒とは離し、短時間で個別に取り組む
・サブの教員と情報共有を十分に行い、こまめに声をかける
試行期
＊見通しがもてるようにする
・学習の見通しを視覚的に示す
・個人用に作った学習の目安が分かるプリントを使用する
＊分かりやすく提示する
・本人が見やすいように教材や場所を工夫する
・選択できるように絵カードや写真を使う
＊できる内容を学習する
・できる内容を学習し、自信を付ける
・理解度を把握し、できそうなところから進める
＊ほめる機会を増やす
・できたときに大きな動作でほめる
・教員と生徒で一緒に喜ぶ機会を増やす
＊スモールステップで学習する設定
・細かく学習内容を区切り、達成感を感じやすくする
・毎時間、個人用に負担の少ないプリントを作成して行う
＊取り組みやすいように教材を工夫する
・タブレット端末やパソコン等で楽しんで取り組めるように工夫する
・プリントは穴埋めや吹き出しなどで取り組みやすくする
安定期
＊将来に向けて取り組む
・地域に戻った時や検定など、目標を決めて取り組む
・何のために学習するか考えながら取り組む
＊宿題や補習を行う
・つまずいているところは放課後や昼休みに学習する
・担任が家庭学習を確認して、アドバイスなどのコメントをする
National Institute of Special Needs Education
課題及び支援の具体例は代表的なもののみ示す

ケースC１

中学２年生　C１さん

ＡＳＤで対人関係の取り方に苦手さがあるC1さんは、小学校のころから登校しぶりがありました。中学校に入ってからは友だち関係の悩みだけでなく、勉強に対する苦手意識も強まり、全く登校できなくなりました。

２学期に転入し、まずは登校習慣を取り戻すことから始めました。友だち関係は、少人数で、困ったこともすぐに相談できる環境においては良好でした。しかし、学習への苦手意識は強く、「できない」「テストは嫌だ」と繰り返し、授業中は机に伏せたままのこともありました。C1さんはテストで高得点を取りたいと願っており、勉強する時は一気に全部終えなければと思っているようでした。結果として何もしない日が続きます。そこで、**１回の学習範囲を少なくし、学習項目を明確にしたうえで、それができたら終わるという積み重ねを大切にするよう促しました。（試行期の支援）** 宿題を持ち帰る場合は、**その日に復習したい内容と、やりきれそうな量を教員と相談して決めました。（試行期の支援）** そうすることで、自分で決めた学習を計画的に行う練習になりました。

C1さんは少しずつなら理解できると実感するようになり、「自分にはゆっくり一つずつ勉強するやり方が合っている」と言うようになりました。また、分からない部分を質問できるのを嬉しいと感じ、積極的に質問するようになりました。強く拒んでいた定期テストも受けることができました。

C　学習

2 処理能力

児童生徒の課題

☑ 書きながら聞くなど，二つの作業を同時に行えない

課題の具体的内容

・沢山の課題を目の当たりにすることでパニックになる。
・不登校経験があり、書くのが遅く、板書を写すのが苦手。
・聞きながら書く等の二つの作業を同時に行えない。

支援の視点

聞きながら書く等の二つの作業を同時に行えない児童生徒への支援では、聞く活動と書く活動を分けて行ったり、板書等を短文にして、書く量を減らしたりする支援を行うことが大切です。また、本人の取り組む姿勢をほめて本人の意欲を生かし、本人ができることを増やせるように配慮することが大切です。

支援の具体例

＜作業を絞る＞（試行期の支援）

・見る、聞く、書く、考える活動を分けて行う。
・プリントや板書等を穴埋めや短文にして、書く量を減らす。

＜意欲を生かしながら取り組む＞（試行期の支援）

・取り組む姿勢もほめて、意欲を生かして取り組む。

＜できることを増やす＞（安定期の支援）

・聞きながら考えて書くことを行い、書く量を増やす。

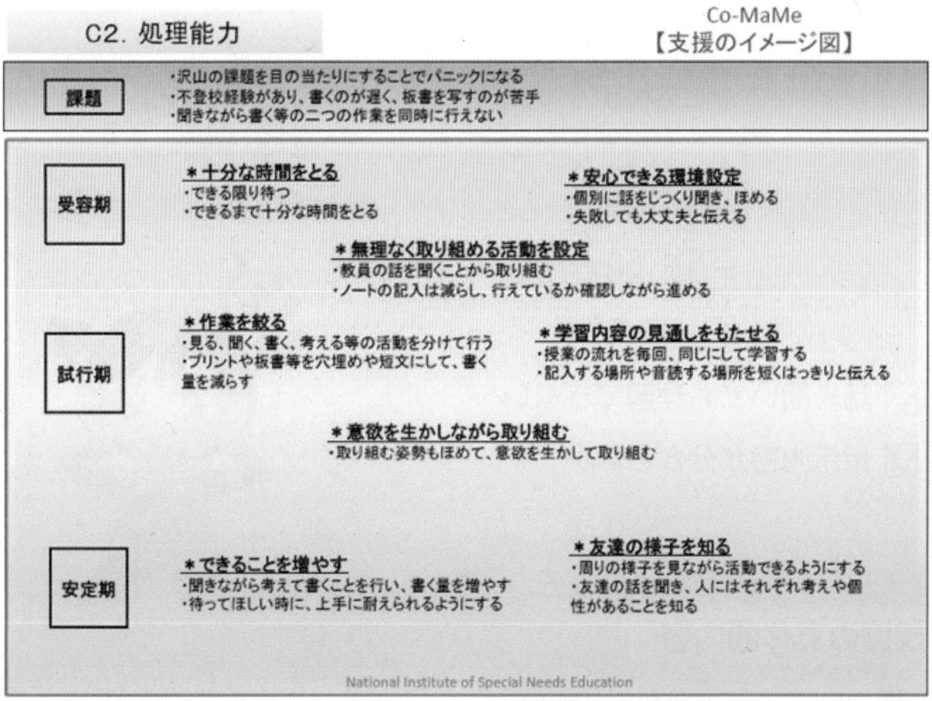
C2. 処理能力
Co-MaMe
【支援のイメージ図】
課題
・沢山の課題を目の当たりにすることでパニックになる
・不登校経験があり、書くのが遅く、板書を写すのが苦手
・聞きながら書く等の二つの作業を同時に行えない
受容期
＊十分な時間をとる
・できる限り待つ
・できるまで十分な時間をとる
＊安心できる環境設定
・個別に話をじっくり聞き、ほめる
・失敗しても大丈夫と伝える
＊無理なく取り組める活動を設定
・教員の話を聞くことから取り組む
・ノートの記入は減らし、行えているか確認しながら進める
試行期
＊作業を絞る
・見る、聞く、書く、考える等の活動を分けて行う
・プリントや板書等を穴埋めや短文にして、書く量を減らす
＊学習内容の見通しをもたせる
・授業の流れを毎回、同じにして学習する
・記入する場所や音読する場所を短くはっきりと伝える
＊意欲を生かしながら取り組む
・取り組む姿勢もほめて、意欲を生かして取り組む
安定期
＊できることを増やす
・聞きながら考えて書くことを行い、書く量を増やす
・待ってほしい時に、上手に耐えられるようにする
＊友達の様子を知る
・周りの様子を見ながら活動できるようにする
・友達の話を聞き、人にはそれぞれ考えや個性があることを知る
National Institute of Special Needs Education

課題及び支援の具体例は代表的なもののみ示す

ケースC２

中学１年生　C２さん

C２さんはゲーム依存症の治療のために入院し、病弱特別支援学校に転校してきました。入院以前は、生活リズムが乱れ学校に通うことが難しい状態が長く続いていたため、学習の遅れが大きくなっていました。入院して生活のリズムを立て直すことと併せて学習の遅れにも対応していくことになりました。

特別支援学校の授業の中で、漢字を書くことがなかなかできず、また文字を書くことそのものにも抵抗を示す場面が見られました。数字などの筆記は嫌がりませんが、漢字や英語を書くことには苦手さや苦手意識があるようでした。無理なく取り組めるようにすることや「書く」活動を少なくすることを工夫の視点として、特に国語や社会、英語では、ワークシートの書く部分を減らしました。（受容期の支援）また、書く場面での時間を多く設けるなど授業の流れを工夫しました。さらに、他の生徒にも分かりやすいように大きく板書して写させるようにしました。（受容期の支援）授業の確認テストでは、書いて解答する問題以外にも、選択肢から選んで答える設問を取り入れ、C２さんが取り組みやすい学習活動にしました。（試行期の支援）

筆記そのものの困難さはありますが、授業を受ける中での負担感を減らすことができたことで、学習活動に参加する機会が増えてきました。書くことの大変さよりも考えることの楽しさに触れることができ、発表などで褒められることが増えてきた（試行期の支援）ことで、少しずつ学習への意欲が高まってきています。

C　学習

3　聞き取り・理解力

児童生徒の課題

☑ **話を聞いても理解できない**

☑ **指示内容が分からない**

課題の具体的内容

・聞いていなくても分からないと言えず、ストレスをためて学校に来ることができなくなる。
・指示や説明の聞き取りが難しく、集団活動についていけない。
・文法や文章題を理解できない。

支援の視点

指示内容が分からない児童生徒への支援では、視覚的に分かりやすく提示したり、本人の理解を確かめながら活動内容等を分かりやすく説明したりする支援が必要です。また、本人が分からない様子であれば、最初に本人に対して注意するのではなく、本人が困っていることや不安なことを聞いて、受け止めてあげることが大切です。

支援の具体例

＜気持ちを理解する＞（受容期の支援）

・困っていることや不安なことを聞いて受け止める。

＜分かりやすく視覚的に教材を工夫する＞（試行期の支援）

・色や下線、太字で示したり、イラストを使って学習内容を視覚的に分かりやすくする。

＜説明や活動を分かりやすく説明する＞（試行期の支援）

・相手の理解を確かめながら、少しずつ説明する。
・活動内容を細かく分けて、整理して伝える。

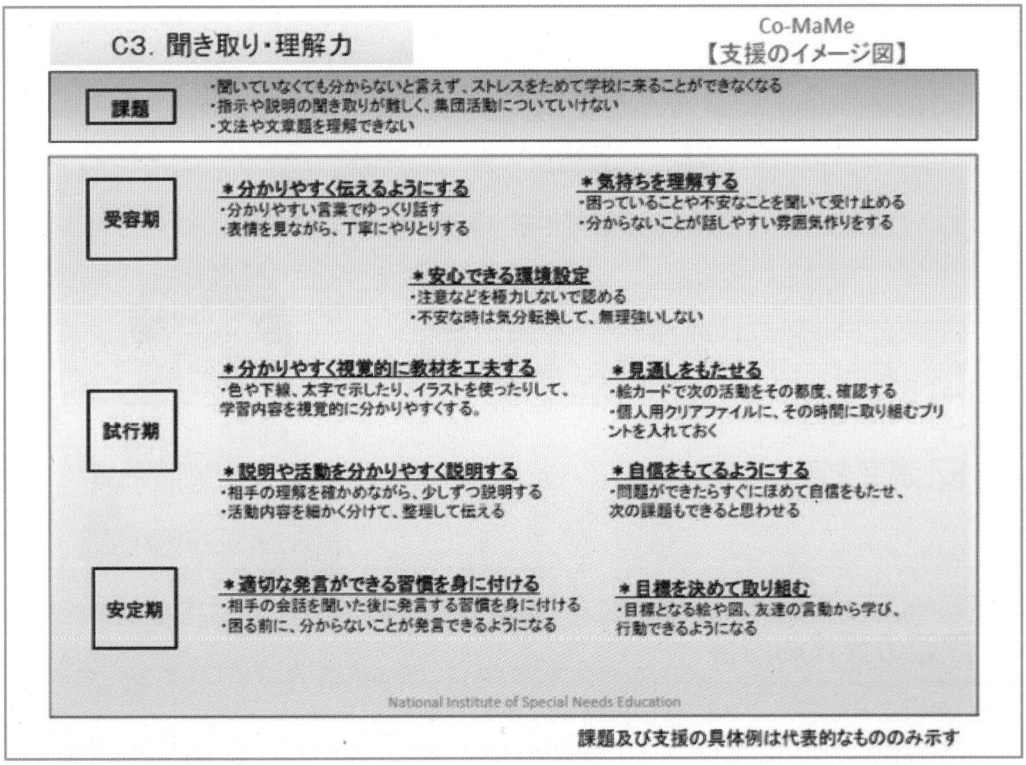
C3. 聞き取り・理解力
Co-MaMe
【支援のイメージ図】
課題
・聞いていなくても分からないと言えず、ストレスをためて学校に来ることができなくなる
・指示や説明の聞き取りが難しく、集団活動についていけない
・文法や文章題を理解できない
受容期
＊分かりやすく伝えるようにする
・分かりやすい言葉でゆっくり話す
・表情を見ながら、丁寧にやりとりする
＊気持ちを理解する
・困っていることや不安なことを聞いて受け止める
・分からないことが話しやすい雰囲気作りをする
＊安心できる環境設定
・注意などを極力しないで認める
・不安な時は気分転換して、無理強いしない
試行期
＊分かりやすく視覚的に教材を工夫する
・色や下線、太字で示したり、イラストを使ったりして、学習内容を視覚的に分かりやすくする。
＊見通しをもたせる
・絵カードで次の活動をその都度、確認する
・個人用クリアファイルに、その時間に取り組むプリントを入れておく
＊説明や活動を分かりやすく説明する
・相手の理解を確かめながら、少しずつ説明する
・活動内容を細かく分けて、整理して伝える
＊自信をもてるようにする
・問題ができたらすぐにほめて自信をもたせ、次の課題もできると思わせる
安定期
＊適切な発言ができる習慣を身に付ける
・相手の会話を聞いた後に発言する習慣を身に付ける
・困る前に、分からないことが発言できるようになる
＊目標を決めて取り組む
・目標となる絵や図、友達の言動から学び、行動できるようになる
National Institute of Special Needs Education
課題及び支援の具体例は代表的なもののみ示す

ケース C3

中学３年生　C３さん

小学校５年生の時に自閉症スペクトラムと診断されたC３さんは、心因性の難聴や視力の低下がみられるようになり、中学校１年生の１学期後半より同じ学級の生徒とのトラブルから中学校へ登校することが難しくなりました。その後、中学校では朝だけの登校となり、中学３年から病弱特別支援学校へ転入となりました。転入当初はとても緊張が強く、学習中も話の聞き取りにくさがあるために指示が入りづらい状況が見られ、緊張感のために何もできなくなり、泣き出してしまったり、号泣して過呼吸になったりすることがありました。また、年度当初、自信のなさや学習内容が理解できていないため、みんなの前で発表することに拒否感を示すことがあり、指示内容が長くなると反応が遅かったり、首を傾けたりする場面がみられ、分からないということを伝えることができませんでした。そのため、**指示や質問文を短くして端的に伝えるようにしました。**（試行期の支援）また、指示内容を理解していても学習内容が理解できていない場合があるため、プリントや板書を見れば分かるような質問内容にしました。

学習全体を通して、基本的な重要事項に絞って学習できるようにすることや、**事前に学習内容について丁寧な情報の提供をすることで見通しを持たせ、事前に準備ができるようにしました。**（試行期の支援）このような取組を毎日繰り返すことで、自信をもってスムーズに学習に参加できるようになり、みんなの前でも音読をしたり、自分の意見を発表したりすることができるようになってきました。

4 読み・書き

児童生徒の課題

☑ 文章を読むのが苦手

☑ 漢字を正しく書けない

課題の具体的内容

・読むことや書くことに強い抵抗感があり、取り組まない。
・不登校等のため、学年相応の読み書きが定着していない。
・文章を読んだり、漢字を覚えたりすることが苦手。

支援の視点

文章を読むことが苦手な児童生徒への支援では、定着している漢字等を使って読むことを行う等、本人ができそうと思える内容をスモールステップで取り組むことが大切です。また、漢字等を書くことが苦手な児童生徒への支援では、プリントを穴埋めする等、書く負担を軽減して学習できるように配慮することが大切です。

支援の具体例

＜書く負担を減らして学習できるようにする＞（試行期の支援）

・プリントはカッコ内を埋めたり、シールを貼ったりして完成できるようにする。

＜視覚的に読みやすく工夫する＞（試行期の支援）

・板書の文字は大きく色を使って見やすくする。

＜スモールステップで取り組む学習設定＞（試行期の支援）

・定着している漢字を使って読むことを継続して行う。
・本人ができそうと思う内容をスモールステップで取り組む。

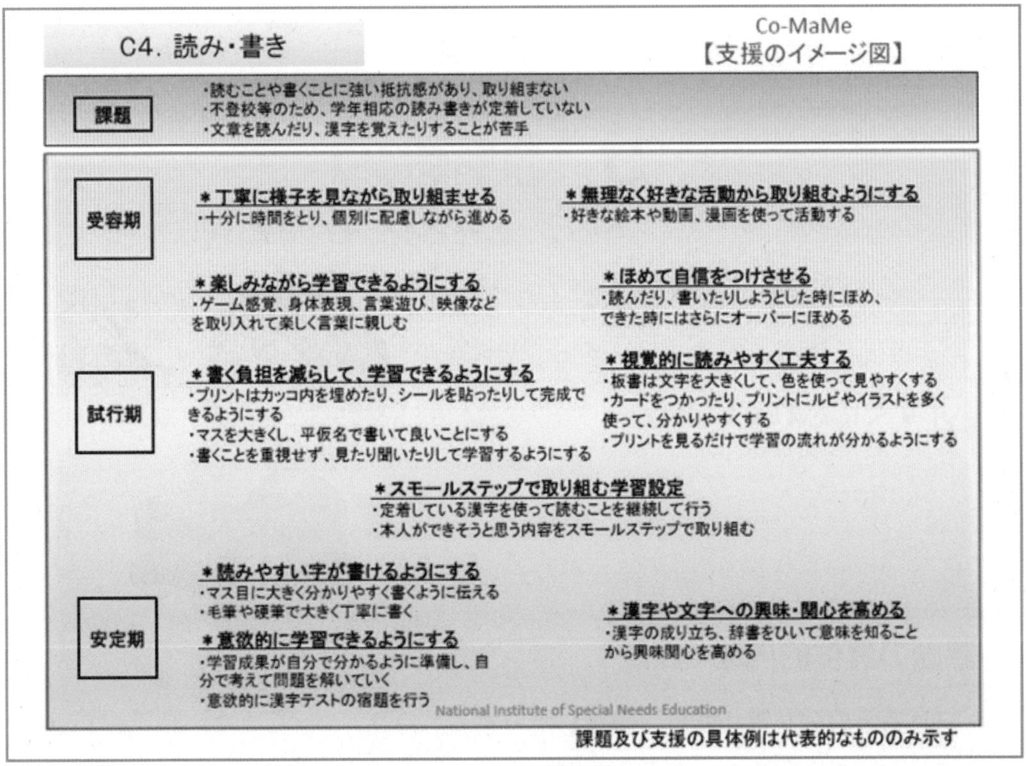
C4．読み・書き
Co-MaMe
【支援のイメージ図】
課題
・読むことや書くことに強い抵抗感があり、取り組まない
・不登校等のため、学年相応の読み書きが定着していない
・文章を読んだり、漢字を覚えたりすることが苦手
受容期
＊丁寧に様子を見ながら取り組ませる
・十分に時間をとり、個別に配慮しながら進める
＊無理なく好きな活動から取り組むようにする
・好きな絵本や動画、漫画を使って活動する
＊楽しみながら学習できるようにする
・ゲーム感覚、身体表現、言葉遊び、映像などを取り入れて楽しく言葉に親しむ
＊ほめて自信をつけさせる
・読んだり、書いたりしようとした時にほめ、できた時にはさらにオーバーにほめる
試行期
＊書く負担を減らして、学習できるようにする
・プリントはカッコ内を埋めたり、シールを貼ったりして完成できるようにする
・マスを大きくし、平仮名で書いて良いことにする
・書くことを重視せず、見たり聞いたりして学習するようにする
＊視覚的に読みやすく工夫する
・板書は文字を大きくして、色を使って見やすくする
・カードをつかったり、プリントにルビやイラストを多く使って、分かりやすくする
・プリントを見るだけで学習の流れが分かるようにする
＊スモールステップで取り組む学習設定
・定着している漢字を使って読むことを継続して行う
・本人ができそうと思う内容をスモールステップで取り組む
安定期
＊読みやすい字が書けるようにする
・マス目に大きく分かりやすく書くように伝える
・毛筆や硬筆で大きく丁寧に書く
＊意欲的に学習できるようにする
・学習成果が自分で分かるように準備し、自分で考えて問題を解いていく
・意欲的に漢字テストの宿題を行う
＊漢字や文字への興味・関心を高める
・漢字の成り立ち、辞書をひいて意味を知ることから興味関心を高める
National Institute of Special Needs Education
課題及び支援の具体例は代表的なもののみ示す

ケースＣ４

小学３年生　Ｃ４さん

不登校で長期入院しているC4さん。小学１年生の10月から少しずつ学校への行きしぶりが見られ、小学２年の２学期から登校できなくなりました。登校できなくなった理由としては、「ノートを書くのが多くなってきて学校が嫌になった」とのことでした。休んでいる間に徐々に生活リズムが乱れ、昼夜逆転生活になってきたことをきっかけに入院、病弱特別支援学校へ転入となりました。

転入当初は、学習への苦手意識から授業への参加しぶりが多く見られました。そのため、まずは本人が楽しみながら活動できる内容を精選して実施しました。（受容期の支援）また文字を書こうとした際にすぐに称賛することで、書字への動機付けを行いながら、ノートとは別に穴埋め形式のプリントを用意して書く量を調節するようにしました。（受容期の支援）また書く量の調整に関しては、本人の状態を確認しながら少しずつ書く量を増やしていくようにしました。（試行期の支援）

そのような中で、徐々に書字を伴う活動への抵抗感が薄れていき、今では地域の学校で、適宜必要な支援を受けながら学校生活を送ることができています。

C　学習

5　記憶力

児童生徒の課題

☑ すぐに忘れてしまう

課題の具体的内容

・忘れると自分を責めたり、興奮したりする。
・忘れることに対する不安から焦燥感が強くなる。
・学習したことをすぐに忘れてしまう。

支援の視点

記憶することが苦手ですぐに忘れてしまう児童生徒への支援では、最初に忘れることへの不安から本人の心の安定を図ることが大切です。次に、忘れない方法について対応策を学び、メモを取る等のスキルを身に付ける等、本人自身が主体的に忘れないように取り組めるようにしていく支援が大切です。

支援の具体例

＜心の安定を図る＞（試行期の支援）

・忘れて不安になりそうな時は、教員がメモしておく。

＜忘れない方法で取り組む＞（試行期の支援）

・忘れないためにメモを取り、机に貼る。
・必要な内容はノートに書き、見返すようにする。

＜将来に向けて取り組む＞（安定期の支援）

・メモを取るスキルが退院後も必要となることを確認して取り組む。

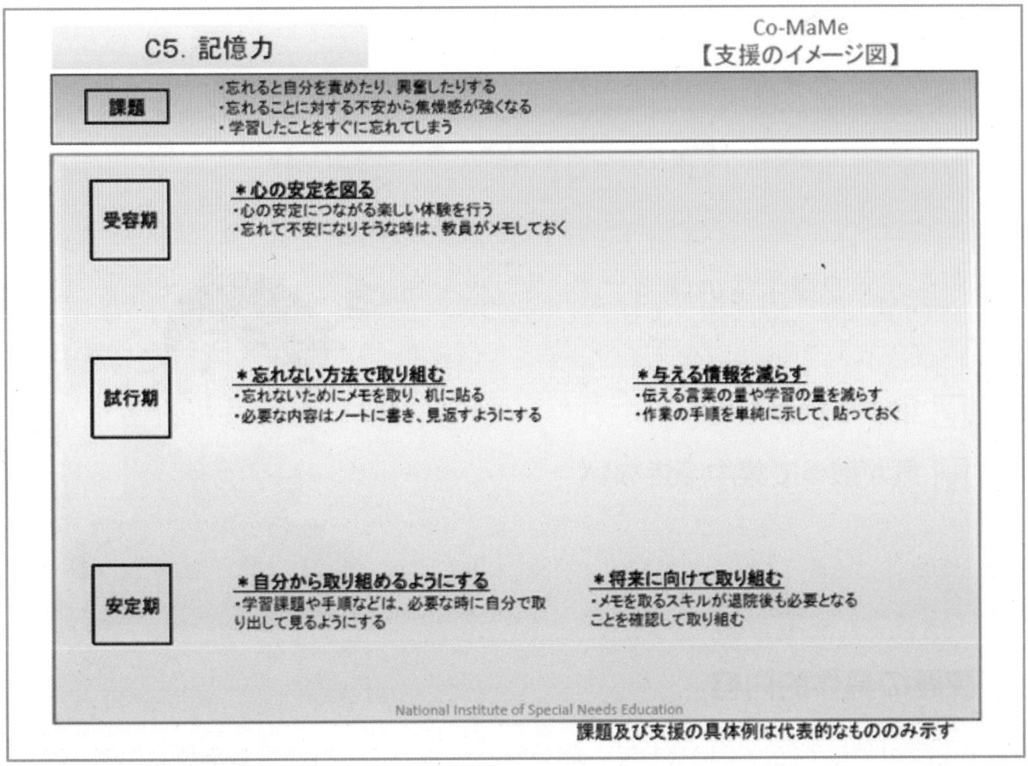

ケースC５

中学３年生　C５さん

　中学３年のC５さんは、小学生の頃から宿題や持ち物を忘れることが多く、自分はダメでだらしない性格だと自信を失っていました。教員との会話でも、次の日に確認すると覚えていないことが多く、落ち込んで謝罪したり、逆に「聞いていない」とイライラして当たったりすることがたびたびありました。

　そこで、まずは、本人の困り感を整理し、自己理解を図るため、尺度表に取り組みました。（受容期の支援）様々な質問項目について話をするうちに、「耳からの情報に弱い」「長いフレーズは頭に入ってこない」「興味がないとすぐ忘れてしまう」ということが分かってきました。そこで、C５さんと話をするときは、必ずメモ用紙を間に置き、ポイントを書くようにしました。週の目標も見える場所に貼るようにしました。（試行期の支援）また、授業でも、「必要なことは紙に書いて渡す」「簡潔な言葉で伝える」等、共通理解を図りました。（試行期の支援）C５さん自身も付箋を用意し、大切なことはメモし、ノートに貼るよう心がけるようになりました。メモを取ったことも忘れてしまうため、メモを取るノートは１冊に決めました。（試行期の支援）

　その結果、連絡を忘れてしまうことや、「聞いていない」というトラブルが減り、自分に自信をもてるようになってきました。メモ等、自分自身で工夫ができた経験を活かして「自分マニュアル」を作り（安定期の支援）、自分の苦手さをカバーしながら過ごせるようになっています。

C　学習

6 注意・集中

児童生徒の課題

☑ 集中が続かない

☑ 気が散って集中できない

課題の具体的内容

・イライラして座っていられず、教室から走って出て行ってしまう。
・授業に集中することができず、関係のない話を始める。

支援の視点

気が散る等して集中が続かない児童生徒への支援では、環境面において刺激を減らす等の配慮をするとともに、本人が興味のある学習内容を用意し、まずは無理なく好きな活動ができるように支援します。また、安定して取り組めるようになったら、好きな活動から難しい活動へと課題を変化させて、集中できる時間を延ばす支援を行うことが大切です。

支援の具体例

＜刺激を減らす＞（受容期の支援）

・教室のドアは閉め、黒板周辺は特に配慮して、掲示物も必要最小限にして刺激を減らす。

＜無理なく好きな活動ができるようにする＞（受容期の支援）

・興味のある学習内容を２～３つ用意する。

＜集中力を伸ばす＞（安定期の支援）

・好きな活動から難しい活動へ課題を変化させて、集中できる時間を伸ばす。

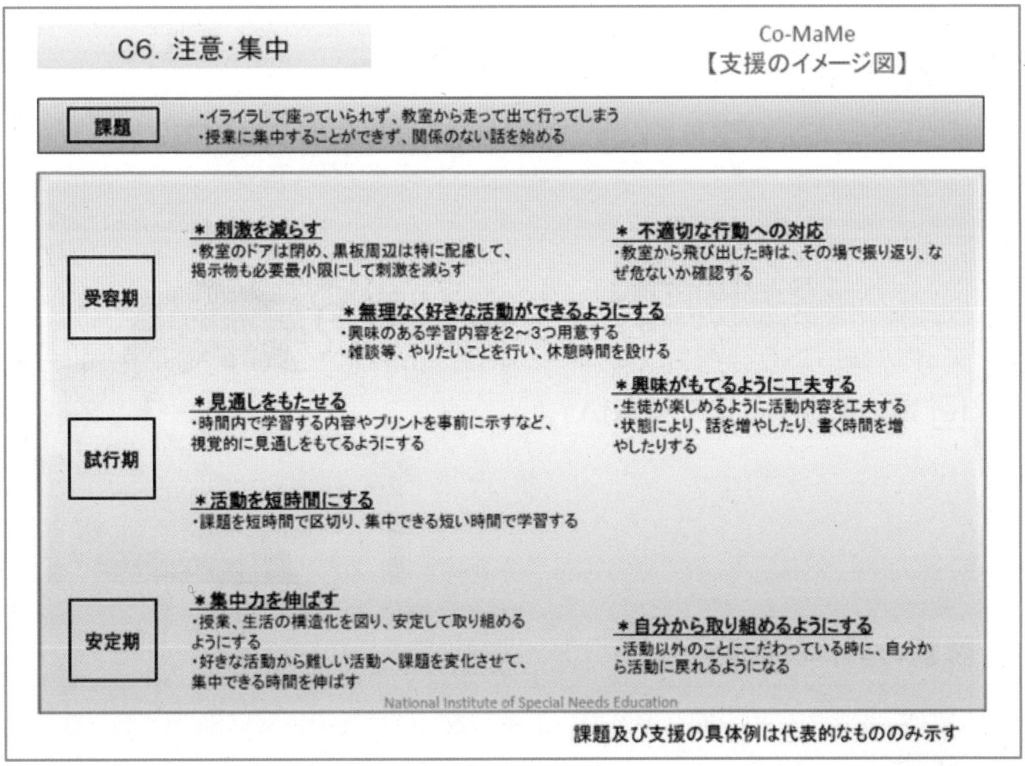
C6. 注意·集中
Co-MaMe
【支援のイメージ図】
課題
・イライラして座っていられず、教室から走って出て行ってしまう
・授業に集中することができず、関係のない話を始める
受容期
＊ 刺激を減らす
・教室のドアは閉め、黒板周辺は特に配慮して、掲示物も必要最小限にして刺激を減らす
＊ 不適切な行動への対応
・教室から飛び出した時は、その場で振り返り、なぜ危ないか確認する
＊無理なく好きな活動ができるようにする
・興味のある学習内容を2～3つ用意する
・雑談等、やりたいことを行い、休憩時間を設ける
試行期
＊見通しをもたせる
・時間内で学習する内容やプリントを事前に示すなど、視覚的に見通しをもてるようにする
＊興味がもてるように工夫する
・生徒が楽しめるように活動内容を工夫する
・状態により、話を増やしたり、書く時間を増やしたりする
＊活動を短時間にする
・課題を短時間で区切り、集中できる短い時間で学習する
安定期
＊集中力を伸ばす
・授業、生活の構造化を図り、安定して取り組めるようにする
・好きな活動から難しい活動へ課題を変化させて、集中できる時間を伸ばす
＊自分から取り組めるようにする
・活動以外のことにこだわっている時に、自分から活動に戻れるようになる
National Institute of Special Needs Education
課題及び支援の具体例は代表的なもののみ示す

ケースＣ６

中学２年生　Ｃ６さん

Ｃ６さんは、地域の学校へは休みがちでしたが通っていました。久しぶりに参加した部活動で、「毎日練習していてそれしかできないんだ？」など、相手が傷付く言葉と意識できなく、思ったことをすぐ言葉にしてしまい、周りから嫌がられていました。家庭内での暴言や暴力、お金の持ち出し等の行動が増えてきたため、一度入院することになりました。

病弱特別支援学校に転入当初は、周りにイラつくことが多く、暴言や授業中に教室を飛び出すことがありました。その行動について直接注意はせず、安全を確認できる距離で見守り、**すぐに授業に戻さず違う場所で本人と雑談して、気持ちを受け止めるようにしました。**（受容期の支援）

担任との関係ができてくると、「パソコンを使いたい」「好きな音楽を調べたい」と要望を言えるようになり、自分から「クラスの時間にパソコンが使えるなら、授業頑張る」と交渉をするようになりました。**苦手なことに自分から取り組んだり、集中できる時間を伸ばしたりできるように好きな活動を設定しました**（安定期の支援）。その結果、安定して学校生活を送ることができるようになりました。

C　学習

7　学習への意識

児童生徒の課題

☑ 嫌いな教科に出たくない

課題の具体的内容

・教科学習全般に拒否的な態度で、苦手な教科は参加できずに逃げ出す。
・学習に集中できず、取り組めない。
・新しい活動には挑戦しようとしない。

支援の視点

　教科学習全般に拒否的で苦手な教科には参加しない児童生徒への支援では、最初に本人に無理をせずに、本人の好きな活動、やれそうだと思える内容から参加できるように支援をします。次に、少しずつ参加できるようになったら、前向きに取り組めるような内容を用意し、自分から取り組めるように支援していくことが大切です。

支援の具体例

＜無理なく好きな活動ができるようにする＞（受容期の支援）

・無理せず、絵本を読んだり、好きな話題を話したり、ゲーム等をしたりする。

＜できる内容を学習する＞（試行期の支援）

・苦手な教科は無理をさせず、やれそうだと思える内容を用意する。

＜自分から取り組めるようにする＞（安定期の支援）

・本人が前向きに取り組める内容を学習し、自ら学ぼうとする意欲を育む。

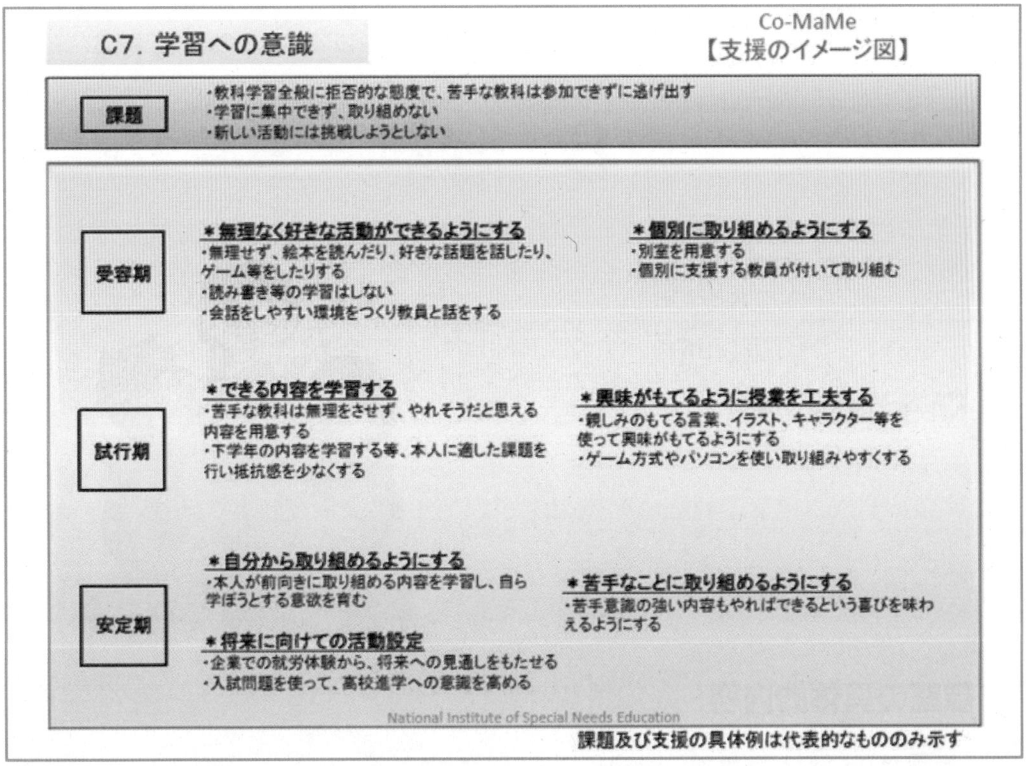
C7. 学習への意識
Co-MaMe
【支援のイメージ図】
課題
・教科学習全般に拒否的な態度で、苦手な教科は参加できずに逃げ出す
・学習に集中できず、取り組めない
・新しい活動には挑戦しようとしない
受容期
＊無理なく好きな活動ができるようにする
・無理せず、絵本を読んだり、好きな話題を話したり、ゲーム等をしたりする
・読み書き等の学習はしない
・会話をしやすい環境をつくり教員と話をする
＊個別に取り組めるようにする
・別室を用意する
・個別に支援する教員が付いて取り組む
試行期
＊できる内容を学習する
・苦手な教科は無理をさせず、やれそうだと思える内容を用意する
・下学年の内容を学習する等、本人に適した課題を行い抵抗感を少なくする
＊興味がもてるように授業を工夫する
・親しみのもてる言葉、イラスト、キャラクター等を使って興味がもてるようにする
・ゲーム方式やパソコンを使い取り組みやすくする
安定期
＊自分から取り組めるようにする
・本人が前向きに取り組める内容を学習し、自ら学ぼうとする意欲を育む
＊将来に向けての活動設定
・企業での就労体験から、将来への見通しをもたせる
・入試問題を使って、高校進学への意識を高める
＊苦手なことに取り組めるようにする
・苦手意識の強い内容もやればできるという喜びを味わえるようにする
National Institute of Special Needs Education
課題及び支援の具体例は代表的なもののみ示す

ケースＣ７

高校３年生　Ｃ７さん

適応障害とADHD、ASDで入院しているＣ７さんは、家庭や中学校で他害等の行動問題があったため病弱特別支援学校中学部に転入してきました。強い吃音があり、会話は苦手でした。

転入当初は、集団での活動は苦手で参加することができないことがほとんどでした。また、個別の授業でも苦手な教科には参加できずに教室から突然飛び出し、校舎の周りをうろついて過ごすことがありました。Ｃ７さんの自立活動担当の教員は、Ｃ７さんの好きなイラストを描く活動を一緒にしながら気持ちを聞き出すことに取り組んでいるうち、Ｃ７さんは、その教員と話すのが楽しみになっていったようでした。（受容期の支援）吃音があるので、Ｃ７さんが話し終わるまでじっくりと待つように心がけていました。

その後、Ｃ７さんは心理的に不安定になると休み時間に、その教員を職員室に訪ねてくるようになり、その教員が次の授業が始まり、落ち着いて活動に取り組み始めるまで一緒にいることで、落ち着いたまま別の教員の授業にも参加できるようになってきました。また、休み時間に職員室に顔をのぞきに来て、少し会話をすると授業が始まる前に教室に戻る様子も見られるようになってきました。

C　学習

8　経験

児童生徒の課題

☑ 生活経験が低い

課題の具体的内容

・自信がないことをせず、一つ一つに時間がかかる。
・友達と一緒に行ったり、様々な活動を行ったりすることが苦手。
・将来に向けた新しい体験をしない。

支援の視点

　生活経験が低い児童生徒への支援では、本人が未経験のことに自信を付けさせるため、教師と一緒に取り組んだり、取組に対して称賛したりして自信や達成感をもたせられるように支援します。また、様々な活動を設定し、経験したことのないことを行い、本人が好きなことを増やせるように配慮します。

支援の具体例

＜スモールステップで取り組む学習設定＞（試行期の支援）

・活動中や活動後に称賛し、自信や達成感をもたせる。
・一人で行う前に少しずつ担任と一緒に行うようにしていく。

＜様々な活動を実施する＞（安定期の支援）

・苦手な教科は無理をさせず、やれそうだと思える内容を用意する。

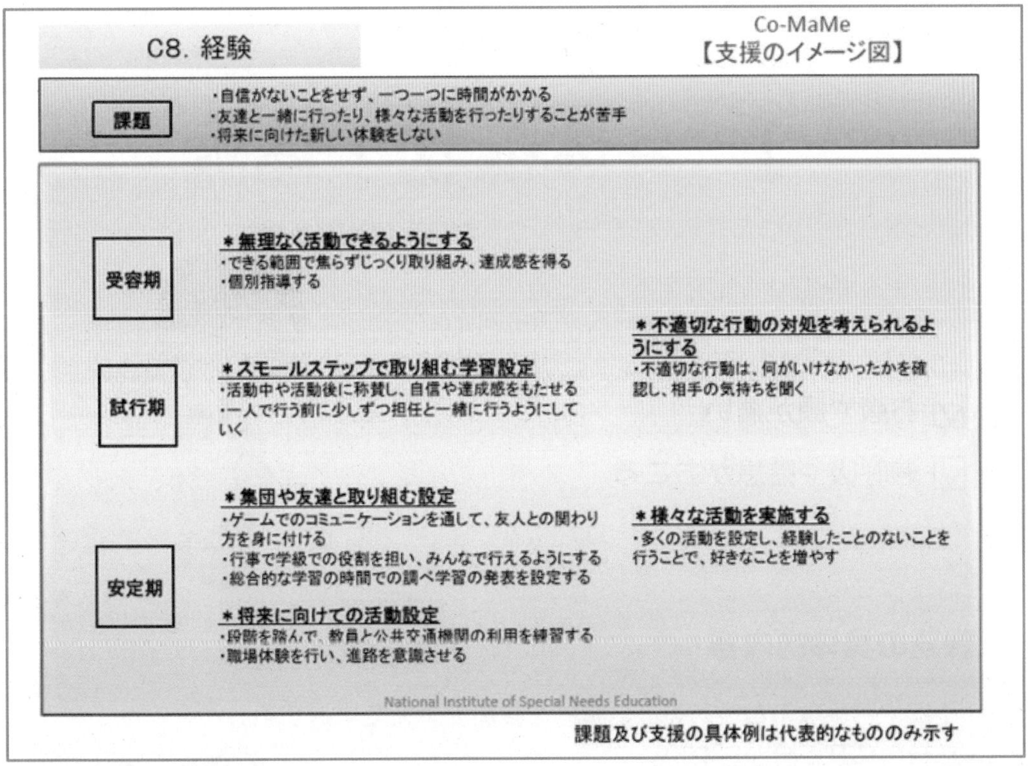
C8. 経験
Co-MaMe
【支援のイメージ図】
課題
・自信がないことをせず、一つ一つに時間がかかる
・友達と一緒に行ったり、様々な活動を行ったりすることが苦手
・将来に向けた新しい体験をしない
受容期
＊無理なく活動できるようにする
・できる範囲で焦らずじっくり取り組み、達成感を得る
・個別指導する
試行期
＊スモールステップで取り組む学習設定
・活動中や活動後に称賛し、自信や達成感をもたせる
・一人で行う前に少しずつ担任と一緒に行うようにしていく
＊不適切な行動の対処を考えられるようにする
・不適切な行動は、何がいけなかったかを確認し、相手の気持ちを聞く
安定期
＊集団や友達と取り組む設定
・ゲームでのコミュニケーションを通して、友人との関わり方を身に付ける
・行事で学級での役割を担い、みんなで行えるようにする
・総合的な学習の時間での調べ学習の発表を設定する
＊将来に向けての活動設定
・段階を踏んで、教員と公共交通機関の利用を練習する
・職場体験を行い、進路を意識させる
＊様々な活動を実施する
・多くの活動を設定し、経験したことのないことを行うことで、好きなことを増やす
National Institute of Special Needs Education
課題及び支援の具体例は代表的なもののみ示す

ケースＣ８

高校１年生　Ｃ８さん

児童心理治療施設に入所しているＣ８さんは、幼少期に母親からのネグレクトがあり、万引き金銭の窃盗から児童相談所での一時保護を受けました。そして児童養護施設に入所にいたりました。中学校では部活での対人関係の悩みから睡眠障害、抜毛症を発症する精神状態に陥り不登校となりました。中学３年生の時に病院を受診し、環境を変えるために措置変更を行い児童心理治療施設に入所し、病弱特別支援学校へ転入となりました。

転入当初は、毎朝、体の不調を訴え登校をしぶっていました。学習に対しても学習空白があり、数学や英語は特に分からないことが多く、少しでもできなかったことがあるといらだち学校を早退し、学園に帰ってしまうことが多くありました。そこで、**授業に出たら教科担任から、シールをもらいポイントをためる取り組みを行いました。頑張りが可視化され登校意欲につなげることができました。**（試行期の支援）また、週の後半金曜日に面談を行い、がんばったことやできたことを話し合いました。それから次週の時間割や各教科の内容についても確認をしました。そのことで、見通しをもつことができたとともに、苦手な教科については予習ができ、意欲喚起にもつながっていきました。

そのような中で、徐々に好きな活動ができていきました。**好きな活動の応援部や学年執行部などで、役割をもって取り組むこと**（安定期の支援）で、自分から積極的に頑張る姿が見られるようになってきました。

D　身体

1　身体症状・体調

児童生徒の課題

- ☑ お腹や頭が痛い
- ☑ 過呼吸や喘息がおこる

課題の具体的内容

・不安や苦手なことがあると、頭痛や腹痛を訴えて早退する。
・自分の体調が分からない。
・気持ちを言葉にして周囲に相談できない。

支援の視点

　不安や苦手なことがあると頭痛や腹痛を訴える等、身体症状が現れる児童生徒への支援では、最初に本人の気持ちを聞き取り、不安になる要因を取り除くような配慮が必要です。次に、本人が自分の気持ちや身体の状態を表現し、そのような身体症状が出た場合の対応策を自らが考えられるように支援をしていくことが大切です。

支援の具体例

＜気持ちを聞く＞（受容期の支援）

・不安なことは何かじっくりと聞く。

＜気持ちや身体の状態を表現する＞（試行期の支援）

・気持ちをノートに書き出す。
・不安なことを言語化できるようにする。

＜身体の変化への対応を考える＞（安定期の支援）

・かゆみが出た時の対策を自分でまとめて活用できるようにする。

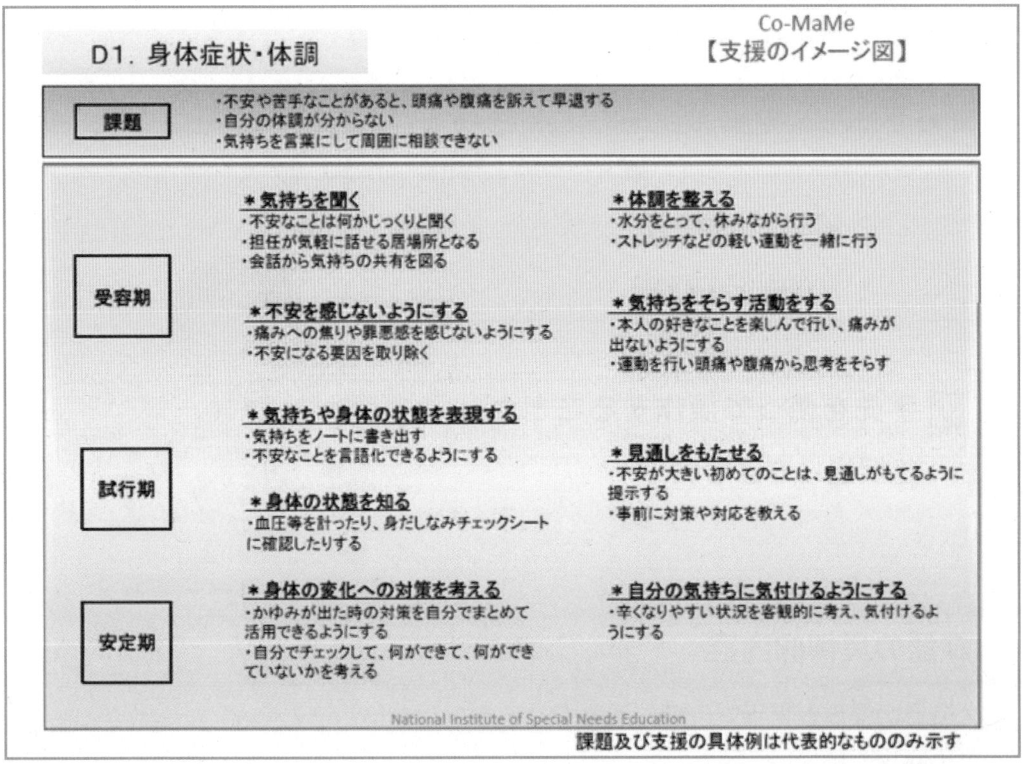
D1. 身体症状・体調
Co-MaMe
【支援のイメージ図】
課題
・不安や苦手なことがあると、頭痛や腹痛を訴えて早退する
・自分の体調が分からない
・気持ちを言葉にして周囲に相談できない
受容期
＊気持ちを聞く
・不安なことは何かじっくりと聞く
・担任が気軽に話せる居場所となる
・会話から気持ちの共有を図る
＊体調を整える
・水分をとって、休みながら行う
・ストレッチなどの軽い運動を一緒に行う
＊不安を感じないようにする
・痛みへの焦りや罪悪感を感じないようにする
・不安になる要因を取り除く
＊気持ちをそらす活動をする
・本人の好きなことを楽しんで行い、痛みが出ないようにする
・運動を行い頭痛や腹痛から思考をそらす
試行期
＊気持ちや身体の状態を表現する
・気持ちをノートに書き出す
・不安なことを言語化できるようにする
＊身体の状態を知る
・血圧等を計ったり、身だしなみチェックシートに確認したりする
＊見通しをもたせる
・不安が大きい初めてのことは、見通しがもてるように提示する
・事前に対策や対応を教える
安定期
＊身体の変化への対策を考える
・かゆみが出た時の対策を自分でまとめて活用できるようにする
・自分でチェックして、何ができて、何ができていないかを考える
＊自分の気持ちに気付けるようにする
・辛くなりやすい状況を客観的に考え、気付けるようにする
National Institute of Special Needs Education
課題及び支援の具体例は代表的なもののみ示す

ケースＤ１

中学２年生　Ｄ１さん

解離性障害で入院しているＤ１さんは、小学生の頃にいじめに遭い、過呼吸や突然動けなくなる等の身体症状が出て、学校に通えなくなりました。中学生になっても不登校が続いていたため病院に入院することになり病弱特別支援学校に転入しました。

転入当初は、めまいや頭痛、腹痛などの身体症状を訴えることが多く、休み時間も一人でつらそうにしていました。そこで、毎朝、体温と血圧を保健室で測定し、記録表に付けていくことを始めました。その結果、血圧の低い日が多く、体調の悪さから気分が落ち込むことが分かってきました。（試行期の支援）このことを教員間で共有し、朝のラジオ体操や、病棟でのストレッチに取り組んだり、休み時間ごとに水分を取ったりするように指導しました。（試行期の支援）

そうするうちに、体調が少しずつ良くなり、運動や食事、生活習慣のリズムの大切さに気が付き、自分の心身の調子をコントロールできるようになりました。今では自信を取り戻し、学校生活を元気に送ることができるようになりました。

D　身体

2 巧緻性

児童生徒の課題

☑ 手先を使って操作することが指示通りできない

課題の具体的内容

・道具の操作が苦手で、創作活動をやろうとしない。
・不器用で細かい作業が苦手。

支援の視点

道具の操作等の細かい作業が苦手な児童生徒への支援では、最初に失敗により本人の自信を無くすことのないように、本人が失敗しないように活動しやすい道具や材料を使い、本人が達成感をもてるような活動から始められるような配慮が必要です。また、活動に取り組めるようになってきたら、他者から評価を得られるような活動を設定し、評価をしてもらい本人の自信を付けていく支援が必要です。

支援の具体例

＜失敗しない簡単なものを行う＞（受容期の支援）

・失敗したと感じやすいので、失敗しないように得意な活動を行っていく。

＜興味や自信がもてる学習設定＞（試行期の支援）

・活動しやすい道具や材料を使って達成感をもたせる。
・興味のある得意な活動を行い自信をもたせる。

＜作品の評価が得られる設定＞（安定期の支援）

・他者から評価を得られるようなテーマを設定する。

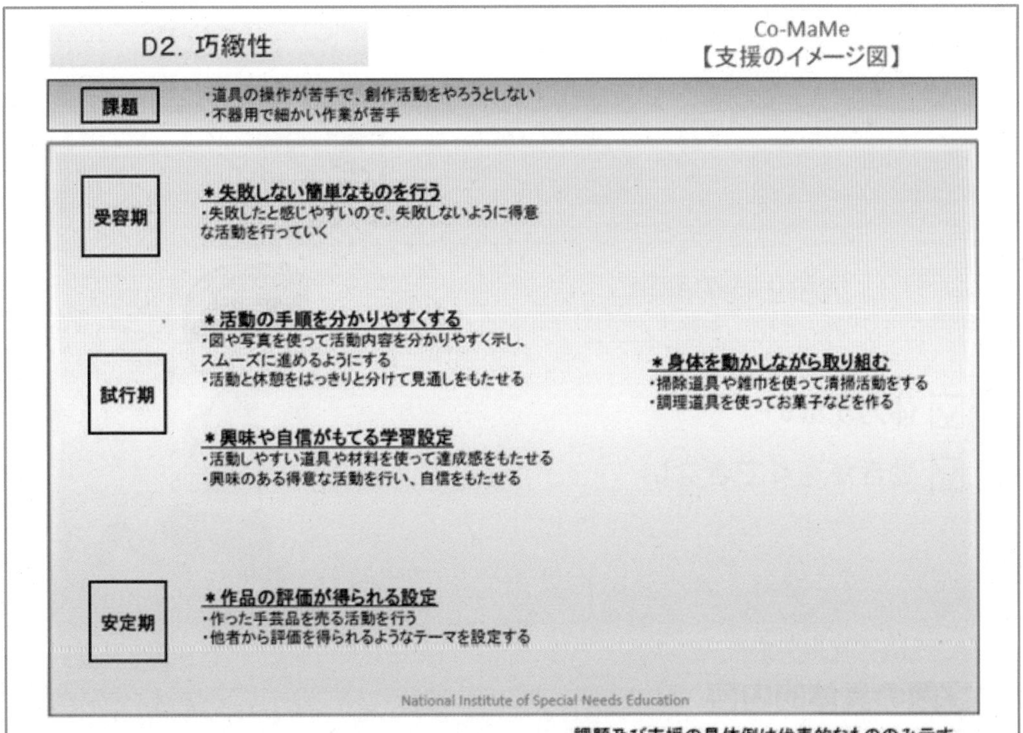

D2. 巧緻性
Co-MaMe
【支援のイメージ図】
課題
・道具の操作が苦手で、創作活動をやろうとしない
・不器用で細かい作業が苦手
受容期
＊失敗しない簡単なものを行う
・失敗したと感じやすいので、失敗しないように得意な活動を行っていく
試行期
＊活動の手順を分かりやすくする
・図や写真を使って活動内容を分かりやすく示し、スムーズに進めるようにする
・活動と休憩をはっきりと分けて見通しをもたせる
＊興味や自信がもてる学習設定
・活動しやすい道具や材料を使って達成感をもたせる
・興味のある得意な活動を行い、自信をもたせる
＊身体を動かしながら取り組む
・掃除道具や雑巾を使って清掃活動をする
・調理道具を使ってお菓子などを作る
安定期
＊作品の評価が得られる設定
・作った手芸品を売る活動を行う
・他者から評価を得られるようなテーマを設定する
National Institute of Special Needs Education

課題及び支援の具体例は代表的なもののみ示す

ケースＤ２

小学６年生　Ｄ２さん

Ｄ２さんは小学３年生より知的障害特別支援学級に在籍していました。４年生になり学校で物を投げたり、同級生の首を絞めたり、衝動行為が見られるようになりました。本児が母親とのやりとりで立腹し、母親の衣類に火をつけ自宅が全焼し家族が焼け出されました。そのため、母子施設に入所しましたが、本児は癇癪をおこし、職員への暴力やガラスを割るなどの行動が認められたため、精神科病棟に入院となりました。

転入当初は、落ち着きの無さや衝動性に加えて、手指の不器用さが見られました。音楽の授業では、ギターでコードを押さえて、演奏する授業に取り組みましたが、なかなかコードを押さえることができず、机にふせてしまうことが多くありました。そこで、**指２本だけで無理なく押さえられるコードから練習し**（受容期の支援）、音が鳴るとともに喜ぶようにしました。**ギターの指版にコードごとに色分けしたシールを貼り分かりやすくしました。**（受容期の支援）

その結果、難しいコードにも少しずつ挑戦するようになり、休み時間も使って練習をするようになりました。卒業式では、ギター演奏を披露することができ、大きな自信を付けました。

D　身体

3　動作・体力

児童生徒の課題

☑ 体力がない

☑ 動きが速くできない

課題の具体的内容

・不登校が長いため、生活に必要な体力がない。
・体力がなく、動きがぎこちなく、運動に苦手意識がある。
・自分の体力やボディイメージが把握できていない。

支援の視点

動作がぎこちなく、生活に必要な体力がない児童生徒への支援では、最初に、疲れたら休める等、本人が無理なく活動できるように配慮する必要があります。次に、活動を分かりやすくして、楽しんで身体を動かせるような活動を設定し、体力を徐々に付けていけるように支援していくことが大切です。

支援の具体例

＜無理なく活動できるようにする＞（受容期の支援）

・疲れたら休みながら、教員も一緒に行う。

＜分かりやすい活動を設定＞（試行期の支援）

・動きが複雑でなく、ルールの分かりやすい活動を行う。

＜楽しんで身体を動かせるようにする＞（試行期の支援）

・遊びを通して体力や感覚を育てるようにする。

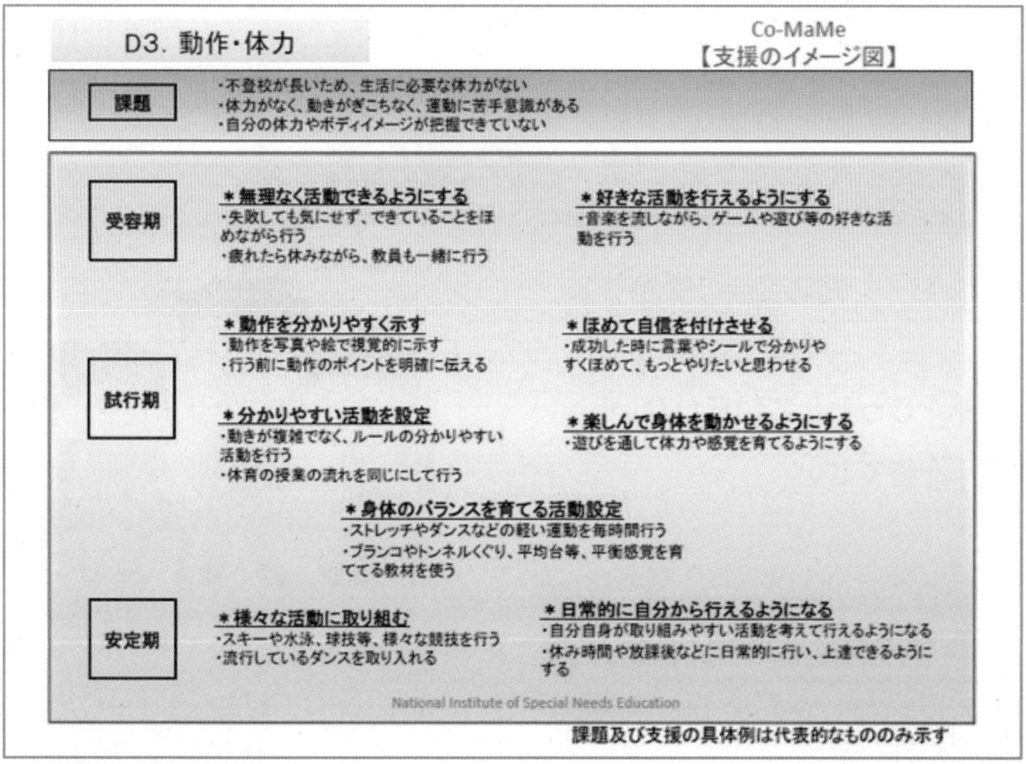
D3. 動作・体力
Co-MaMe
【支援のイメージ図】
課題
・不登校が長いため、生活に必要な体力がない
・体力がなく、動きがぎこちなく、運動に苦手意識がある
・自分の体力やボディイメージが把握できていない
受容期
＊無理なく活動できるようにする
・失敗しても気にせず、できていることをほめながら行う
・疲れたら休みながら、教員も一緒に行う
＊好きな活動を行えるようにする
・音楽を流しながら、ゲームや遊び等の好きな活動を行う
試行期
＊動作を分かりやすく示す
・動作を写真や絵で視覚的に示す
・行う前に動作のポイントを明確に伝える
＊ほめて自信を付けさせる
・成功した時に言葉やシールで分かりやすくほめて、もっとやりたいと思わせる
＊分かりやすい活動を設定
・動きが複雑でなく、ルールの分かりやすい活動を行う
・体育の授業の流れを同じにして行う
＊楽しんで身体を動かせるようにする
・遊びを通して体力や感覚を育てるようにする
＊身体のバランスを育てる活動設定
・ストレッチやダンスなどの軽い運動を毎時間行う
・ブランコやトンネルくぐり、平均台等、平衡感覚を育てる教材を使う
安定期
＊様々な活動に取り組む
・スキーや水泳、球技等、様々な競技を行う
・流行しているダンスを取り入れる
＊日常的に自分から行えるようになる
・自分自身が取り組みやすい活動を考えて行えるようになる
・休み時間や放課後などに日常的に行い、上達できるようにする
National Institute of Special Needs Education
課題及び支援の具体例は代表的なもののみ示す

ケースＤ３

小学６年生　Ｄ３さん

Ｄ３さんは自宅でスマホやパソコンを使い始め、ゲームをしたり、動画を見たり、小説などを読んだりすることに没頭して過ごしていました。生活は昼夜逆転し、学校に登校しても給食以外の時間はずっと寝ていました。高学年になり、全く学校に登校できなくなり、生活リズムを整えるために入院することになりました。入院してからも、しばらくは病室からあまり出てくることがなく、体力がかなり落ちていました。

入院後しばらくして病弱特別支援学校に転校しましたが、朝起きることができず遅刻や欠席が多く見られました。そこで**無理なく活動できるように午後に１～２時間の授業を受けることにしました**（受容期の支援）。また、**好きな活動を取り入れて活動への意欲を高めようと、図工の題材としてパソコンアートを取り入れることにしました**（受容期の支援）。音楽では、Ｄ３さんがバイオリンに触れる機会があり、初めて「教えてもらった通りにできた」という**達成感をもたせることで、「毎日練習したい」という気持ちを伝えることができました**（試行期の支援）。そこで**興味・関心のある内容について取り組めるように、１校時を自立活動の時間として設定し、バイオリンは週に１時間だけ音楽の先生に教わる時間も設けました**（試行期の支援）。

Ｄ３さんは、無理なく参加できる活動から経験を広げ様々な活動に興味・関心を示すことが多くなりました。現在は午前中の授業にすべて参加できるようになり、午後の授業に参加することにも挑戦しています。休まず毎日登校できる体力がつき、「テニスもやってみたい」とやりたいことが増えて、ますます積極的に体を動かすようになりました。

D　身体

4 多動性

児童生徒の課題

☑ じっとしていられない

☑ 待てない

課題の具体的内容

・イライラしやすく、思い通りにならないと寝転んだり、教室を飛び出したりする。
・じっと座っていることができず、すぐに気が散って、衝動的に動いてしまう。
・他の生徒と同じペースで活動できず、指示を聞かずに自分のペースで行動してしまう。

支援の視点

じっとしていることや待つことが難しい児童生徒への支援では、活動に見通しをもたせる等の支援が必要です。また、適切な行動について、本人に分かりやすく伝え、本人が無理なく活動できるようにすることが大切です。

支援の具体例

＜見通しをもたせる＞（受容期の支援）

・スケジュールや活動内容を提示したり、タイマーを使用したりする等、視覚的に分かりやすく示す。

＜適切な行動を分かりやすく伝える＞（試行期の支援）

・学習に集中する時、話をして良い時を具体的に説明する。

＜無理なく活動できるようにする＞（試行期の支援）

・楽にできる活動を行い、少しずつ着席している時間を増やす。

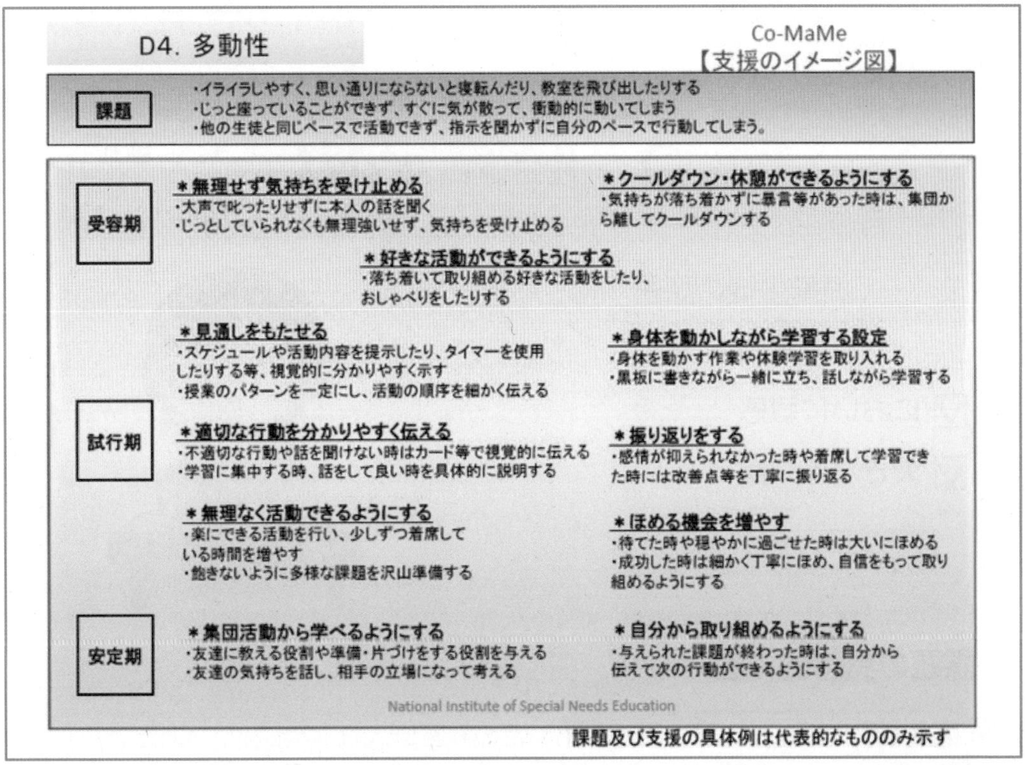
D4. 多動性
Co-MaMe
【支援のイメージ図】
課題
・イライラしやすく、思い通りにならないと寝転んだり、教室を飛び出したりする
・じっと座っていることができず、すぐに気が散って、衝動的に動いてしまう
・他の生徒と同じペースで活動できず、指示を聞かずに自分のペースで行動してしまう。
受容期
＊無理せず気持ちを受け止める
・大声で叱ったりせずに本人の話を聞く
・じっとしていられなくも無理強いせず、気持ちを受け止める
＊クールダウン・休憩ができるようにする
・気持ちが落ち着かずに暴言等があった時は、集団から離してクールダウンする
＊好きな活動ができるようにする
・落ち着いて取り組める好きな活動をしたり、おしゃべりをしたりする
試行期
＊見通しをもたせる
・スケジュールや活動内容を提示したり、タイマーを使用したりする等、視覚的に分かりやすく示す
・授業のパターンを一定にし、活動の順序を細かく伝える
＊身体を動かしながら学習する設定
・身体を動かす作業や体験学習を取り入れる
・黒板に書きながら一緒に立ち、話しながら学習する
＊適切な行動を分かりやすく伝える
・不適切な行動や話を聞けない時はカード等で視覚的に伝える
・学習に集中する時、話をして良い時を具体的に説明する
＊振り返りをする
・感情が抑えられなかった時や着席して学習できた時には改善点等を丁寧に振り返る
＊無理なく活動できるようにする
・楽にできる活動を行い、少しずつ着席している時間を増やす
・飽きないように多様な課題を沢山準備する
＊ほめる機会を増やす
・待てた時や穏やかに過ごせた時は大いにほめる
・成功した時は細かく丁寧にほめ、自信をもって取り組めるようにする
安定期
＊集団活動から学べるようにする
・友達に教える役割や準備・片づけをする役割を与える
・友達の気持ちを話し、相手の立場になって考える
＊自分から取り組めるようにする
・与えられた課題が終わった時は、自分から伝えて次の行動ができるようにする
National Institute of Special Needs Education
課題及び支援の具体例は代表的なもののみ示す

ケースＤ４

小学３年生　Ｄ４さん

Ｄ４さんは、小学３年生より病弱特別支援学校へ転入し、当初、新しい環境への不安感や学校生活への見通しがもてないことにより、常に表情が険しく、自分の思い通りにならないと寝転んだり、「おまえ、こっちに来るな！」などの暴言を吐いたりしていました。また、高所から飛び降りようとしたり、校舎外へ飛び出したりするなどの危険行為も多くみられました。

そこで、一対一の学習時間を設けるとともに、**Ｄ４さんの興味・関心が高い活動を十分に楽しめるようにしました。（受容期の支援）** また、子供の気持ちを受け入れ、おしゃべりしながら「そうしたかったんだね」など共感するようにしました。**同時に見通しをもち、落ち着いて学習に取り組めるよう、子供の動線やそれぞれの学習内容を考慮した教室環境に整えました。（受容期の支援）**

活動内容について、具体的な表記やイラストを用いて示す（試行期の支援） ことで、内容が分かりやすくなり、落ち着いた気持ちで過ごすことができるようになりました。また、信頼関係が築けたことで教師の提案も受け入れられるようになり、校舎外へ行きたいときには「一緒に行こう」など言葉で表現することができるようになりました。

D　身体

5 感覚過敏

児童生徒の課題

☑ においに敏感

☑ 大きな声が嫌

課題の具体的内容

・大きな音や騒がしい音、視線が怖いため教室に入れない。
・暑さや明るさ、衣服がすれる感覚が我慢できず、イライラする。

支援の視点

感覚に過敏のある児童生徒への支援では、ノイズキャンセリングのヘッドフォン等を装着する等の児童生徒の過敏な感覚に配慮したり、におい等について児童生徒が活動する環境等に配慮したりする必要があります。また、このような感覚過敏への配慮のもと、児童生徒自らがどのように集団活動に参加するかを考えられるように支援していくことが大切です。

支援の具体例

＜道具等を工夫して不快感を減らす＞（受容期の支援）

・ヘッドフォンをして大きな音や不快な音に対応する。
・保冷剤等での暑さ対策をしたり、衣服を工夫して皮膚への刺激を減らしたりする。

＜活動する空間や時間を整える＞（受容期の支援）

・不快を感じないように場所や時間を配慮する。

＜自分で考えて行えるようにする＞（安定期の支援）

・自分で集団活動の参加方法を考えたり、伝えたりできるようにする。

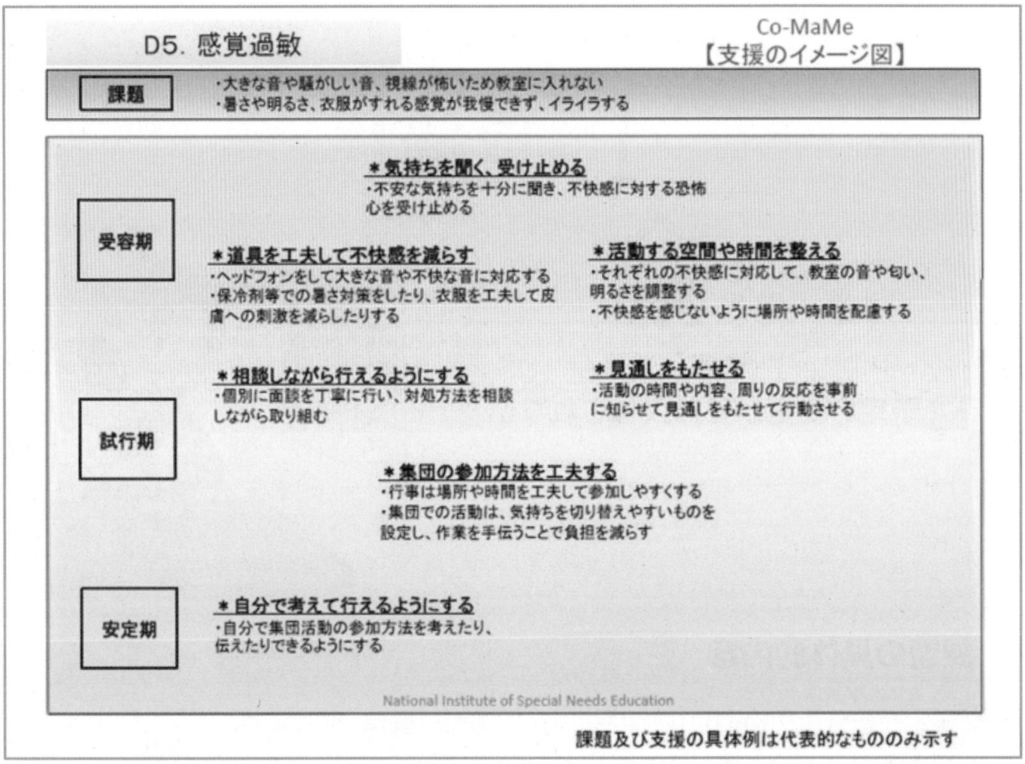
D5. 感覚過敏
Co-MaMe
【支援のイメージ図】
課題
・大きな音や騒がしい音、視線が怖いため教室に入れない
・暑さや明るさ、衣服がすれる感覚が我慢できず、イライラする
受容期
＊気持ちを聞く、受け止める
・不安な気持ちを十分に聞き、不快感に対する恐怖心を受け止める
＊道具を工夫して不快感を減らす
・ヘッドフォンをして大きな音や不快な音に対応する
・保冷剤等での暑さ対策をしたり、衣服を工夫して皮膚への刺激を減らしたりする
＊活動する空間や時間を整える
・それぞれの不快感に対応して、教室の音や匂い、明るさを調整する
・不快感を感じないように場所や時間を配慮する
試行期
＊相談しながら行えるようにする
・個別に面談を丁寧に行い、対処方法を相談しながら取り組む
＊見通しをもたせる
・活動の時間や内容、周りの反応を事前に知らせて見通しをもたせて行動させる
＊集団の参加方法を工夫する
・行事は場所や時間を工夫して参加しやすくする
・集団での活動は、気持ちを切り替えやすいものを設定し、作業を手伝うことで負担を減らす
安定期
＊自分で考えて行えるようにする
・自分で集団活動の参加方法を考えたり、伝えたりできるようにする
National Institute of Special Needs Education
課題及び支援の具体例は代表的なもののみ示す

ケースＤ５

中学２年生　Ｄ５さん

Ｄ５さんは不安や緊張が強く、音や視線の多さに対してとても敏感です。人が多い場所や騒がしい場所はとても苦手なので、集会の場面や交流学級での学習に参加することがつらくて、学校を長く休むようになりました。生活リズムを改善するために入院し、病弱特別支援学校に転校して学習の機会を確保することになりました。

病弱特別支援学校でも、人が多く集まる活動には参加できないことが多く見られます。集会などの場面は、少し離れた後方のスペースで参加することができましたが、給食を食べるランチルームには入ることができませんでした。Ｄ５さんの気持ちを聞き取ると「人が多くて騒がしい」、「人が近くにいると緊張してしまうので、食べることができない」ということだったので、保護者と相談して給食は別室で食べるようにしました。（受容期の支援）当初は別室にＤ５さん一人が入り、昼食を終えるまで一人で過ごしていましたが、保護者からの聞き取りで、家族と一緒なら外食できるということが分かりました。そこでＤ５さんとの信頼関係ができてきたころに、D5 さんに「先生と一緒に食べてみようか」と誘うと、Ｄ５さんから「いいですよ」との返事がありました。そこで、その日のＤ５さんの気持ちを聞きながら、大丈夫であれば教師も一緒に部屋に入って給食を食べることになりました。（試行期の支援）Ｄ５さんと学級担任のコミュニケーションが進むにつれ、一緒に食事をするときに座る場所も少しずつ近くに座れるようになってきました。

E　学校生活

1 見通し

児童生徒の課題

☑ 予定の変更が受け入れられない

課題の具体的内容

・予定が自分の思い通りにいかないと、暴力・暴言が出る。
・初めてのことや見通しのもちにくい活動に参加できず不安定になる。
・急な変更があると、受け入れられずに落ち着きがなくなってしまう。

支援の視点

初めての活動や見通しがもてないと活動に参加することが難しい児童生徒への支援では、最初に不安に思っていることの気持ちを聞いたり、活動に慣れるまで活動の様子を見学してもらったりする等の配慮が必要です。次に、活動の予定を確認する等、本人が活動に見通しを持てるようなさまざまな支援が必要です。その際、分かりやすく視覚的に提示する等の工夫を行うことが大切です。

支援の具体例

＜気持ちを聞く＞（受容期の支援）

・分からないことや不安なことを安心できる人に話せるようにする。

＜予定や持ち物を確認させる＞（受容期の支援）

・朝や帰りに一日の時間割、活動内容、予定変更、持ち物を確認する。

＜分かりやすく視覚的に提示する＞（受容期の支援）

・メモ帳やホワイトボード等に記入して視覚的に確認できるようにする。

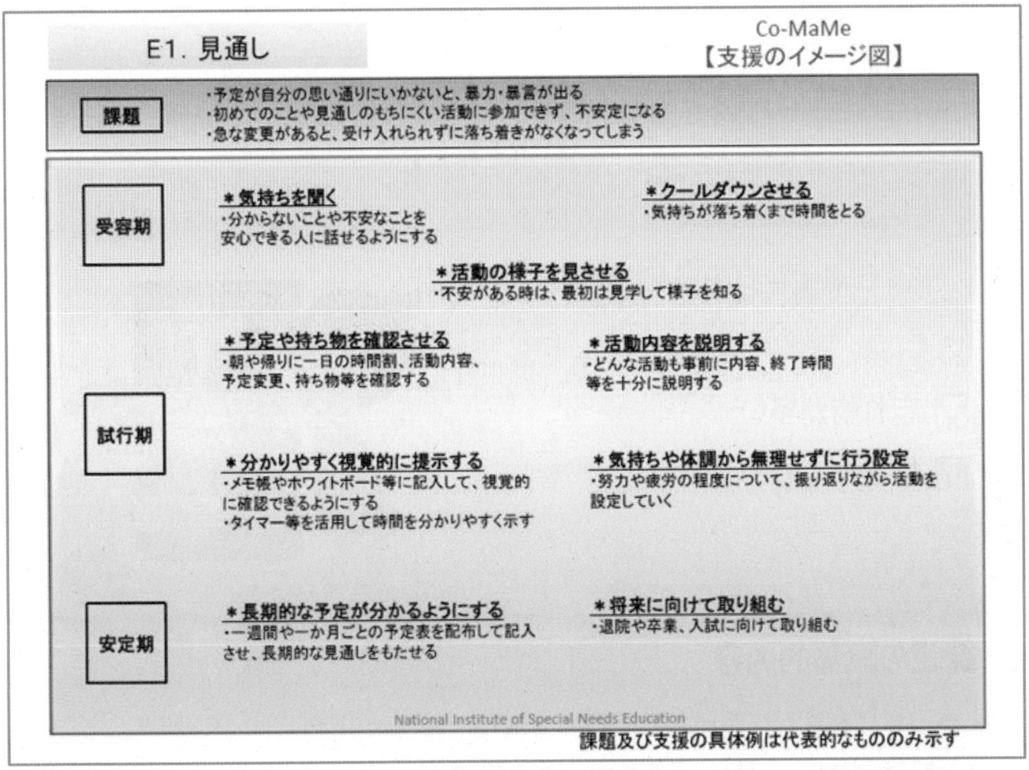
E1. 見通し
Co-MaMe
【支援のイメージ図】
課題
・予定が自分の思い通りにいかないと、暴力・暴言が出る
・初めてのことや見通しのもちにくい活動に参加できず、不安定になる
・急な変更があると、受け入れられずに落ち着きがなくなってしまう
受容期
＊気持ちを聞く
・分からないことや不安なことを安心できる人に話せるようにする
＊クールダウンさせる
・気持ちが落ち着くまで時間をとる
＊活動の様子を見させる
・不安がある時は、最初は見学して様子を知る
試行期
＊予定や持ち物を確認させる
・朝や帰りに一日の時間割、活動内容、予定変更、持ち物等を確認する
＊活動内容を説明する
・どんな活動も事前に内容、終了時間等を十分に説明する
＊分かりやすく視覚的に提示する
・メモ帳やホワイトボード等に記入して、視覚的に確認できるようにする
・タイマー等を活用して時間を分かりやすく示す
＊気持ちや体調から無理せずに行う設定
・努力や疲労の程度について、振り返りながら活動を設定していく
安定期
＊長期的な予定が分かるようにする
・一週間や一か月ごとの予定表を配布して記入させ、長期的な見通しをもたせる
＊将来に向けて取り組む
・退院や卒業、入試に向けて取り組む
National Institute of Special Needs Education
課題及び支援の具体例は代表的なもののみ示す

ケースＥ１

中学１年生　Ｅ１さん

Ｅ１さんは、初めてのことに対しての不安がとても強く、「次の体育は何をするのですか？」、「それは自分にはできません」など質問が多く、不安が強くなると、腹痛や足の痛みを訴え、「授業休みたいです」と体の不調を訴えることもありました。そこで、**Ｅ１さんの不安な気持ちを受けとめ、事前に活動の内容を伝えることや見学をして見通しを持ちやすい環境に心がけました。（受容期の支援）**無理のない範囲で少しでもいいから参加してみようと促し、担任が一緒に授業に参加することで、落ち着いて見通しをもてるようになってきました。苦手なバレーボールの体育の授業では、準備体操までの参加から始め、他の人の練習を見学する、教員相手の練習をするというように、少しずつ授業への参加時間を増やしていきました。

気持ちを受け止めるだけでなく、見通しをもたせることで少しずつできる活動を増やしていきました。まだまだ初めての取り組みへは「やりたくない」「自分にはできない」とマイナスの考え方の発言がありますが、その都度、Ｅ１さんの気持ちを受け止め、見通しをもたせ、できたという経験につなげていきたいと考えています。

E　学校生活

2　物の管理

児童生徒の課題

☑ 忘れ物が多い

☑ 物をなくしてしまう

課題の具体的内容

・物が見つからないため不安になって学校に行けない。
・忘れ物が多く、プリントや学習道具をすぐになくしてしまう。
・整理整頓ができず、必要な物が出てこない。

支援の視点

整理整頓ができず、必要な物が出てこない児童生徒への支援では、整理する時間を設定したり、視覚的に分かりやすく工夫したり、物を置く場所を決める等して、本人自身が整理整頓できるように配慮することが大切です。また、忘れ物が多い児童生徒には、チェックシート等を用いて持ってくる物の確認を行うことが大切です。

支援の具体例

＜視覚的に分かりやすくする＞（受容期の支援）

・持ってくる物が書かれた一覧表でチェックしながら準備をする。

＜整理する時間の設定をする＞（受容期の支援）

・プリント等、机上の物を整理してしまう時間を保障する。

＜整理方法に取り組ませる＞（試行期の支援）

・物を置く場所を決め、教科別等でボックスに分けて収納する。

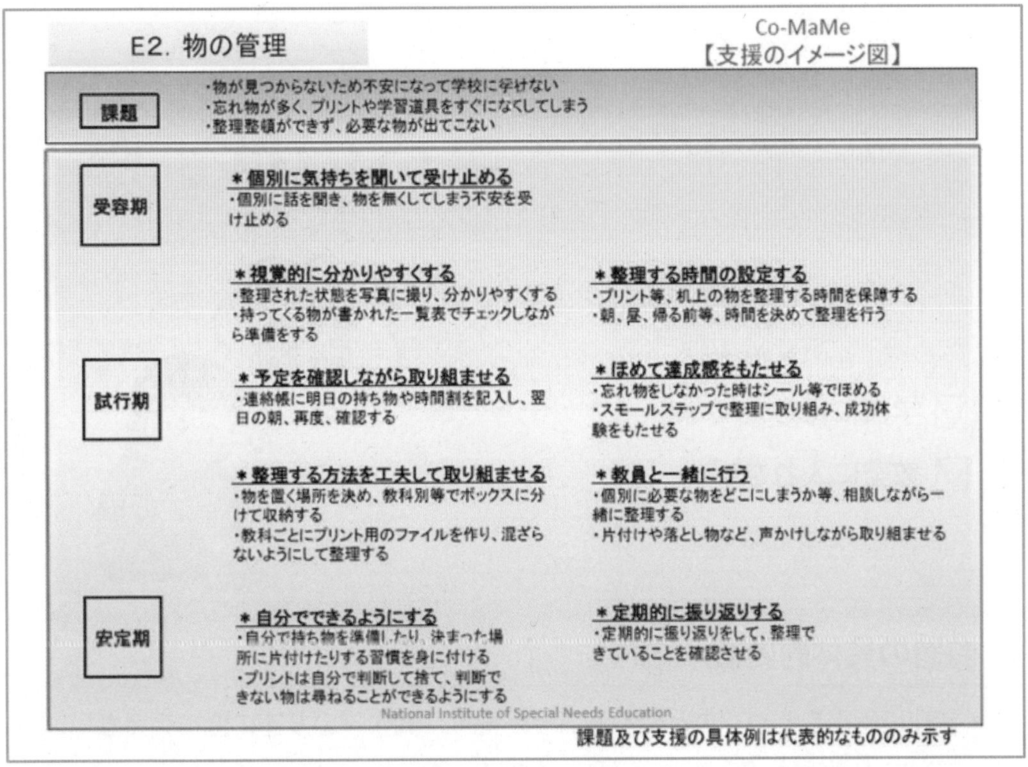

ケースＥ２

高校３年生　Ｅ２さん

強迫性障害で入院しているＥ２さんは、全日制高校で不登校になり、通信制高校へ転入した後、病弱特別支援学校高等部２年に転入してきました。気になることがあると落ち着きがなくなり、廊下で立ち止まったまま動けなくなるなどの行動が見られました。

転入当初は、鞄や机の中にプリントを詰め込んだり、病室等を片付けることができなかったり、着衣の乱れを直すことができなかったりしていました。また、朝起きられず、遅刻することが頻繁にありました。教員が理由を聞いても答えようとしない状態でしたので、安心して教員に相談できる関係づくりに徹してきました。（受容期の支援）また、プリントの整理では、仕分けの手順を視覚的に提示し、教員が必要なプリントかどうかを本人に確かめながら整理する手本を示しました。（試行期の支援）その後本人自身ができるように支援し、少しでも早く仕分けられるようになったことをほめるようにしました。（試行期の支援）

Ｅ２さんは、自信をもてるようになるとともにいろいろな悩みを教員に相談できるようになりました。また、卒業後の進路の方向が固まってくるとともに、物の整理・整頓や身だしなみにも気が回るようになり、遅刻することも少なくなってきました。

E　学校生活

3 登校・入室への抵抗感

児童生徒の課題

☑ 学校に行きたくない

☑ 教室に入れない

課題の具体的内容

・学校に行くことや、人と関わることが怖く、同学年の友達に全く会えない。
・一対一の取組はできるが、教室に入れず、集団の活動ができない。
・地元校での登校に抵抗が強い。

支援の視点

学校へ登校したり、教室へ入ることが難しい児童生徒への支援では、学習場所を柔軟に変更したり、児童生徒が無理なく活動できるように配慮する必要があります。

また、児童生徒と相談しながら、本人が不安に思っていることやイライラする気持ちを確認しながら、少しずつ集団活動に参加できるように支援していくことが大切です。

支援の具体例

＜学習場所を柔軟に変更する＞（受容期の支援）

・他の児童生徒と会わない場所等、実態に合わせて場所を変更する。
・体調に合わせて休憩しながら個室で学習する。

＜相談しながら行えるようにする＞（試行期の支援）

・イライラした時の気持ちや学習内容、座席の位置等を相談していく。

＜少しずつ集団活動に参加していく＞（試行期の支援）

・小集団や時間を決めて少しずつ参加していく。

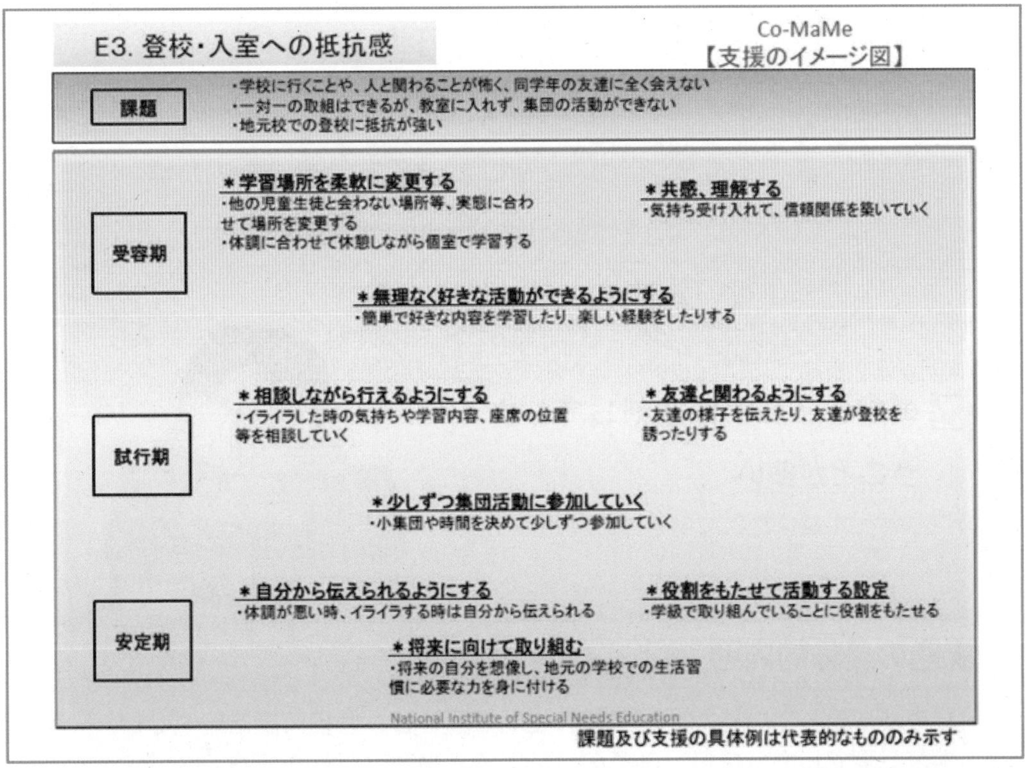
E3. 登校・入室への抵抗感
Co-MaMe
【支援のイメージ図】
課題
・学校に行くことや、人と関わることが怖く、同学年の友達に全く会えない
・一対一の取組はできるが、教室に入れず、集団の活動ができない
・地元校での登校に抵抗が強い
受容期
＊学習場所を柔軟に変更する
・他の児童生徒と会わない場所等、実態に合わせて場所を変更する
・体調に合わせて休憩しながら個室で学習する
＊共感、理解する
・気持ち受け入れて、信頼関係を築いていく
＊無理なく好きな活動ができるようにする
・簡単で好きな内容を学習したり、楽しい経験をしたりする
試行期
＊相談しながら行えるようにする
・イライラした時の気持ちや学習内容、座席の位置等を相談していく
＊友達と関わるようにする
・友達の様子を伝えたり、友達が登校を誘ったりする
＊少しずつ集団活動に参加していく
・小集団や時間を決めて少しずつ参加していく
安定期
＊自分から伝えられるようにする
・体調が悪い時、イライラする時は自分から伝えられる
＊役割をもたせて活動する設定
・学級で取り組んでいることに役割をもたせる
＊将来に向けて取り組む
・将来の自分を想像し、地元の学校での生活習慣に必要な力を身に付ける
National Institute of Special Needs Education
課題及び支援の具体例は代表的なもののみ示す

ケースＥ３

中学２年生　Ｅ３さん

集団に入るのが苦手で、入院前は不登校だったＥ３さん。玄関で担任と顔を合わせるだけの「挨拶登校」で分教室への通学を始めました。通常、病棟ごとに看護師の引率で登校しますが、集団（特に男子）が苦手なため、他の生徒と時間をずらし個別の登校での配慮をしました。誘われたら断ることができずにどんなことでも「はい」と言って頑張り、あとで疲れ、ストレスがたまるため、本人には「○○の授業に出てみない？」などと直接誘うことはせず、**しばらくは玄関で担任と他愛もない会話をして過ごしました。**（受容期の支援）

毎週、Ｅ３さんの様子を主治医と共有する時間をもち、スモールステップで活動を増やしていくことになりました。**挨拶登校での会話の中で、絵を描くことが好きだと知り、「ものづくりができる授業（生活単元学習）があるよ！」とさりげなく関心を引き出しました。**（受容期の支援）入級して３週間後には個別でものづくりの授業ができ、**翌週には少人数での美術に参加するなど活動の幅が広がりました。最終的には、女子 10 数名の体育（水泳）に参加でき、同年代の女子と笑顔で会話をしている姿がありました。**（試行期の支援）

苦手だった集団への参加、同年代との交流を通して、自信が付いたＥ３さんは、退院後にはフリースクールへ通うと自分自身で決めることができ、不安そうだった顔つきが前向きに変わっていきました。

1 睡眠・生活リズム

児童生徒の課題

☑ 朝起きられずに遅刻してしまうことが多い

課題の具体的内容

・昼夜が逆転しているため、家族の生活を圧迫し、登校時間を守れない。
・学校で寝てしまったり、多くの活動ができなかったりする。
・自分のやることを順序よくこなせず、やるべきことを後回しにしたり、時間を守れなかったりする。

支援の視点

睡眠や生活リズムに課題のある児童生徒への支援では、最初に児童生徒の体調や睡眠時間を記録する等して把握したり、コミュニケーションや面談を多くして不安等の気持ちを聞き取ったりします。また、体調に合わせて少しずつ学校に来られるように促すことと、生徒自らが学習に参加できるように支援していくことが大切です。

支援の具体例

＜体調を把握する＞（受容期の支援）

・体調や睡眠時間、服薬等を記録して把握する。

＜少しずつ学習に参加できるよう取り組む＞（試行期の支援）

・達成したら印を付ける等、意欲を高めながら参加する時間を徐々に増やしていく。
・体調に合わせて学校に来られるようにしていく。

＜体調や生活リズムの理解を深める＞（安定期の支援）

・就寝、体温等を自分で記録して体調を把握し、より良い生活のリズムを知る。

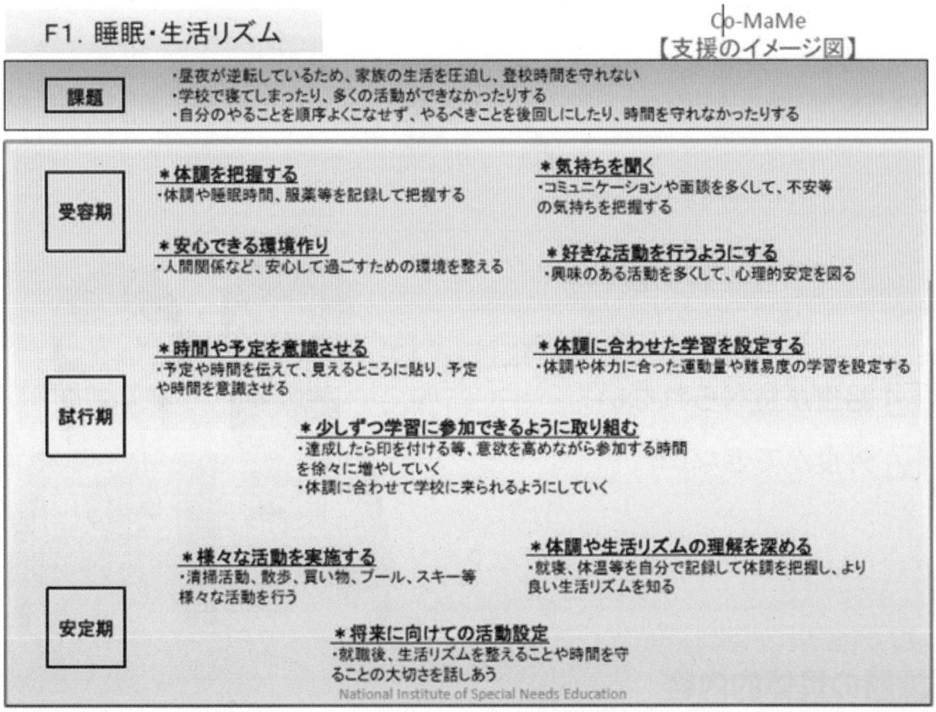
F1. 睡眠・生活リズム
Co-MaMe
【支援のイメージ図】
課題
・昼夜が逆転しているため、家族の生活を圧迫し、登校時間を守れない
・学校で寝てしまったり、多くの活動ができなかったりする
・自分のやることを順序よくこなせず、やるべきことを後回しにしたり、時間を守れなかったりする
受容期
＊体調を把握する
・体調や睡眠時間、服薬等を記録して把握する
＊気持ちを聞く
・コミュニケーションや面談を多くして、不安等の気持ちを把握する
＊安心できる環境作り
・人間関係など、安心して過ごすための環境を整える
＊好きな活動を行うようにする
・興味のある活動を多くして、心理的安定を図る
試行期
＊時間や予定を意識させる
・予定や時間を伝えて、見えるところに貼り、予定や時間を意識させる
＊体調に合わせた学習を設定する
・体調や体力に合った運動量や難易度の学習を設定する
＊少しずつ学習に参加できるように取り組む
・達成したら印を付ける等、意欲を高めながら参加する時間を徐々に増やしていく
・体調に合わせて学校に来られるようにしていく
安定期
＊様々な活動を実施する
・清掃活動、散歩、買い物、プール、スキー等様々な活動を行う
＊体調や生活リズムの理解を深める
・就寝、体温等を自分で記録して体調を把握し、より良い生活リズムを知る
＊将来に向けての活動設定
・就職後、生活リズムを整えることや時間を守ることの大切さを話しあう
National Institute of Special Needs Education
課題及び支援の具体例は代表的なもののみ示す

ケース F1

中学３年生　F1 さん

中学３年のF1さんは、幼少期から虐待を受け、施設で生活をしていました。学習にも対人関係にも苦手意識が強く、学校でのトラブルが頻発し、暴れることも度々ありました。次第に不登校となり、昼夜逆転がみられるようになりました。意欲もなくなり、希死念慮もあったため、うつ病の診断を受け、入院となりました。

転入当初は、遊びは元気に参加するものの学習となると寝てしまったり、二度寝をして起きられず、登校できなかったりすることが度々ありました。また、テストなど大きなストレスがかかると寝てしまうことで逃避する様子も見られました。そこで、**Ｆ１さんの興味関心の高い学習課題を設定し、意欲的に学習に取り組める配慮をしました。**（受容期の支援）同時に、Ｆ１さんと話し合い、**自分の体調を自覚し「１日１時間の登校から始める」ことを自己決定させ、まずはそれを守れるよう支援しました。**（試行期の支援）スモールステップで無理なくできることから取り組んだことや、自己決定したことが守れたことで、Ｆ１さんは自信を付け、明るくなっていきました。また、周りに支えられる経験をし、大人を信頼し相談できるようにもなってきました。学習や活動に自信が付いてくると、寝てしまうことが減りました。学校で過ごす時間が増えたため、生活リズムも安定しました。その結果、**自分に合った進路先を見付け、将来の目標に向けた話し合いもできるようになりました。**（安定期の支援）

F　自己管理

2 食事

児童生徒の課題

☑ 給食が食べられない

☑ 外食ができない

課題の具体的内容

・食事の前になるとイライラして集中できない。
・一日中、ほとんど食事らしい食事をしていない。
・昼食は決まってコンビニのおにぎりを食べ、バランスの良い食事ができていない。

支援の視点

給食が食べられない等、食事に課題のある児童生徒への支援では、最初に児童生徒の気持ちを聞いて受け止めることや食事の場所を工夫することで、児童生徒が安心して食事に向き合うことができるように支援し、そこから徐々に無理なく食事に取り組めるように支援していくことが大切です。

支援の具体例

＜気持ちを聞いて受け止める＞（受容期の支援）

・食事の話題になったときには否定せずに受け止める。

＜無理なく取り組めるようにする＞（試行期の支援）

・食事の機会を設け、少量でも食べることを促す。

＜集団や友達と取り組む設定＞（安定期の支援）

・行事や集団で食事をしたり、学習班で調理をしたりする。

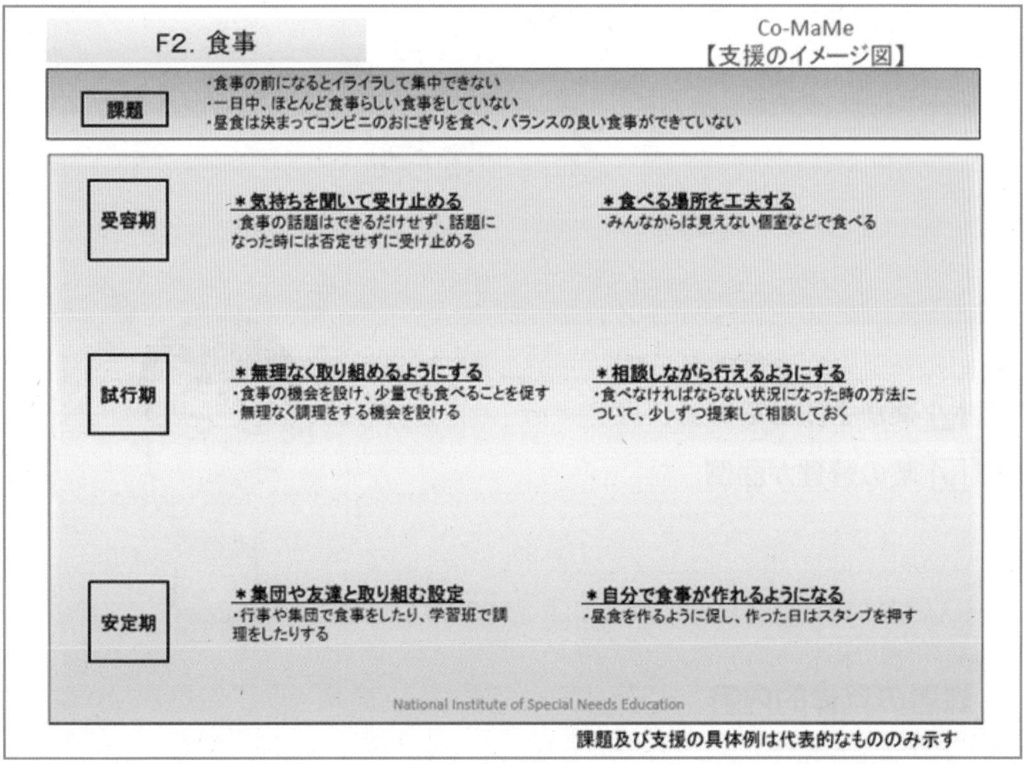
F2. 食事
Co-MaMe
【支援のイメージ図】
課題
・食事の前になるとイライラして集中できない
・一日中、ほとんど食事らしい食事をしていない
・昼食は決まってコンビニのおにぎりを食べ、バランスの良い食事ができていない
受容期
＊気持ちを聞いて受け止める
・食事の話題はできるだけせず、話題になった時には否定せずに受け止める
＊食べる場所を工夫する
・みんなからは見えない個室などで食べる
試行期
＊無理なく取り組めるようにする
・食事の機会を設け、少量でも食べることを促す
・無理なく調理をする機会を設ける
＊相談しながら行えるようにする
・食べなければならない状況になった時の方法について、少しずつ提案して相談しておく
安定期
＊集団や友達と取り組む設定
・行事や集団で食事をしたり、学習班で調理をしたりする
＊自分で食事が作れるようになる
・昼食を作るように促し、作った日はスタンプを押す
National Institute of Special Needs Education
課題及び支援の具体例は代表的なもののみ示す

ケースＦ２　　高校２年生　Ｆ２さん

F2 さんは、幼少期から食物アレルギーはないものの偏食があり、ラーメンや焼きそばは麺のみ、特定の銘柄のインスタントラーメンやポテトチップス、焼肉のタレがかかったハンバーグ、鮭フレークがのった白飯だけを食べ、飲み物は水だけを飲んでいました。また、服薬の影響も少なからずあるものの、嫌いなものは反射的に口から吐き出してしまうことが多くありました。しかし、**いつもとは違う別の学級で会食をした際、ペットボトルに入ったお茶がコップに注がれましたが、場の雰囲気や自然な流れの中で今回はお茶を飲むことができました。**（受容期の支援）その学級にはＦ２さんの好きな友達もいたこともあり、一緒に提供されたカレーライスも残しませんでした。そのような様子を見て、教員は「これは食べられないのではないか、これは大丈夫か」といった先入観をもたずに、**本人の自主的な行動を受け止めながら関わるようにしました。F2 さんの「食べてみよう」と思う気持ちに教員が寄り添いました。**（試行期の支援）

このような関わりの中で、F2 さんは、食べたり飲んだりすることができる飲食物の範囲が少しずつ広がってきました。今後も、「おいしい！」と思えるような経験を重ねる場を設定することで F2 さんの食の広がりを促していきたいと思います。

F　自己管理

3 服薬

児童生徒の課題

- ☑ 薬が手放せない
- ☑ 薬の管理が面倒

課題の具体的内容

・薬を勝手に止めてしまったり、飲まなかったりする。
・毎日、同じ時間に薬を飲むことができない。

支援の視点

薬を勝手に止めてしまったり、飲まなかったりする等、服薬に課題のある児童生徒への支援では、最初に児童生徒の気持ちを聞いて服薬しない理由を受け止め、その後、チェックシート等を使用して、本人の服薬の確認を行い、最終的には、本人がなぜ薬を飲まなければならないのかを理解できるようにして、自ら服薬することができるように支援していくことが大切です。

支援の具体例

＜気持ちを聞く＞（受容期の支援）

・飲まない理由等を聞く。

＜薬を飲んだか確認する＞（試行期の支援）

・朝や昼食後、チェックシートを使用して確認し、時間や容量を守って飲めるようにする。

＜薬を飲む理由を理解させる＞（安定期の支援）

・なぜ飲まなければならないかを理解できるようにする。

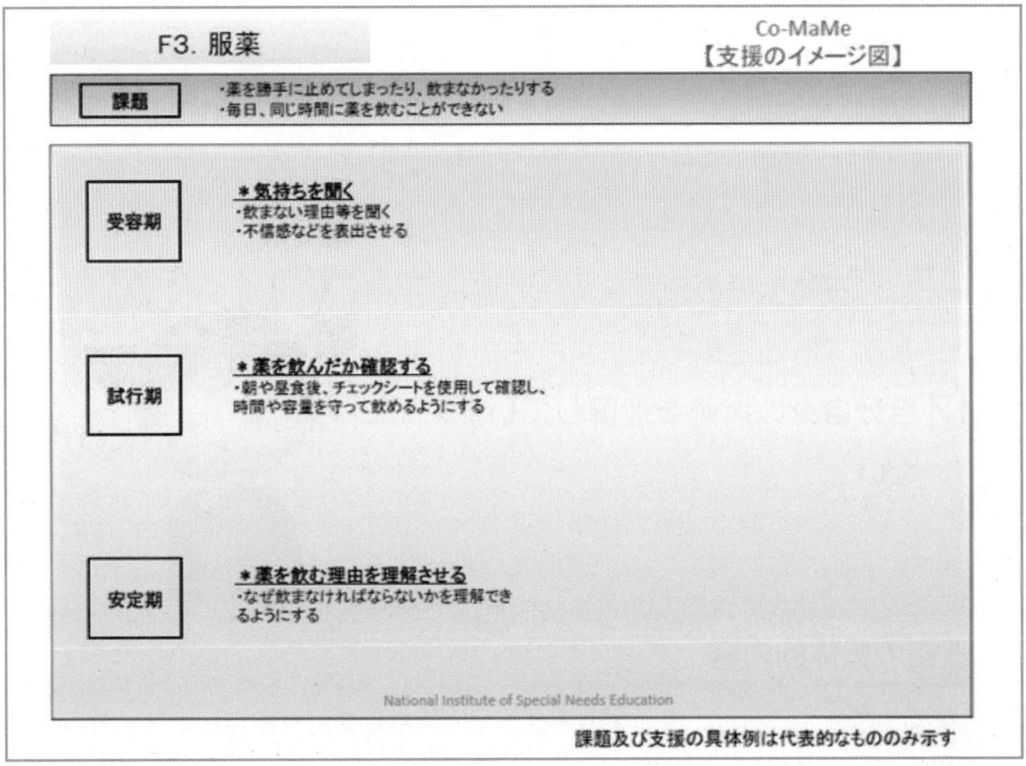
F3. 服薬
Co-MaMe
【支援のイメージ図】
課題
・薬を勝手に止めてしまったり、飲まなかったりする
・毎日、同じ時間に薬を飲むことができない
受容期
＊気持ちを聞く
・飲まない理由等を聞く
・不信感などを表出させる
試行期
＊薬を飲んだか確認する
・朝や昼食後、チェックシートを使用して確認し、時間や容量を守って飲めるようにする
安定期
＊薬を飲む理由を理解させる
・なぜ飲まなければならないかを理解できるようにする
National Institute of Special Needs Education
課題及び支援の具体例は代表的なもののみ示す

ケースＦ３

小学５年生　Ｆ３さん

自閉スペクトラム症のＦ３さん。幼稚園では友達と関われず、就学後は教室を出てうろうろしたり、学校を飛び出したりすることがありました。同級生に嫌がることを言ったり、失敗を笑ったりすることもありました。精神科を受診し、カウンセリングやSST、薬物療法を受けていましたが、被害的な認知から暴力的になることが続き、学校では個別対応でした。家庭では弟ともめることも多く、行動の改善を目的として精神科病棟に入院し、病弱特別支援学校へ転入しました。

転入当初から、自分が納得いかないことがあると、暴力が出たり物を投げたりすることが繰り返されました。病棟でイライラしたときに頓服を飲む練習を始めたこともあり、主治医の指示のもと学校でも同様に対応するようにしました。**初めは飲むことを嫌がることが多かったため、本人と飲む場所や飲み方を相談しました。（受容期の支援）**すると、イライラしてきたことを教員に伝えられるようになり、飲むことで落ち着けることが増えました。地域の学校でも、同じように対応していくことになり、安心して退院することができました。

F　自己管理

4 病気の理解

児童生徒の課題

☑ 自分自身の病気を理解していない

課題の具体的内容

・衝動に任せて行動し、暴力をふるったり、治療や登校を拒否したりする。
・自分が病気であると思っておらずに無理をして、倒れたり、失敗したりを繰り返す。
・病気のために自己肯定感が低くなり、他人と比べて落ち込む。

支援の視点

自分が病気であると認識せずに無理をしてしまう児童生徒への支援では、最初に安心できる環境作りを行い、信頼関係を作り、その後、毎日本人と体調を確認する等児童生徒の病気についての理解を促すことが大切です。その後、本人が無理なく取り組める活動を設定し、本人と一緒に目標を設定して活動に取り組んでいくことが重要です。

支援の具体例

＜安心できる環境作り＞（受容期の支援）

・状況を十分に把握し、時間をかけて信頼関係を作る。

＜無理なく取り組む活動設定＞（試行期の支援）

・具体的な内容等を提示し、声かけをしながら丁寧に取り組む。

＜目標を設定して取り組ませる＞（安定期の支援）

・目指したい将来の姿について考える時間を設ける。

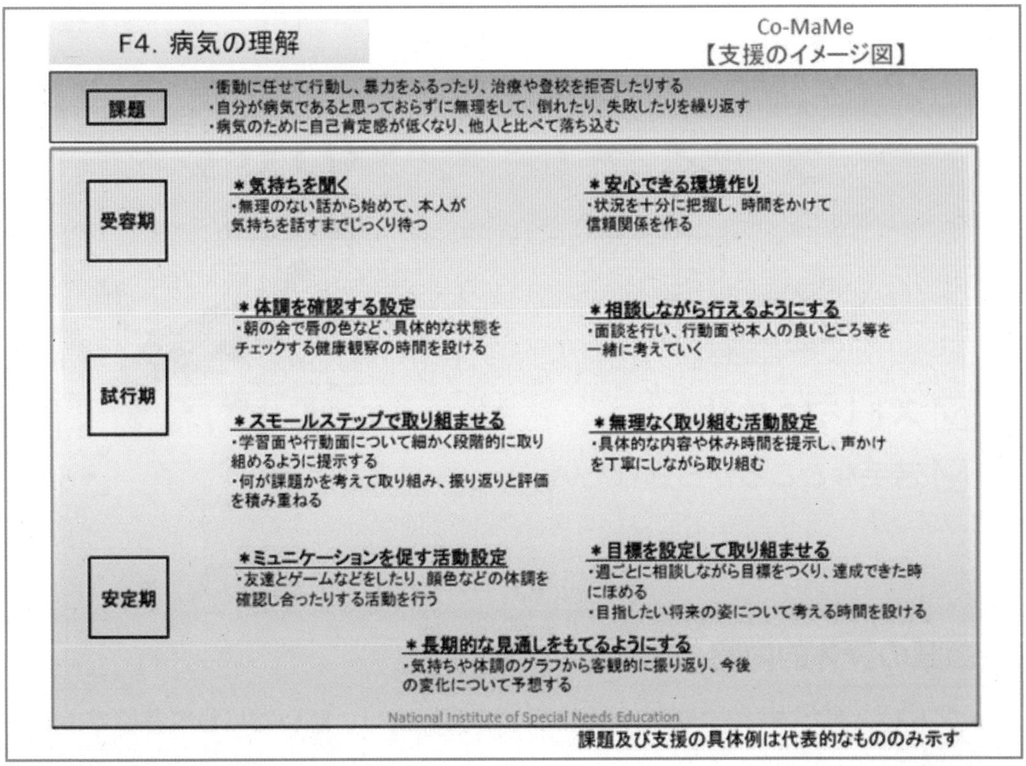

ケースＦ４

小学４年生　Ｆ４さん

Ｆ４さんは、小学１年生でいじめに遭い、小学２年生から不登校になりました。病弱特別支援学校へ転入したての頃は自信のなさが目立ち、苦手なことには挑戦しませんでした。苦手意識が強い学習場面では、攻撃的な発言での拒否が多く見られました。自信をもって取り組めるように、実際にできている時や頑張っている時に、具体的に褒め、自己肯定感を高める支援を行いました。面談では、無理なことやできないことを認め、**良いところを一緒に考え、相談しながら行えるようにしました。**（受容期の支援）また、**援助要求を選択式にして、コミュニケーション手段を多く提示して理解を深めました。**（試行期の支援）

「気持ちバスケット」というゲームにおいて、「気にしていることを人に言われた時はどんな気持ち？」というお題に対し、いくつかの感情カードから「落ち込む」を選択することができました。F4さんは、これまで気持ちを聞かれても「別に」「平気」と話すことが多く、自らマイナスと思われる感情を選択したことは初めてでした。自分の気持ちを安心して表出できるようになったのではないかと思われます。「今は悔しい気持ちだね」などの気持ち言葉を教員が積極的に使い、その意味や状況を説明し、使えるように促しました。その結果、自分から体調や気持ちを表出でき、以前よりは落ち着いて過ごすことができるように変化しました。

F　自己管理

5 ストレスへの対処

児童生徒の課題

☑ストレスへの対処

☑苦手なところから逃れたい

課題の具体的内容

・ストレスがたまり、学習に集中できず、泣いたり、騒いだりして登校できなくなる。
・怒られることや勉強等の期待からイライラして不安定になる。
・不満がたまり切り替えられず、苦手なことから逃げる。

支援の視点

ストレスがたまり、学習等に集中できない児童生徒への支援では、最初に本人の気持ちを聞き、不安等を話せる環境作りを行い、本人の抱えるストレスや不安について相談しながら整理します。その後、ストレスがたまる理由や状態を考えて、ストレスをどのようにすれば対処できるか考え、ストレスの発散方法や、ストレスへの折り合いを付ける方法について学べるようにしていくことが大切です。

支援の具体例

＜気持ちを聞く＞（受容期の支援）

・いつでも不安等を話せる環境をつくる。

＜相談しながら行えるようにする＞（受容期・試行期の支援）

・ストレスや不安、相手へ伝えたいことを相談しながら整理する。

＜対処方法を考えて取り組めるようにする＞（安定期の支援）

・ストレスがたまる理由や状態を考えて、どのようにすれば対処できるか考えて取り組む。

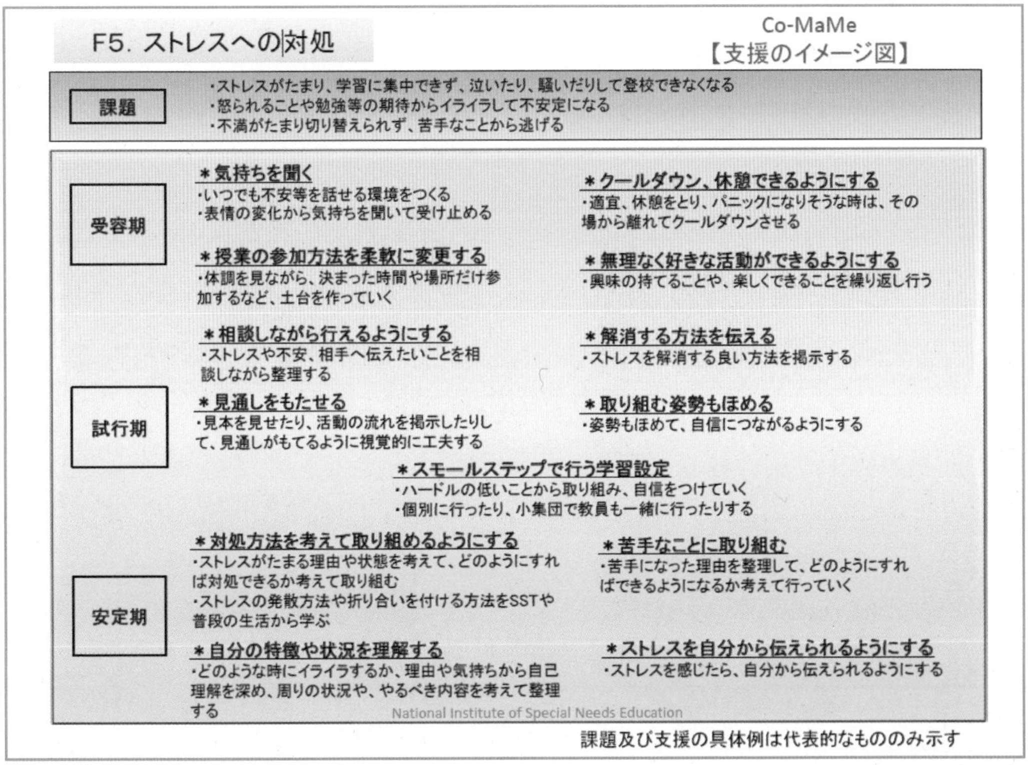
F5. ストレスへの対処
Co-MaMe
【支援のイメージ図】
課題
・ストレスがたまり、学習に集中できず、泣いたり、騒いだりして登校できなくなる
・怒られることや勉強等の期待からイライラして不安定になる
・不満がたまり切り替えられず、苦手なことから逃げる
受容期
＊気持ちを聞く
・いつでも不安等を話せる環境をつくる
・表情の変化から気持ちを聞いて受け止める
＊授業の参加方法を柔軟に変更する
・体調を見ながら、決まった時間や場所だけ参加するなど、土台を作っていく
＊クールダウン、休憩できるようにする
・適宜、休憩をとり、パニックになりそうな時は、その場から離れてクールダウンさせる
＊無理なく好きな活動ができるようにする
・興味の持てることや、楽しくできることを繰り返し行う
試行期
＊相談しながら行えるようにする
・ストレスや不安、相手へ伝えたいことを相談しながら整理する
＊見通しをもたせる
・見本を見せたり、活動の流れを掲示したりして、見通しがもてるように視覚的に工夫する
＊解消する方法を伝える
・ストレスを解消する良い方法を掲示する
＊取り組む姿勢もほめる
・姿勢もほめて、自信につながるようにする
＊スモールステップで行う学習設定
・ハードルの低いことから取り組み、自信をつけていく
・個別に行ったり、小集団で教員も一緒に行ったりする
安定期
＊対処方法を考えて取り組めるようにする
・ストレスがたまる理由や状態を考えて、どのようにすれば対処できるか考えて取り組む
・ストレスの発散方法や折り合いを付ける方法をSSTや普段の生活から学ぶ
＊自分の特徴や状況を理解する
・どのような時にイライラするか、理由や気持ちから自己理解を深め、周りの状況や、やるべき内容を考えて整理する
＊苦手なことに取り組む
・苦手になった理由を整理して、どのようにすればできるようになるか考えて行っていく
＊ストレスを自分から伝えられるようにする
・ストレスを感じたら、自分から伝えられるようにする
National Institute of Special Needs Education
課題及び支援の具体例は代表的なもののみ示す

ケースＦ５

中学３年生　Ｆ５さん

統合失調症で入院しているF5さんは、小学生の頃から友達と上手にコミュニケーションができず、人の目を気にしながら過ごしてきました。中学生になり、ストレスがかかる状況になると、自傷を繰り返すようになりました。また、その頃から、「やってしまえ」などと幻聴が聞こえるようにもなり、学校も休みがちになってしまいました。

転入当初は、幻聴に支配され、自傷や拒食をしたくなるなど不安定な毎日を過ごしていました。その後の行動観察や面接により、次第に、新しいことへの不安があるときや緊張する出来事の前にストレスがたまりやすくなり、そのような症状が現れるという傾向が見えてきました。そこで、ストレスがたまる理由や状況をあらかじめ確認して、心配なことへの対処方法を、本人と話し合うようにしました。（受容期の支援）また、１週間に１度面談をして、特別なことがなくても、気持ちを言語化できる環境を作りました。

その結果、不安や緊張があるときは自ら教員に相談できるようになり、気持ちの切り替えも早くなりました。（安定期の支援）本人への聞き取りでは、ストレスの解消法が当初「自傷」だったものが、「好きな絵を描く」に変化しました。

第5章

各学校の取組

校内及びセンター的機能での「Co-MaMe」活用方法

福島県立須賀川支援学校

1　はじめに

本校は、病弱教育の特別支援学校であり、通学する児童生徒と隣接する国立病院機構福島病院に入院している児童生徒が在籍している。福島県立医科大学附属病院内に設置されている医大校、一般財団法人太田西ノ内病院に隣接する郡山校の２つの分校も設置されている。本校で学ぶ児童生徒の病類傾向は、慢性疾患の児童生徒が減少している一方、精神科疾患の児童生徒の在籍が増加傾向にあり、全体では４割、高等部においては６割を占めている。

本県は、平成30(2018)年度からの県教育委員会の「切れ目のない支援体制整備事業」において、分校８校を含めたすべての県立特別支援学校２３校に地域支援センターが設置され、本校15校には相談窓口の専門員として新たに教育支援アドバイザーが配置された。教育支援アドバイザーと共に各校のセンター員＊（相談担当教員）が幼稚園、小・中学校等への相談、研修支援を行っており、特別な支援が必要な幼児、児童生徒や教員、保護者等の支援に当たっている。近年は発達障害の二次的な問題となる学習困難や行動上の問題等の相談支援の要請が増加しており、相談担当者が継続的に支援に当たっている。

＊校務分掌でセンター的機能を担う組織として位置付けられ、本校は５名が担当している。

2　「Co-MaMe」の活用

（１）校内における活用

写真１　グループ研修の様子

本校では令和元年度の研究主題を「自信をもって、生き生きと学習する児童生徒の育成を目指して～主体的・対話的で深い学びの視点を踏まえた授業改善～」としている。研究主題を全体で共有して各学部のグループで研修を進めており、それらのうち中学部においては「Co-MaMe」を活用して生徒の実態把握、支援の共有化を図り、授業づくりに取り組んだ。

中学部では、全体の研究主題をもとに「できた・分かったを実感できる授業作り～支援の共有化～」をテーマとして設定し、グループ研修を進めた。中学部３名を対象にして、少人数ながら実態の幅が広い生徒たちについて、担任や教科担当者のそれぞれの実態把握、支援の内容等に違いがあるため、「Co-MaMe」を活用して互いの捉えを比較しながら検討、整理した。

表１は、「Co-MaMe」を基に生徒の実態を捉え、個々の支援を検討した後、授業づくりの話し合いの過程で教師間の共通理解のためにまとめたものである。

表１

	Co-MaMe を用いた実態把握	実態にかかわる自立活動	手立てや教材の工夫等
A	Ａ４　意欲・気力 心理の試行期 Ｃ４　読み・書き 学習の試行期 Ｆ１　睡眠・生活リズム 自己管理の受容期	心理的な安定（Ａ４、Ｆ１、Ｆ２） ①情緒の安定 環境の把握（Ｃ４） ②感覚や認知の特性についての理解と対応 健康の保持（Ａ４、Ｆ１、Ｆ２） ①生活のリズムや生活習慣の形成	・具体物や写真などの視覚支援を取り入れて説明する。 ・学習内容を精選し、スモールステップで授業を進める。 ・プリント等は内容を精選し、分量を調整する。
B	Ａ４　意欲・気力 心理の試行期→向上 Ａ６　気持ちの表現 心理の試行期→向上 Ｃ６　注意・集中 学習の試行期	心理的な安定（Ａ６） ①情緒の安定 人間関係の形成（Ａ６） ①他者とのかかわりの基礎 ②他者の意図や感情の理解 コミュニケーション（Ａ４、Ａ６） ①コミュニケーションの基礎的能力 ②言語の受容と表出 健康の保持（Ａ４、Ｃ６） ④障害の特性の理解と生活環境の調節	・授業中の約束事を徹底する。 ・達成可能な目標を設定する。 ・提示方法やポイントなどやるべきこと明確にする。 ・プリントや宿題で大切な箇所はマーカーをして注目すべき所を示す。
C	Ａ６　気持ちの表現 心理の試行期→向上 Ｃ８　経験 活動の試行期→向上 Ｆ５　ストレスへの対処 心理の受容期	心理的な安定（Ａ６、Ｃ８、Ｆ５） ①状況の理解と変化への対応 コミュニケーション（Ｃ８．Ｆ５） ③言語の形成と活用 人間関係の形成（Ｆ５） ③自己の理解と行動の調整	・言葉だけでなく、文章化することで曖昧にしない。 ・やり方や考え方、ルールを示し、見通しをもって取り組めるようにする。 ・できる問題を解くことで自信をもたせる。

対象とした生徒３名は、適応障害や社交不安障害、気分変調症と診断されていた。これまで小学部等からの引継ぎや保護者から得た情報と学校生活の様子の記録を蓄積して実態を把握してきた。「Co-MaMe」によって生徒を捉え直したところ、教師間において教育的ニーズの把握に違いがあり、お互いの認識を理解しながら、生徒の実態や課題について共通理解を図ることができた。各教科の担当教師に授業における手立て等は委ねられていたが、この機会に手立ての共有、確認をし、担当が意識をして授業を進めるようになった。今後も、必要な支援や手立て等を教師間で共有して指導・支援に取り入れることで、生徒の「できた・分かった」を実感できる授業の実践につなげていきたいと考えている。

（2）センター的機能における活用

本校では、前述の通り地域支援センターに配置されている教育支援アドバイザーとともにセンター員（主任、特別支援教育コーディネーター、他３名で構成）で校内外の支援に当たっている。

幼児から高校生まで幅広く発達面や行動面等の気になる幼児、児童生徒の支援方法、特別な支援が必要な幼児、児童生徒の理解や支援に関する研修、相談などに応じる中で「Co-MaMe」を活用した相談支援の取組について紹介する。

①相談支援の要請があったＡ小学校について

【相談依頼内容】

４学年通常の学級に１０名在籍しているが、そのうち以下のような児童が６名在籍している。日頃の指導に苦慮しているため、実際に児童の様子を見て担任等が指導・支援をする上で有効な手立て等について助言してほしい。

- ・規範意識が低く、指導を受けても素直に反省できない。
- ・我慢することが苦手で、嫌なことなどがあると友達や教師に対して暴言や暴力がある。
- ・集中できる時間が短く、授業内容に関心がなくなると離席する、口笛を吹く、大きな音を立てるなどの行動をしてしまう。
- ・自己肯定感が低く、無気力な様子がうかがえる。

【訪問の様子】

＜1回目（6月）＞

授業参観後に児童の課題の整理、現在の支援状況の確認を行った。授業においては、すでに視覚支援や構造化などの工夫が見られ、課題解決に向けては指導の工夫改善だけではなく、児童の心理面を探り支援策を講じることが検討された。継続的に相談支援をしていくため、支援シート（資料１参照）を作成し、取り組んでいった。

＜2回目（9月）＞

１回目の訪問の際に検討した支援策を実施し、変容したところや課題となることを確認した。集団の中での人間関係に変化があり、他の児童の成長が見られてきた中、課題が顕著なＡ児が孤立するようになった。

そこで、６名の中からＡ児をはじめ課題の多いＢ、Ｃ児の計３名について「Co-MaMe」を活用して実態把握をし、課題の整理・検討を行った。

＜3回目（11月）＞

相談支援と併せて、学校の支援体制づくりにつながるように「Co-MaMe」の研修会を設定してもらった。

学級は１回目の訪問から比べると全体に落ち着きが見られてきた。２回目の訪問で「Co-MaMe」において対象児童の支援・配慮を検討し、取り組んできたことで行動や言動に少しずつ変容が見られてきた（資料１参照）。

研修会では、対象児童のアセスメントを行い、「教育的ニーズアセスメントシート」

を活用して教育的ニーズと支援策の整理について演習を行った。

写真２　研修会の様子（演習）

【「Co-MaMe」活用の感想】

・項目を立てて実態を把握することでコミュニケーション力の課題が浮き彫りになり、重点的にやるべきことが分かった。「Co-MaMe」を活用したことで、課題と支援をピンポイントで考えられ、系統立てて支援策を検討することができると感じた。

・校内研修において取り上げて行ったが、情報の共有が図られたことが良かった。本校の児童は情緒面のコントロールが難しいことや社会性が低いことなど共通する課題が分かった。

・これまで児童の暴言等については、厳しく指導してきたが、支援・配慮の事例を参考に、視点を変えて穏やかに対応した。児童は落ち着いて教師の話を聞くことがでるようになってきており、支援の有効性を実感できた。イメージ図を参考に、受容・試行・安定期と系統的に支援していきたい。

Ａ小学校には、６月から継続的に相談支援に当たってきた。８月に「Co-MaMe」の研修会を実施したことで、２回目の相談支援に実際に活用ですることができ、センター的機能としての幅が広がった。Ａ小学校においては、まだ課題の解決までには至っていないが、個々の課題を教育的ニーズと捉えて支援・配慮してきたことで児童の変容につながっている。

②研修支援の要請のあったＢ高等学校について

【研修依頼内容】

中学生の時に不登校、又は保健室登校していた生徒が多数おり、身に付いている学力が多様で実態差が大きく、一斉授業が難しい状況である。また、うつ状態、広汎性発達障害、自閉症スペクトラム、場面緘黙、起立性調節障害など様々な障害の診断を受けている生徒が在籍しており、生徒の理解や支援に苦慮している。

多様な学習歴の生徒に応じた授業づくりや必要な支援の方法等について研修を深めたい。

【研修の様子】

Ｂ高等学校では、継続的な支援の要望があった。第１回目として特別な支援が必要な生徒への指導について基本的な事項を講義した後に、「Co-MaMe」の研修を実施した。Ａ小学校同様に抽出した生徒のアセスメントを行い、「教育的ニーズアセスメントシート」を活用して生徒への教育的な支援や配慮、具体的な対応について整理した。学年ごとにグループを編制し、演習後に全体で確認をしたが、学年において教育的ニーズに特徴的な傾向が見られた。

１年生　こだわり

２年生　不安・こだわり
３年生　感情のコントロール

上記の項目が各学年においても最も多く、学年の先生方において、生徒の捉えに共通した見方、考えがあった。学校の特徴として心理面の課題がある生徒が多く、「Co-MaMe」の図を参考に具体的な支援、配慮を検討した。

【「Co-MaMe」活用の感想】

・これまで「Co-MaMe」のような支援ツールで生徒をアセスメントする経験がなかったことから、生徒の把握、対応策の検討等、研修を受けて今後の指導に活用できる研修となった。
・ぼんやりと生徒の課題等を把握していたことが、「Co-MaMe」を使うことで整理することができ、解決策のヒントも得ることができた。
・受容、試行、安定期と３つの段階に応じた支援・配慮が例示されていたが、すでに取り組んでいることもあり、段階にとらわれずに必要だと思われることの例示を参考に幅広く考えたことで支援策を決めることができた。

高等学校からの研修支援は初めてであったが、「Co-MaMe」の研修は先生方のニーズに合ったものであった。多様な生徒が在籍していることから、研修を通して生徒への「支援」「配慮」の必要性を感じてもらうことができた。今後、要請に応じて継続的に支援に当たっていく。

3　「Co-MaMe」の感想と今後について

「Co-MaMe」は、近年増加している心の病気や発達障害のある子供の二次的な障害のために、行動面や適応面に課題のある子供の支援策を検討するに当たって、有効なツールの一つとなり得ることが実感できた。具体的な効果としては、次のようなことが挙げられた。①アセスメントシートを活用することで、心理･社会性･学習･身体・学校生活・自己管理の６つの領域で主となる課題が浮き彫りになり、課題や支援内容等を整理して指導者間で共有を図ることができる。②「Co-MaMe」の図を参考にすることで、支援策や配慮点について受容期、試行期、安定期と現在の段階を把握するとともに次への見通しがもてる。③複数の目で検討することで様々な見立てがあることが指導者間で共有できるとともに、支援策の擦り合わせをしながら話し合いが活発になり効率も図られる。④どのように指導・支援したらよいかと悩む先生方にとっては、アセスメント、支援策の検討、実際の指導・支援、変容の確認、支援策の再検討とＰＤＣＡサイクルで取り組んでいくことができる。

今後は、センター的機能をさらに充実させていくために相談・研修支援の主訴に応じて「Co-MaMe」を活用し、地域において周知を図っていきたい。また、小・中学校や高等学校の先生方が、実際に活用してみようと感じられるよう事例を蓄積し、活用の効果と意義を伝えられるようにしていきたいと考える。

支援シート

【資料１】

A小学校					
対象児童生徒	４学年（学級１０名、対象児童６名）				
指導上の課題	男子６名は暴言や暴力をすることがあるため、学級が落ち着いていない。今年度から担任になったが、それぞれの自己肯定感が低いため、どのように指導してよいか苦慮している。				
	【学習面】	【行動面】	【対人関係】	【運動面】	【その他】
		・集中できる時間が短い。 ・授業中…離席する、口笛を吹く、大きな声を出す。 ・我慢することが苦手である。	・嫌なことがあると我慢できずに友達や教師に暴言を吐く。		・自己肯定感が低い。 ・やる気が見られない。

月　日	当時の支援・手立て	変容	課題の整理・検討	今後の支援・配慮
１回目 ６月２７日 （木）	５校時（体育：投てき）　６校時（学級活動：グループワーク） ・指示を明確にする。 ・見本を見せ、タイマーを使って時間を決める。 ・授業で決めたルールは、絶対に守る。 ・相手チームからクレームが出た時も「注意しました」と返答する。 ・常に児童をほめる言葉「すごいね！」「おお、いいね！」 ・児童の良かったところを振り返りの中で紹介		・A児に視覚過敏の傾向が見られた。 ・A児が興奮した時の対処法が必要ではないか。 ・家庭において言葉遣いが荒いため、B児は影響を受けている。	・教室の掲示物を工夫する。必要のないものはカーテンで隠す。 ・深呼吸、振り返る時間 ・連絡帳には、良いところだけを報告する。 ・児童は担任を信頼しているため、指導方針は継続していく。
２回目 ９月１０日 （火）	５校時（体育：ミニハードル）　６校時（３，４年合同授業：音楽（合奏）） （学級全体に対して） ・称賛を増やしている。 ・寄り添う姿勢で関わっている。 ・ご褒美シール（たまるとお楽しみ会の開催など） ・許容範囲を広げる。 ・授業のルールの徹底を図っている。 ・集中が続くように時間を区切っている。 ・教師がぶれない姿勢で対応する。 （A児に対して） ・不適切な言葉遣いは、１日５回までの約束	・８時１０分の始業時間に授業を開始できるようになった。 ・休み時間の切り替えもおおむね良い。 ・担任の指示を聞くようになった。 （A児） ・教師との約束を意識した言動ができるようになってきた。 ・手伝いをすることも多い。 ・担任への信頼度が増えている。	・（学校の特色）昼休みや業間に十分に休憩が取れないことで、不満を表すことがある。 ・担任に対する言葉遣い。 ・A児が他児に責められる場面が増えてきた。 ・C児の言動が気になるようになった。（学習プリントに斧を持った人の絵を描く、暴言を書く。） ・B児の家庭環境に課題。認められない寂しさからの不適切な行動がある。	・全てを制止すると反動が起きる。ルールを決めて徹底する。 ・A児は教師のフォローが必要。A児の良いところを他児の前でほめる。 ・C児の表情や行動を読み取り、適時声を掛けて気持ちを聞くようにする。 ・B児の学校生活における良い取り組みを保護者に伝える。
３回目 １１月２６日 （火）	・「話を聞くまで待ちます。」 ・「本気で書いてね。」 ・A児を認める発言が多くあった。 「ありがとうね」「やさしいね」 ・活動への見通しをもたせる。	（全体的に） ・着席できるようになった。 ・時間を守れるようになった。 ・対教師への乱暴な言動が減少。児童同士のトラブルが見られ始めた。 （A児） ・落ち着いてきたが、友達に対して暴言や手を出すことがある。	「Co‐MaMe」イメージ図 A2, A6, B2, B3 を参照に検討 （A児） ・落ち着いてきたが、友達に対して暴言や手を出すことがある。 ・考えずに話すことが多い。 （B児） ・むしゃくしゃした時に爆発しやすい。 ・二面性がある。（友達の前では悪ぶるが１対１だと優しい）	・引き続き、ルールを曲げない。児童をほめる場面を作り、メリハリのある指導 ・提示するものを整理し、活動への見通しをもたせる。 ・A児の言動や行動を振り返り、不適切な行動等を一緒に考える。 ・教師がすぐに反応することで、不適切な関わりが強化されてしまうため、認める部分と流す部分を分けてかかわる。 ・B児の落ち着いている時に１対１の場面を作り、行動の振り返りをする。

自立活動の指導の充実に向けて
～Co-MaMe の分析を参考にして～

東京都立武蔵台学園府中分教室

1　学校概要

東京都立武蔵台学園府中分教室は、東京都立小児総合医療センターに入院した児童・生徒が学習する病院内にある分教室である。小児総合医療センターのこころ病棟（児童思春期精神科）の入院児が対象のひだまり学級とからだ病棟（内科系外科系）の入院児が対象のわかば学級があり、学級ごとに病院内に教室が配置されている。こころ病棟（児童思春期精神科）は、性別、年齢別、症状別に７つの病棟があり、広汎性発達障害や注意欠如多動性障害（ADHD）などの発達障害、強迫性障害や不登校・ひきこもりを伴う心因性精神障害、統合失調症やうつ病などの精神障害をもつ幼児期から思春期まで（３歳から 17 歳まで）の小児を対象に診療している。ひだまり学級に在籍する児童・生徒数は、年間 150 名前後であり、大体３カ月から６カ月の在籍期間を経て退院、転出の手続きを取っている。転出後は、前籍校の通常の学級や特別支援学級に戻るケースのほか、学籍のみを戻し地元の適応指導教室に通う場合や、措置替えをして特別支援学級や特別支援学校に転籍する場合がある。しかし、学校へは通うことができず当センターの思春期デイケアでの余暇活動に参加する児童・生徒もいる。また、退院後数カ月～数年後に再入院し、分教室への転入が２回目、３回目であるケースも約２割を占めている。

2　ひだまり学級の研究活動

『ひだまり学級における自立活動の指導の充実に向けて～アセスメントをもとにしたソーシャルスキル学習～』

平成 29 年度までの３年間は、ソーシャルスキル学習を軸に研究を進めてきた。小学部、中学部（準ずる教育課程、知的障害教育課程）別に、育てたいソーシャルスキルの整理、ソーシャルスキルの習得を目指す研究授業を通しての考察を行う研究を行った。その研究成果として、ひだまり学級の指導の中で、それぞれの課題を意識し、ソーシャルスキルを育てていく授業プランの作成がスタンダードになってきた。

ひだまり学級の児童・生徒は、学校や地域の集団で円滑なコミュニケーションがとれず、失敗やトラブルの経験が多い。誤解されたり注意されたりして、いっそう集団の中で活動する自信を失い、孤立や不登校につながる例も多い。このような児童・生徒が、退院後も学校や地域でいきいきと生活していくためには、社会性を伸長し、円滑に周囲とコミュニケーションをとるためのスキルを高めることが大切であると考え、ソーシャルスキル学習を焦点にした研究を行ってきた。

平成30年度からは、これまで蓄積してきた実践を活かし、独立行政法人国立特別支援教育総合研究所（以下、特総研）の「精神疾患及び心身症のある児童生徒の教育的支援・配慮に関する研究」の研究協力校（H29～30）として考察を進めてきている。そこでの教育的ニーズの考えをもとに、自立活動の指導を関連させた研究計画を立て実践した。また、東京都の「病院内教育における自立活動の在り方研究事業」の研究協力校（H30～R１）としても自立活動の授業の充実の研究を深めてきた。

3　Co-MaMeの活用、自分メーターの活用

校内研究は、ＰＤＣＡサイクルで進めた。児童・生徒の課題分析を行い、自立活動のどの項目が必要かということや指導目標を検討し、授業計画を作成した。研究授業やその他の授業などで指導の後、評価を行い指導の変化を振り返り、次の指導につなげた。課題分析と振り返りで用いた「自分メーターひだまり版」は、埼玉県立けやき特別支援学校伊奈分校が特総研の調査の「教育的ニーズのカテゴリー」を参考にし、児童・生徒用の視点で実態や課題を把握できる尺度表として作成した「自分メーター」をもとに、ひだまり学級版として、用紙サイズをＡ４にし、質問項目を各５問の合計30問にアレンジしたものを活用した。(資料:自分メーター）自分メーターの活用は図１のように、転入時は課題分析として、在籍中は指導の振り返りの評価として、退院時には指導の変化を視覚化して、いずれも個人面談の中で活用した。

図２は、課題分析で自分メーターを活用したものの例である。「こころの⑤気持ちを言葉で伝えられる」、「しゃかいの④困ったときに相談できる」、「せいかつの②見通しをもって行動することができる」などの項目において、自己評価が低く、本人は「できない」と思っていることが分かった。教員も、転入したばかりで環境の変化に慣

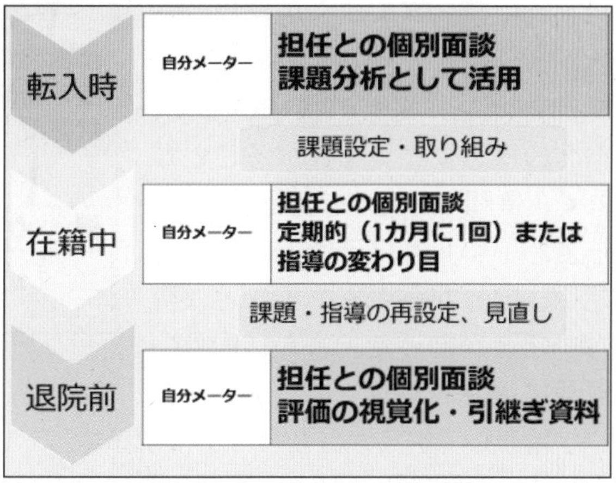

図１　自分メーターの活用

最初の自分メーターの結果から課題分析

こころ	④気持ちのコントロールが難しい ⑤気持ちを言葉で伝えられない
しゃかい	④困ったときに相談できない ⑤相手の気持ちを察するのが難しい
がくしゅう	④集中力が難しい
からだ	②体力に自信がない ④じっと待つのが難しい
せいかつ	②見通しをもちにくい ⑤落ち着いて過ごせていない
みのまわり	③身だしなみ ⑤ストレスへの対応

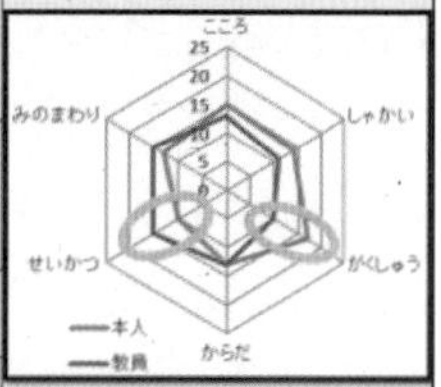

教員評価より本人評価が低い

自己分析
「自分はまだできていないんだ。」

図２　課題分析

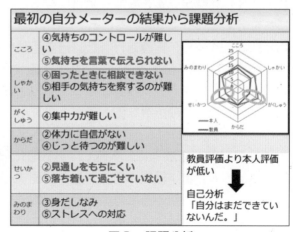

れず、困っていても自分から援助要求を出せていないことに注目し、課題として抽出することにした。気持ちを伝えることが苦手、見通しのもちにくさを重点的に指導目標とすることにした。また、グラフにすることで、教員評価と本人評価の違いが視覚化されたのを見て、自己分析することがあり、自己肯定感の低さも課題として判断した。

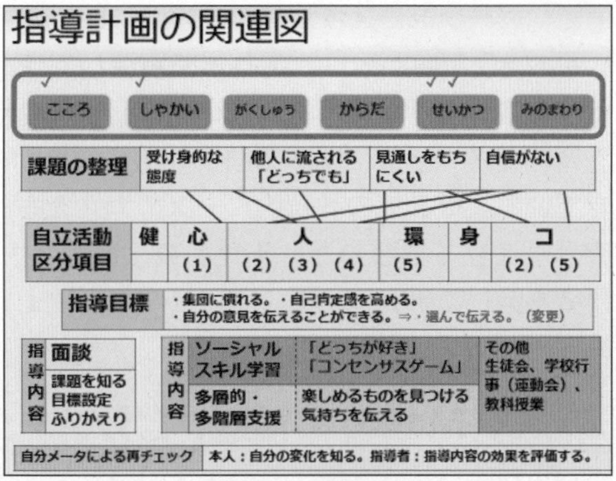

図３　指導計画

自分メーターにて課題を分析し、指導計画や自立活動の流れ図を作成して、指導した。（図３）この指導計画を作成するに当たり、図４のように自分メーターの結果から課題を分析し、自立活動の項目を関連付けた。実際の様子として、自分の意思や意見を述べることがなく、質問や提案をすると、「どちらでもいい」や「それでいい」と言い、自分から表出することが少ないことがあった。また、周りの意見に流されやすく、今何の活動や学習をしているか分からないまま参加している様子もあった。これらのことを整理して、集団での活動で、友達と関わる経験や成功体験を数多く味わい、学習や活動への楽しさや達成感をもてるようになること、その経験を通し、自分の意見や気持ちを伝えられるようになること、自己肯定感を高めていくことを指導目標として、指導計画を作成し、指導を行った。自立活動の時間では、個人面談のほか、集団の中で、自分の意見を伝えることを経験できるソーシャルスキル学習を行った。その他、学校行事での役割や教科授業の中で、その活動に対してほめることで自己肯定感を高めることや自分の感情を出しても大丈夫と思える環境にすることなど指導を行ったことで、退院前には、前向きに行動できるようになる変化が見られた。

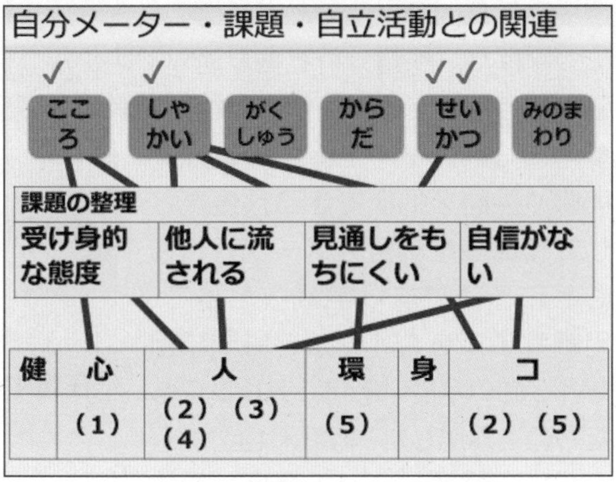

図４　自立活動の項目との関連

「Co-MaMe」を参考に、入院して分教室に通学している時期を受容期・試行期・安定期として、本学級での自立活動を整理すると、受容期の転入時は、入院となった理由や学校に対する苦手意識など、どの子もモヤモヤしていることが多い。担任が気持ちを受け止め、落ち着かせ、学校生活を過ごすための不安を軽減させる支援を行う。担任との関係ができてくると、クラスや学年などの集団での関わりに少し

資料：「自分メーターひだまり版より」

自分メーター　ひだまり学級　中学部　本人用

入級日	

この質問は、自分の今の状態を知って、学校生活に役立てるために行います。気軽に、今の自分について答えましょう。

名前		記入日	年	月	日

カテゴリー	番号	内容	評価				
			低	⇔	普通	⇔	高い
			全く思わない	そう思わない	半分くらいは思う	まあまあ思う	そう思う
			できない	できないことが多い	半分くらいはできる	まあまあできる	できる
			いつもある	あることが多い	ある時とない時がある	たまにはある	全然ない

カテゴリー	番号	内容					
1 こころ	①	不安や悩みはありません	1	2	3	4	5
	②	自分の気持ちは穏やかです	1	2	3	4	5
	③	気になることがあっても気持ちを切り替えてやるべきことができます	1	2	3	4	5
	④	自分の気持ちをコントロールできます	1	2	3	4	5
	⑤	自分の気持ちを言葉や文で伝えられます	1	2	3	4	5
		計	点				
2 しゃかい	①	集団での活動ができます	1	2	3	4	5
	②	社会や学校、ゲームなどのきまりやルールを守れます	1	2	3	4	5
	③	相手にチクチク言葉や嫌なことをいいません	1	2	3	4	5
	④	困ったとき、自分から相談することができます	1	2	3	4	5
	⑤	表情や態度を見て、相手の気持ちを察することができます	1	2	3	4	5
		計	点				
3 がくしゅう	①	先生の言っていることや指示がわかります	1	2	3	4	5
	②	文章を読んで、理解することができます	1	2	3	4	5
	③	書いてあることを写すことができます	1	2	3	4	5
	④	集中力はあります	1	2	3	4	5
	⑤	苦手な教科もやろうとすることができます	1	2	3	4	5
		計	点				
4 からだ	①	運動は好きです	1	2	3	4	5
	②	体力には自信があります	1	2	3	4	5
	③	言われたらすぐに行動することができます	1	2	3	4	5
	④	必要なときには、じっと待つことができます	1	2	3	4	5
	⑤	周り(音、光、匂い、声、感触など)が気になって、困ったりつらくなったりすることはありません	1	2	3	4	5
		計	点				
5 せいかつ	①	予定が変更されても平気です	1	2	3	4	5
	②	見通しをもって計画的に行動できます	1	2	3	4	5
	③	整理整頓ができます	1	2	3	4	5
	④	忘れ物はしません	1	2	3	4	5
	⑤	落ち着いて過ごすことができます	1	2	3	4	5
		計	点				
6 みのまわり	①	季節や目的に合った持ち物の準備や服そうができます	1	2	3	4	5
	②	自分の体調を理解しています	1	2	3	4	5
	③	身だしなみに気を付けられます	1	2	3	4	5
	④	好きな活動や趣味があります	1	2	3	4	5
	⑤	ストレスに対応することができます	1	2	3	4	5
		計	点				

合計			
	1	こころ	
	2	しゃかい	
	3	がくしゅう	
	4	からだ	
	5	せいかつ	
	6	みのまわり	

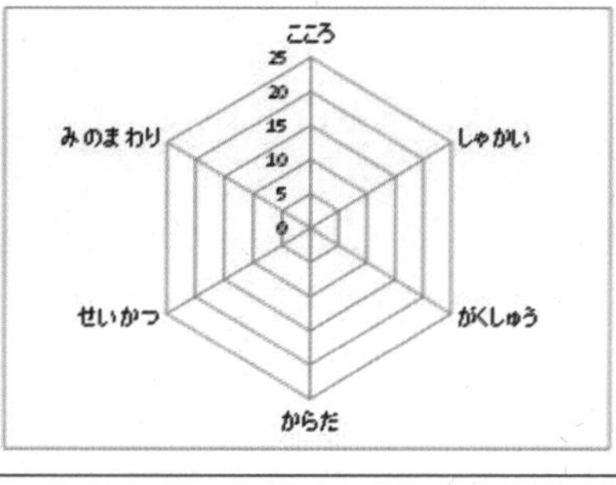

ずつ取り組めるようになる。試行期では、集団活動の中で、相手の気持ちや場面にあった対応を学ぶ。そして、安定期では、自信をもち、分教室での経験をばねにして、次の居場所へ一歩進んでいくことになる。自立活動を通して、心理的安定を図り、人間関係やコミュニケーションのスキルを習得し、自信を付けて次の居場所へ送り出す。本学級での自立活動はこのような考えで取り組んでいる。

4 「Co-MaMe」を活用した事例紹介研究会の開催

中学部教員を対象にして、「Co-MaMe」を活用した事例紹介研究会を開催した。研究会の目的は、本学級で大切にしている支援について、本学級での経験が２年目以上の教員から、「こんなとき」「こんな支援をして」「こう変わった」と事例を紹介することで、情報を共有し、支援の幅が広がるヒントになるきっかけにするためである。Co-MaMe の分類をもとにエピソードを紹介した。（図５～８）

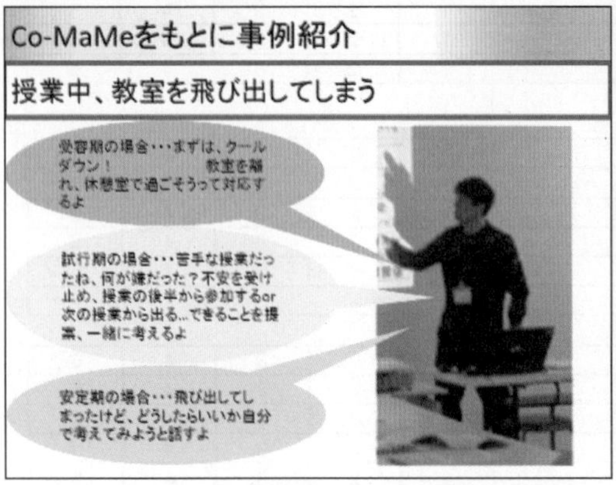

図５

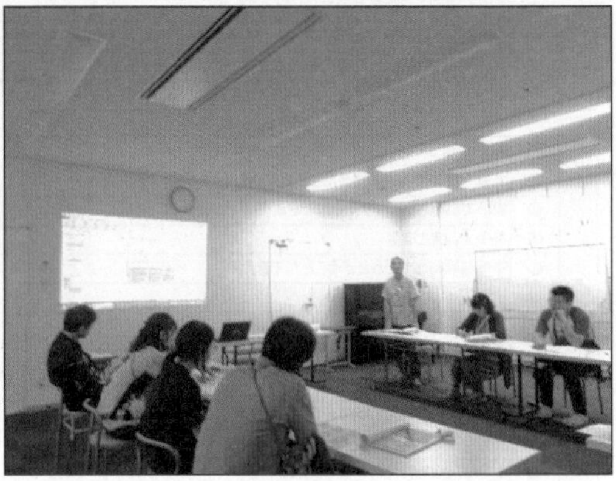

図６

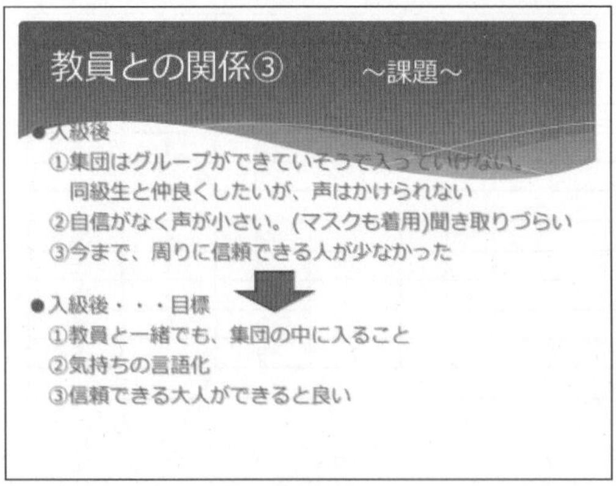

図７

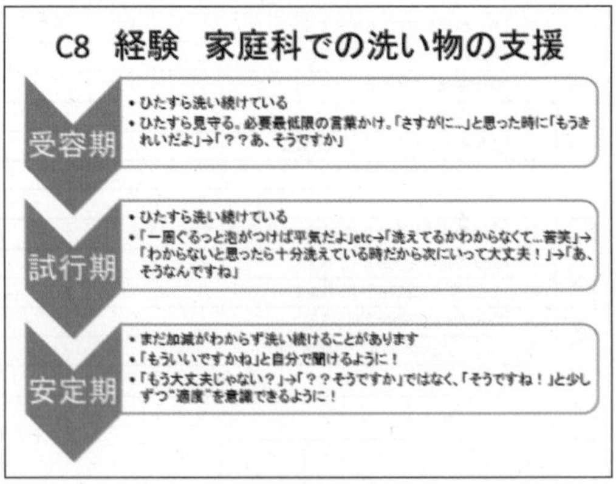

図８

各教員が「Co-MaMe」の一つの項目（A1 不安・悩み、C6 注意・集中など）を担当し、項目に該当するエピソードと支援について「受容期では」、「試行期では」、「安定期では」と在籍期間の様子を振り返り、発表し合った。

ここに、A1「不安・悩み」のエピソードの発表とその様子を紹介する。

事例（教員からの発表。）

日常的に不安を抱える生徒の事例。転入当初は、登校してきても、1時間も授業に出席できず、休憩室で過ごしていた。

「受容期」の支援としては、本人の要求に対して、「気持ち悪くなるのは不安だね。」と共感し理解を示す言葉かけをした。気持ち悪い時にすぐに廊下に出られるよう座席の位置をドア付近にする配慮をした。徐々に教室にいる時間が増えてきた。

「試行期」と考えられる時期に学校行事の音楽会があった。行事に興味を示し、好きな曲でダンスすることをモチベーションに練習参加を目指した。しかし、全体練習が始まり、大きな音に恐怖を感じた様子だった。不安なことを聞き出し、自分でどうしたいかを一緒に考えた。自分の立ち位置を考慮する、練習へは短時間の参加にするなど、相談しながら対応したことで、不安の訴えが減ってきた。そして、音楽会でダンスを発表できたことから、自信をもち、通常の学校生活に慣れることができてきた。

「安定期」と思って支援を行っていたところ、社会見学が近付くと、公共交通機関を使うことに対しての不安で気持ちが不安定になった。退院後や今後を考えると公共交通機関が利用できないと進路選択が狭まるため、この機会に公共交通機関を利用する練習が必要と考えた。まずはバスや電車を遠くから見る、次に近くで様子を覗く、そして停車中のバスに乗ってみるというスモールステップで課題に取り組み、乗り物酔いをしないためにツボを押すなど、気持ちの面での支援を行った。当日は、一駅ごとに降りられる教員体制の準備と、乗る場所を事前に決めておき、見通しをもたせることで、無事に公共交通機関に乗ることができた。単に「大丈夫だよ」という言葉だけでは、本人が、自分の気落ちを分かってくれていないと不信感をもつだけで、それがプレッシャーになっていた。不安について寄り添い、解消できることを提案し一緒に考え取り組むことで、困難に立ち向かうことができた。「受容期」、「試行期」、「安定期」のどの時期でも、不安をコントロールすることは難しいが、スモールステップで自信を付けさせ、対処方法を考えることで乗り越えていくことができた。

発表後の教員の感想より

ただ、不安な気持ちを受け止めるだけでなく、受容期、試行期、安定期での教員の支援が考えられていることが分かった。「Co-MaMe」の記載にある支援について、具体的な実践や本人の変化を聞くことで理解が深まった。

この事例のように、「Co-MaMe」の支援・配慮のイメージ図にある内容について、転入当初の受容期、慣れてきた頃の試行期、退院前の安定期では、同じカテゴリーの課題でも、本人が置かれている状況や様子も異なることが、具体的な実践例の発表で理解を深めることができた。また、受容期、試行期、安定期によっての教員の支援や配慮が異なることを確認し合えた。

5　今後に向けて

特総研の「精神疾患及び心身症のある児童生徒の教育的支援・配慮に関する研究」より教育的ニーズの考え方、またその活用の「自分メーター」を通して、本学級の自立活動の指導計画の作成について研究を深めることができた。ソーシャルスキル学習の実践を通して、児童・生徒の変容を自分メーターで視覚的に分析することもでき、ＰＤＣＡサイクルで実践的な研究活動を深めることができた。引き続き自立活動の充実に向けた取組を行うとともに、「Co-MaMe」を活用した事例紹介研究会を行うことで、教員のスキルアップと情報を共有することを通したチーム力向上を図り、より良い支援を行っていきたい。

個別の指導計画への Co-MaMe の活用

富山県立ふるさと支援学校

1　はじめに

本校は、県内に唯一の特別支援学校（病弱）単独校である。小学部、中学部、高等部を設置しており、児童生徒は隣接する NHO 富山病院に入院している。児童生徒が病院から学校に通学するほか、教員が富山病院の重心病棟を訪問して授業を行う訪問教育を行っている。

近年、通学する児童生徒については、慢性疾患で入院する者が減少し、ほとんどが前籍校で不登校を経験し、適応障害等の精神疾患や心身症等の「こころの病気」を主障害として入院している（表１）。他の障害や病気と違ってこころの病気は、検査の数値等の目に見える障害として捉えることが難しい上、これまでに支援や配慮についての明確な指針が示されていない。そのため、本校では、児童生徒に適切な支援方法かどうかの判断が難しいまま、試行錯誤しながら指導を進めることが多いのが現状といえる。

表１　こころの病気を主障害とする児童生徒の推移（訪問教育を除く）

		2015	2016	2017	2018	2019	平均
小学部	児童数	3	3	3	1	1	2.2
	こころの病気 （割合）	2 (67%)	1 (33%)	1 (33%)	0 (0%)	0 (0%)	0.8 (36%)
中学部	生徒数	7	8	7	7	9	7.6
	こころの病気 （割合）	7 (100%)	8 (100%)	6 (86%)	7 (100%)	9 (100%)	7.4 (97%)
高等部	生徒数	14	12	14	14	11	13
	こころの病気 （割合）	14 (100%)	12 (100%)	14 (100%)	14 (100%)	11 (100%)	13 (100%)
計	児童生徒数	24	23	24	22	21	22.8
	こころの病気 （割合）	23 (96%)	21 (91%)	21 (88%)	21 (95%)	20 (95%)	21.2 (93%)

こころの病気がある児童生徒を指導・支援する専門性を高めることが本校の課題であることから、こころの病気のある児童生徒の指導・支援について、教員の専門性の向上を図るため、Co-MaMe の研修会を開催するとともに活用方法について探っていくこととした。

2　教員研修の実施

（１）研修会の企画

Co-MaMe の研修会の講師として独立行政法人 国立特別支援教育総合研究所（以

下「特総研」）病弱班の研究員を招へいすることとし、研修内容について助言を受けながら企画した。

本校は、特別支援学校のセンター的機能として県内全域を対象としている。県内の小・中・高等学校において児童生徒の不登校が問題になっており、その背景にこころの病気が要因となっている場合も多いとされていることから、「こころの病気のある児童生徒への支援」をテーマに、県内の全小・中・高等学校及び特別支援学校並びに市町村教育委員会に開催案内を送付した。

（2）研修会の参加者

本校の教員に加え、外部から23名の参加申し込みがあり、全参加者数は52名であった。外部からの参加者の内訳は、小学校２名、中学校５名、高等学校６名、特別支援学校８名、市町村教育委員会２名であった。なお、外部からの参加者の職種は、教諭のほか、養護教諭、カウンセラー、指導主事等であった。

（3）研修の方法

特総研の講師と相談し、ワークショップ形式で研修するため、５～６人のグループを作ることとした。なるべく同じ学校・学部種と職種となるように、運営側であらかじめグループ分けを行った。全部で９つのグループを作り、各グループには、中心となってワークを進める者として本校の特別支援教育コーディネーター等の教員を配置した。

（4）研修内容

研修では、まず特総研の研究員から病弱教育及びこころの病気のある児童生徒の教育の現状を踏まえ、Co-MaMeの概要とその活用についての講義が行われた。その後、個別のワークでは、アセスメントシートと整理用シートに、日頃担当している児童生徒を想定して記入してみる作業が行われた。最後にグループワークが行われ、個別のワークで作成したシートをもとに情報共有・意見交換が行われた。各グループに中心となる本校の教員を配置していたため、どのグループにおいても熱心に話し合う様子が見られた。

（5）研修の結果

研修会では特総研が作成したアンケートが配布された。受講者54名中、アンケートの回答者は39名、回収率は72％であった。アンケートの結果は、回答者39名中、アセスメントシートがチェックしやすかったと答えた者は34名（87%）、整理シートが記入しやすかったと答えた者は35名（90%）、であった。Co-MaMeの図は役立ったと答えた者は37名（95%）であった。

3　個別の指導計画へのCo-MaMeの活用

研修会では、複数の教員で話し合いながら、一人の児童生徒のアセスメントシートを記入するグループワークを行った。しかし、グループディスカッションでは、経験が豊富な教員や専門性が高い教員の意見が重視されてしまうことが危惧された。そこで、教員一人一人が個別に記入したアセスメントシートを集約することで、若手教員からベテラン教員まで多角的な視点から児童生徒の姿を捉えることができるのではないかと考え、まず高等部で活用を試みることにした。本校高等部では、学級担任が生徒一人一人について各学期の重点的な指導目標と支援方法を立案し、学部全体で共通理解した後、それに基づいて教科担任が各教科等の個別の指導目標と支援方法を計画している。以下にCo-MaMeのアセスメントシートを活用して個別の指導計画を作成した流れについて述べる。

（1）アセスメントシートの作成

Co-MaMeの教育的ニーズの領域と項目（具体例）を並べたものに高等部全生徒12名のチェック欄を配列したアセスメントシートを作成し、高等部教員12名に配布した。

（2）アセスメントの実施

各教員は、Co-MaMeの各教育的ニーズの課題と支援の具体例を参考に、その課題が対象生徒に該当すると考えた場合、受容期・試行期・安定期から効果的と思われる支援方法を記入した（図1）。シートに全生徒を配列したことで、一人の生徒について教育的ニーズの有無や支援方法を一つずつ考えるだけでなく、他の生徒と比較しながら考えることができるというメリットがあった。

令和元年度3学期　高等部　個別の指導計画の指導目標・支援方法検討資料

教員名　At

領域	教育的ニーズの項目（具体例）	学年・生徒名											
		1年	2年							3年			
		As	Bs	Cs	Ds	Es	Fs	Gs	Hs	Is	Js	Ks	Ls
心理	A1　不安・悩み（不安が強い、悩みが頭から離れない）			安定	受容			受容	試行			試行	
	A2　感情のコントロール（気持ちを抑えられない、すぐに怒ってしまう）									受容	試行		
	A3　こだわり（一つのことにこだわると他のことが考えられない）									受容			
	A4　意欲・気力（目標が持てない、やる気がおきない）						試行			受容	受容		
	A5　自己理解（何が辛いのか自分でもわからない）		安定							受容	安定	受容	
	A6　気持ちの表現（気持ちを言葉・文字に表せない）									受容		受容	
	A7　情緒の安定（嫌なことを思い出してしまう、イライラする）									受容	試行		
	A8　気分の変動（気分の浮き沈みがある）									受容	受容		
	A9　自信（自分に自信がない、自己肯定感が低い）	受容			試行	試行	受容	受容				安定	
社会性	B1　集団活動（集団の中にいると疲れる、ルールに従えない）	試行				試行				受容			
	B2　社会のルールの理解（学校や社会の規則が守れない、自分で変更する）									試行	試行		
学校生活	E2　物の管理（忘れ物が多い、物をなくしてしまう）												
	E3　登校・入室への抵抗感（学校へ行きたくない、教室にはいれない）												
自己管理	F1　睡眠・生活リズム（朝起きられず遅刻してしまうことが多い）						安定						
	F2　食事（給食が食べられない、外食ができない）												
	F3　服薬（薬が手放せない、薬の管理が面倒）												
	F4　病気の理解（自分自身の病状を理解していない）												
	F5　ストレスへの対処（ストレスへの対処、苦手なことから逃れたい）								試行				

図１　教員が記入したアセスメントシート

（3）アセスメント結果の集計

全教員が記入したアセスメントシートから生徒一人ずつのデータを抽出し、集計用のシートに配列した（図２）。集計用のシートから、教育的ニーズの項目毎に、受

生徒名	Hs

領域	教育的ニーズの項目	教員名											
		At	Bt	Ct	Dt	Et	Ft	Gt	Ht	It	Jt	Kt	Lt
心理	A1　不安・悩み	試行	安定	受容	受容	受容	受容		試行			受容	安定
	A2　感情のコントロール											試行	
	A3　こだわり											受容	安定
	A4　意欲・気力			試行		試行	受容	試行				試行	試行
	A5　自己理解						受容					受容	
	A6　気持ちの表現										試行		
	A7　情緒の安定			試行	受容	受容	受容		試行		受容	試行	
	A8　気分の変動		安定	受容	受容	受容	受容	試行	試行		受容	受容	試行
	A9　自信			受容			受容		安定			試行	
社会性	B1　集団活動												
	B2　社会のルールの理解						試行						
学校生活	E2　物の管理						受容		試行			試行	
	E3　登校・入室への抵抗感					試行	試行				受容		
自己管理	F1　睡眠・生活リズム			試行		試行	受容		受容				
	F2　食事												
	F3　服薬												
	F4　病気の理解			安定					試行			試行	
	F5　ストレスへの対処	試行		安定		受容	受容		試行			試行	

図２　アセスメント結果の集計

生徒名	Hs

領域	教育的ニーズの項目	計	受容	試行	安定
心理	A1　不安・悩み	9	5	2	2
	A2　感情のコントロール	1	0	1	0
	A3　こだわり	2	1	0	1
	A4　意欲・気力	6	1	5	0
	A5　自己理解	2	2	0	0
	A6　気持ちの表現	1	0	1	0
	A7　情緒の安定	7	4	3	0
	A8　気分の変動	10	6	3	1
	A9　自信	4	2	1	1
社会性	B1　集団活動	0	0	0	0
	B2　社会のルールの理解	1	0	1	0
	B3　コミュニケーションスキル	1	0	1	0
	B4　同年代との関係	1	0	0	1
	B5　家族との関係	8	7	1	0
	B6　教師との関係	0	0	0	0
	B7　異性との関係	0	0	0	0
	B8　他者への信用	0	0	0	0
	B9　他者への相談	0	0	0	0
	B10　他者理解	1	0	1	0
学習	C1　学習状況	4	1	1	2
	C2　処理能力	0	0	0	0
	C3　聞き取り・理解力	1	0	1	0
	C4　読み・書き	0	0	0	0
	C5　記憶力	0	0	0	0
	C6　注意・集中	1	0	1	0
	C7　学習への意識	1	0	1	0
	C8　経験	1	0	1	0
身体	D1　身体状況・体調	11	9	2	0
	D2　巧緻性	0	0	0	0
	D3　動作・体力	1	0	1	0
	D4　多動性	0	0	0	0
	D5　感覚過敏	0	0	0	0
学校生活	E1　見通し	0	0	0	0
	E2　物の管理	3	1	2	0
	E3　登校・入室への抵抗感	3	1	2	0
自己管理	F1　睡眠・生活リズム	4	2	2	0
	F2　食事	0	0	0	0
	F3　服薬	0	0	0	0
	F4　病気の理解	3	0	2	1
	F5　ストレスへの対処	6	2	3	1
		93	44	39	10

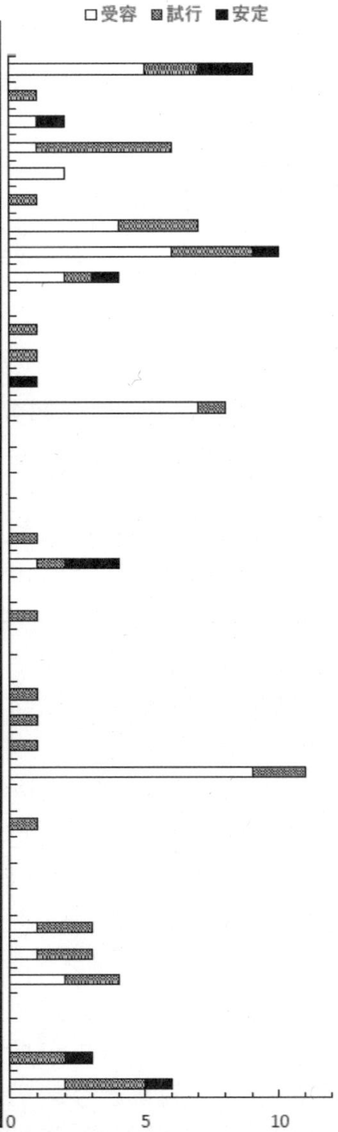

図３　アセスメント集計結果

容・試行・安定が選択された数を集計し、どの課題がその生徒の教育的ニーズと考える教員が多いのか、どの支援段階が適当であると考える教員が多いのかを視覚的に捉えやすくするためグラフ化した（図３）。

また、教育的ニーズは、Ａ心理、Ｂ社会性、Ｃ学習、Ｄ身体、Ｅ学校生活、Ｆ自己管理のうち、どの領域が多いかを視覚的に捉えやすくするため、各領域を選択した教員の延べ人数の平均値をレーダーチャートに表した（図４）。

これらのアセスメント結果は、全教員が閲覧できるように、校内ネットワークに保管した。

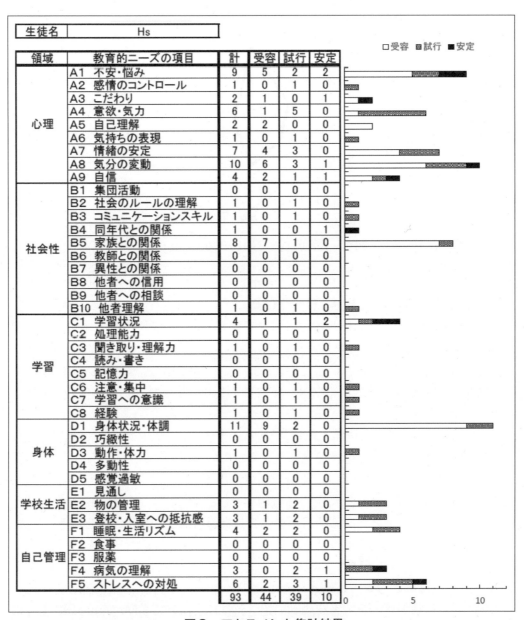

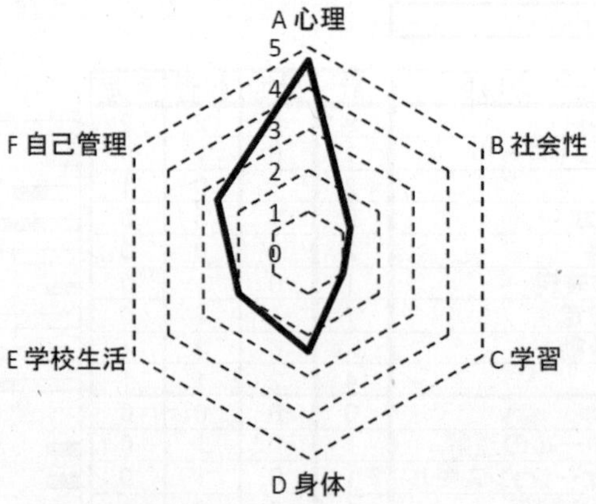

図４　教育的ニーズのレーダーチャート

（４）個別の指導目標と支援方法の立案

学級担任が学期の指導目標と支援方法を立案する際に、アセスメント結果を参考にしたということが、12 名中７名の生徒について報告された。多くの教員が生徒の教育的ニーズと捉えているということ、また、Co-MaMe に記載されている支援の具体例が担当する生徒に対する支援を想定する際に役立ったという報告が多く見られた。

今回の実践は３学期の目標についてであり、上位目標として年間指導目標が既にあったことから、２学期の目標を発展させるための裏付けとして Co-MaMe を活用したケースが多かった。今後は、年度当初に活用することで、これまで学級担任の思いが優先されがちであった個別の指導目標を、アセスメントの結果から多くの教員が教育的ニーズと捉えている項目が重点的な指導目標とされることを期待したい。

４　成果と今後の課題

（１）研修の成果と今後の課題

まず、特総研病弱班の研究者を講師に招き、学校全体で Co-MaMe の研修会を開催できたことは、本校教員の病弱教育に関する専門性の向上に少なからずつながったと考える。

アンケートに記載された感想には、Co-MaMe が参考になった、今後も活用したいとする記述が多く見られた。特に校外からの参加者の感想に、自分の学校でも広めたいというものがいくつかあった。本校の特別支援学校のセンター的機能として、要請のあった小・中学校等に出向き、Co-MaMe についての説明や活用例を提示できるようになっていくことが期待される。そのためには、Co-MaMe を活用した実践の積み重ねが必要であり、今後の課題としたい。

（2）個別の指導計画への活用の成果と今後の課題

今回は、高等部において生徒の個別の指導目標と支援方法を設定する際に、Co-MaMeの活用を試みた。過半数の生徒の支援方法にCo-MaMeによるアセスメントの結果が反映された。外から見えづらく、検査等の数値に表れづらいこころの病気のある児童生徒の指導・支援を考えていく上で有効であることが示唆された。

今回は目標設定段階までの試みであったため、実際に指導・支援して児童生徒にどのような変容が見られたのか、さらに評価を受けて、どのように指導目標や支援方法を改善していくのかといったPDCAサイクルでの実践が必要である。目標設定に加えて、改善の指針としても受容・試行・安定という段階のあるCo-MaMeは活用しやすいと思われる。先進的に取り組んでいる他県の特別支援学校（病弱）の実践なども参考にしながら、学校全体の取組として定着するよう更なる活用を探っていきたい。

尺度表「自分メーター」の活用
―Co-MaMeとの関連による自己理解への応用―

埼玉県立けやき特別支援学校伊奈分校

1　埼玉県立けやき特別支援学校伊奈分校の概要

埼玉県立けやき特別支援学校伊奈分校（以下、本分校）は、埼玉県立精神医療センターの児童思春期病棟内に併設された病院内の分校（病弱）である。精神医療センターに入院している小・中学生が対象で、精神疾患及び心身症、発達障害の二次障害等のある児童生徒が在籍している。入院時の症状としては、不登校、暴言・暴力、自傷、希死念慮、生活リズムの乱れ等がある。病床数は30床で、年間65名前後の延べ在籍人数があり、平均5か月の在籍期間を経て、地元の学校に復学していく。復学に際しては、復学支援会議（注1）、準備登校（登校の練習）を経て、前籍校等へと戻る。近年、中学3年生の在籍が多い傾向にあり、進路指導も重要となっている。

このように、医療と協力しながら、短期間で、児童生徒の生活面や学習面の課題を整理し、復学するための力を養わなければいけない状況である。

（注1）復学支援会議：医師、保護者、前籍校の教員、本分校の教員等が出席して行う復学に向けた会議

2　Co-MaMeのアセスメントシートとの関連

Co-MaMeのアセスメントシート（以下、アセスメントシート）は、教員の視点に立ってニーズを把握するものである。本分校では、こころの病気のある児童生徒には、子供の視点に立って実態や課題を把握し、子供自身が自己理解を図れるツールも必要と考えた。そこで、アセスメントシートを基に、尺度表「自分メーター」（以下、「自分メーター」）を考案した。

また、アセスメントシートの「心理・社会性・学習・身体・学校生活・自己管理」の6つのカテゴリーと40のサブカテゴリーを、「自分メーター」では、「こころ・しゃかい・がくしゅう・からだ・せいかつ・身のまわり」というカテゴリー名にし、児童生徒に付けて欲しい力を加え、60のサブカテゴリーとした。サブカテゴリーの違いは、表1に対比表（「がくしゅう」の一部を抜粋）を載せた。

Co-MaMeのアセスメントシート	尺度表「自分メーター」
①学習状況（勉強の仕方が分からない）	①自分で計画的に学習できます。
②処理能力（書きながら聞くなど、二つの作業を同時に行えない）	②先生の話を聞きながら、ノートをとることができます。
③聞き取り・理解力（話を聞いても理解できない、指示内容が分からない）	④先生の言っていることや指示が分かります。 ④文章を読んで理解することができます。
④読み・書き（文章を読むのが苦手、漢字を正しく書けない）	⑤漢字や英単語を書くことが得意です。 ⑥黒板をノートに写すことができます。

表1「自分メーター」とアセスメントシートの対比表（「がくしゅう」の一部を抜粋）

3　尺度表「自分メーター」について

（１）目的

児童生徒の実態把握や、病気・障害の自己理解を客観的に行い、自立活動の充実を図ることを目的とした。また、「自分メーター」の結果や自立活動で成長した点等を前籍校等へ引き継ぐことで、個別の指導計画での活用、合理的配慮の提供を含む教育上の支援・配慮等につなげ、復学を円滑に進めることとした。

（２）活用の実際

「自分メーター」の活用は、原則として以下の手順（①アセスメント⇒②実践⇒③評価⇒④引継ぎ・応用）で行っている。

アセスメント：本分校へ転入後、１か月以内を目安に、本人と担任がそれぞれ「自分メーター」をチェックする。

↓

②実践：在籍中「自分メーター」から分かる課題をもとに、自立活動の目標を立てる。同時に課題を踏まえて、自立活動の時間に定期的に〈マイプラン面接〉（注２）を行う。その際には「自分メーター活用ブック」（注３）も活用する。

↓

③評価：転出前に、再び、本人と担任がそれぞれ「自分メーター」をチェックする。

↓

④引継ぎ・応用：復学支援会議において、有効だった支援を「指導に生かせる配慮事項」として引き継ぐ。

→ その他：保護者面談での活用、復学後の継続した活用、地域支援・学校コンサルテーションでの活用等を行った。

図１「自分メーター」の活用の手順

（注２）「マイプラン面接」：４にて後述　（注３）「自分メーター活用ブック」：５にて後述

また、活用に当たっては、次の３点に留意している。

ア　「自分メーター」に取り組むことが難しい児童生徒には、無理に活用しない。
イ　点数は、個人内評価で行い、統一の指標を設けない。
ウ　転入後、転出前だけでなく、必要に応じて活用する。

（3）「自分メーター」の記入方法

「自分メーター」は書式を表2、表3に示すが、チェック欄については5段階とし、「児童生徒が達成できていないと考える」場合には1、「達成できていると考える」場合には5となるよう設定した。記入の仕方は、項目及び児童生徒の実態が様々であることを考慮し、チェック欄の上に3種類の文言と表情のイラストを付記した。

表2　尺度表「自分メーター」（1）

伊奈分校《いなぶんこう》　自分《じぶん》メーター

記入日《きにゅうび》 平成《へいせい》　　年《ねん》　　月《がつ》　　日《にち》

学部《がくぶ》　　年《ねん》　名前《なまえ》

○この尺度表《しゃくどひょう》は、みなさんの得意《とくい》なことや苦手《にがて》なことを知《し》り、これからの学校生活《がっこうせいかつ》でどんな力《ちから》を付《つ》けたらいいか、またどんな力《ちから》が付《つ》いているかを一緒《いっしょ》に考《かんが》えるものです。気軽《きがる》に今《いま》の自分《じぶん》について、答《こた》えてみましょう。

○付《つ》け方《かた》・・・5段階評価《だんかいひょうか》で、1が一番低《いちばんひく》く、3が普通《ふつう》、5が一番良《いちばんよ》い評価《ひょうか》です。

例《れい》　1ー全《まった》くそう思《おも》わない　2ーそう思《おも》わない　3ー半分《はんぶん》くらいは思《おも》う　4ーまあまあ思《おも》う　5ーそう思《おも》う

1ーできない　2ーできないことが多《おお》い　3ー半分《はんぶん》くらいはできる　4ーまあまあできる　5ーできる

1ーいつもある　2ーあることが多《おお》い　3ーある時《とき》とない時《とき》がある　4ーたまにはある　5ー全然《ぜんぜん》ない

1ー　　2ー　　3ー　　4ー　　5ー

1 こころ	①不安《ふあん》や悩《なや》みはありません。	1 ー 2 ー 3 ー 4 ー 5
	②自分《じぶん》の気持《きも》ちをコントロールできます。（イライラしても気持《きも》ちをおさえられます。）	1 ー 2 ー 3 ー 4 ー 5
	③気《き》になることがあっても、気持《きも》ちを切《き》りかえてやるべきことができます。	1 ー 2 ー 3 ー 4 ー 5
	④がんばろうと思《おも》う意欲《いよく》や元気《げんき》があります。	1 ー 2 ー 3 ー 4 ー 5
	⑤自分《じぶん》の気持《きも》ちや、自分《じぶん》の今《いま》の状態《じょうたい》をわかっています。	1 ー 2 ー 3 ー 4 ー 5
	⑥自分《じぶん》の気持《きも》ちを言葉《ことば》や文《ぶん》で伝《つた》えられます。	1 ー 2 ー 3 ー 4 ー 5
	⑦自分《じぶん》の気持《きも》ちは穏《おだ》やかです。	1 ー 2 ー 3 ー 4 ー 5
	⑧少《すこ》しのことでテンションが上《あ》がったり、下《さ》がったりすることはありません。	1 ー 2 ー 3 ー 4 ー 5
	⑨自分《じぶん》のことを大切《たいせつ》に思《おも》います。または、自信《じしん》を持《も》てることがあります。	1 ー 2 ー 3 ー 4 ー 5
	⑩他《ほか》の人《ひと》のことを大切《たいせつ》に思《おも》います。	1 ー 2 ー 3 ー 4 ー 5
合　計		点《てん》

2 しゃかい	①集団《しゅうだん》の中《なか》で活動《かつどう》できます。	1 ー 2 ー 3 ー 4 ー 5
	②社会《しゃかい》や学校《がっこう》のルール、ゲームのルールなどを守《まも》れます。	1 ー 2 ー 3 ー 4 ー 5
	③人《ひと》（例《たと》えば友《とも》だちや先生《せんせい》）と話《はな》すことが好《す》きです。	1 ー 2 ー 3 ー 4 ー 5
	④友《とも》だちとけんかや言《い》い合《あ》いをしません。	1 ー 2 ー 3 ー 4 ー 5
	⑤家族《かぞく》（施設《しせつ》の職員《しょくいん》さん）との関係《かんけい》は良《よ》いです。	1 ー 2 ー 3 ー 4 ー 5
	⑥学校《がっこう》の先生《せんせい》を頼《たよ》ることができます。	1 ー 2 ー 3 ー 4 ー 5
	⑦異性《いせい》の友達《ともだち》（男子《だんし》は女子《じょし》、女子《じょし》は男子《だんし》）とルールを守《まも》って仲良《なかよ》くできます。	1 ー 2 ー 3 ー 4 ー 5
	⑧信用《しんよう》できる友達《ともだち》や先生《せんせい》がいます。	1 ー 2 ー 3 ー 4 ー 5
	⑨困《こま》ったときは相談《そうだん》できる人《ひと》がいます。（それはだれですか？　　　　）	1 ー 2 ー 3 ー 4 ー 5
	⑩表情《ひょうじょう》や態度《たいど》を見《み》て、相手《あいて》の気持《きも》ちがわかります。	1 ー 2 ー 3 ー 4 ー 5
合　計		点《てん》

3 がくしゅう	①自分《じぶん》で計画的《けいかくてき》に学習《がくしゅう》できます。	1 ー 2 ー 3 ー 4 ー 5
	②先生《せんせい》の話《はなし》を聞《き》きながら、ノートを取《と》ることができます。	1 ー 2 ー 3 ー 4 ー 5
	③先生《せんせい》の言《い》っていることや指示《しじ》がわかります。	1 ー 2 ー 3 ー 4 ー 5
	④文章《ぶんしょう》を読《よ》んで、理解《りかい》することができます。	1 ー 2 ー 3 ー 4 ー 5
	⑤漢字《かんじ》や英単語《えいたんご》を書《か》くことが得意《とくい》です。	1 ー 2 ー 3 ー 4 ー 5
	⑥黒板《こくばん》をノートに写《うつ》すことができます。	1 ー 2 ー 3 ー 4 ー 5
	⑦記憶力《きおくりょく》がいいです。	1 ー 2 ー 3 ー 4 ー 5
	⑧集中力《しゅうちゅうりょく》があります。	1 ー 2 ー 3 ー 4 ー 5
	⑨苦手《にがて》な教科《きょうか》でもがんばろうと思《おも》っています。	1 ー 2 ー 3 ー 4 ー 5
	⑩いろいろなことに挑戦《ちょうせん》しています。（身《み》の回《まわ》りのこと、料理《りょうり》、公共《こうきょう》の交通機関《こうつうきかん》での外出《がいしゅつ》など）	1 ー 2 ー 3 ー 4 ー 5
合　計		点《てん》

表2　尺度表「自分メーター」（2）

4からだ	①健康《けんこう》です。	1 — 2 — 3 — 4 — 5
	②手先《てさき》が器用《きよう》です。	1 — 2 — 3 — 4 — 5
	③体力《たいりょく》には自信《じしん》があります。	1 — 2 — 3 — 4 — 5
	④テキパキと行動《こうどう》できます。	1 — 2 — 3 — 4 — 5
	⑤運動《うんどう》が好《す》きです。	1 — 2 — 3 — 4 — 5
	⑥必要《ひつよう》な時《とき》には、じっとしていたり、待《ま》つことができます。	1 — 2 — 3 — 4 — 5
	⑦匂《にお》いが気《き》になって、困《こま》ったりつらくなったりすることはありません。	1 — 2 — 3 — 4 — 5
	⑧音《おと》や声《こえ》が気《き》になって、困ったりつらくなったりすることはありません。	1 — 2 — 3 — 4 — 5
	⑨光《ひかり》（明《あか》るさやまぶしさ）が気《き》になって、困ったりつらくなったりすることはありません。	1 — 2 — 3 — 4 — 5
	⑩物《もの》や服《ふく》の感触《かんしょく》が気《き》になって、困ったりつらくなったりすることはありません。	1 — 2 — 3 — 4 — 5
合　計		点《てん》

5せいかつ	①学校《がっこう》の連絡《れんらく》や、人《ひと》の話《はなし》をきちんと聞《き》くことができます。	1 — 2 — 3 — 4 — 5
	②見通《みとお》しを持《も》って計画的《けいかくてき》に行動《こうどう》できます。（何《なに》をしたらいいのかわかります。）	1 — 2 — 3 — 4 — 5
	③予定《よてい》が変更《へんこう》されても平気《へいき》です。	1 — 2 — 3 — 4 — 5
	④忘《わす》れ物《もの》はしません。	1 — 2 — 3 — 4 — 5
	⑤物《もの》をなくすことはありません。	1 — 2 — 3 — 4 — 5
	⑥整理《せいり》整頓《せいとん》ができます。	1 — 2 — 3 — 4 — 5
	⑦学校《がっこう》に行《い》くことができます。	1 — 2 — 3 — 4 — 5
	⑧教室《きょうしつ》に入《はい》ることができます。	1 — 2 — 3 — 4 — 5
	⑨学校《がっこう》（相談室《そうだんしつ》や保健室《ほけんしつ》）に居場所《いばしょ》があります。	1 — 2 — 3 — 4 — 5
	⑩家《いえ》に自分《じぶん》にとって安心《あんしん》できる場所《ばしょ》があります。	1 — 2 — 3 — 4 — 5
合　計		点《てん》

6身《み》のまわり	①朝《あさ》、きちんと起《お》きることができます。	1 — 2 — 3 — 4 — 5
	②睡眠《すいみん》をきちんととっています。	1 — 2 — 3 — 4 — 5
	③食事《しょくじ》は三食《さんしょく》とっています。	1 — 2 — 3 — 4 — 5
	④食《た》べ物《もの》の好《す》き嫌《きら》いはありません。（アレルギーは除《のぞ》く）	1 — 2 — 3 — 4 — 5
	⑤自分《じぶん》の体調《たいちょう》や病状《びょうじょう》をわかっています。	1 — 2 — 3 — 4 — 5
	⑥薬《くすり》を自分《じぶん》で管理《かんり》できます。（必要《ひつよう》な時《とき》に飲《の》むことができます。）	1 — 2 — 3 — 4 — 5
	⑦季節《きせつ》や目的《もくてき》に合《あ》った持《も》ち物《もの》の準備《じゅんび》や服装《ふくそう》ができます。	1 — 2 — 3 — 4 — 5
	⑧身《み》だしなみ（洗顔《せんがん》・歯磨《はみが》き・入浴《にゅうよく》・洗髪《せんぱつ》など）に気《き》を付《つ》けられます。	1 — 2 — 3 — 4 — 5
	⑨気持《きも》ちの支《ささ》えになる存在《そんざい》やものがあります。	1 — 2 — 3 — 4 — 5
	⑩自分《じぶん》なりのストレス対処法《たいしょほう》があります。	1 — 2 — 3 — 4 — 5
合　計		点《てん》

合計《ごうけい》	1　こころ	点《てん》
	2　しゃかい	点《てん》
	3　がくしゅう	点《てん》
	4　からだ	点《てん》
	5　せいかつ	点《てん》
	6　身《み》のまわり	点《てん》

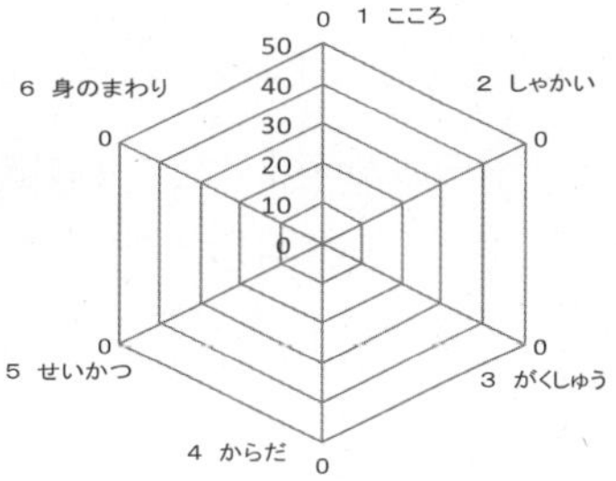

また表の下にはカテゴリーごとにチェックの合計数を記入する表を設け、さらにその合計数をレーダーチャートに記入できるようにすることで視覚的に提示できるようにした。

（4）活用事例

右の図は、転換性解離性障害の中学３年Ａさんのレーダーチャートである。

中学１年の時のいじめにより、頭痛、吐き気、意識消失、過呼吸発作等が起こった。学校を休みたくても、両親に調査書に響くと言われ、無理に登校していた。

次第に、幻聴、幻視、歩行困難等が起こるようになり、入院となった。

入院当初は、図２に示すように不安が強く、不安定な状態だったものの、本人は、「がくしゅう」「せいかつ」については、高く評価している。しかし、担任の評価とは乖離している。

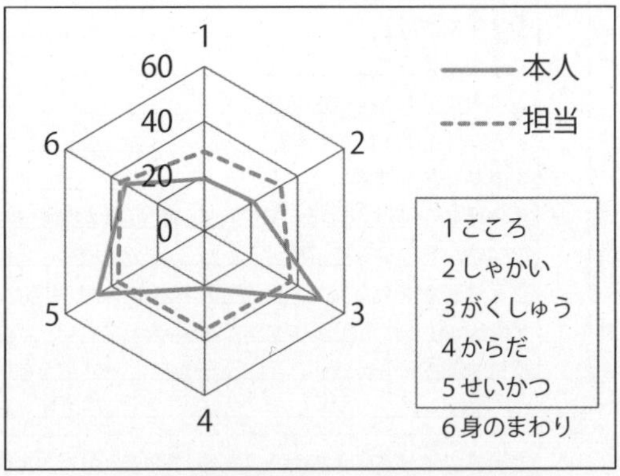
1
60
40
20
0
2
3
4
5
6
本人
担当
1こころ
2しゃかい
3がくしゅう
4からだ
5せいかつ
6身のまわり
図２　転入当初のレーダーチャート

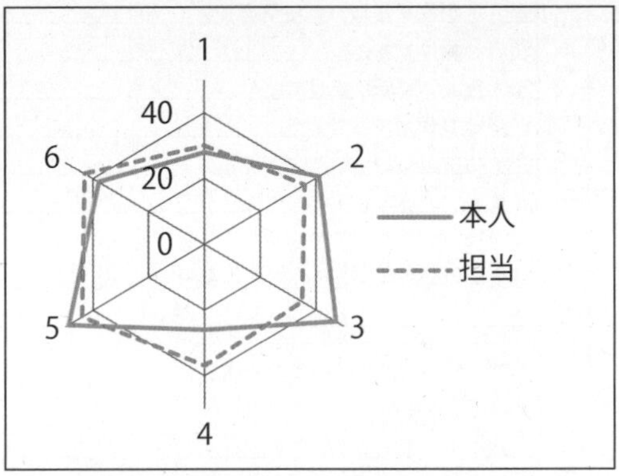
1
40
20
0
2
3
4
5
6
本人
担当
図３　転出時のレーダーチャート

転出時は、図３に示すように全体的に評価が上がり、担任の評価とも近付いた。両親からの期待で、頑なに「できる」と言っていた「がくしゅう」については、「本当は苦手なこともある」と言えるようになった。数値は下がっているが、自己理解が進み、同時に言語化ができるようになり、気持ちが安定していった。このように、数値が下がった場合も「自己理解」が進んだと評価できるケースもあることが分かった。

この事例は、アセスメントシートにて実態把握をした場合でも、レーダーチャートと同様、「心理」の教育的ニーズが高くなっている。

4　面談における活用（マイプラン面接の効果）

「マイプラン面接」は、一週間に一度を目安に行っている定期的な面談である。自立活動の時間を利用し、担任と一対一で行っている。面談では、それぞれの課題について、「自分メーター」及び「自分メーター活用ブック」を参考にし、目標設定や振り返りをしながら、復学に向けて必要な力を育てている。面談を行うことにより、次のような効果が見られている。

ア　担任との信頼関係が育ち、安心できる環境の中で、学校生活が送れるようになる。

イ　自分のための時間が保障されていることで、自分が大切な存在であることに気付くことができる。

ウ　自分の感情を言語化できるようになり、感情のコントロールができるようになる。併せて、面談を「マイプラン面接記録用紙」（図４）に１か月単位で記録することにより、目標や振り返り、自分の課題や努力、身に付けたスキルなどが視覚化でき、復学後の参考にもなる貴重な資料となっている。

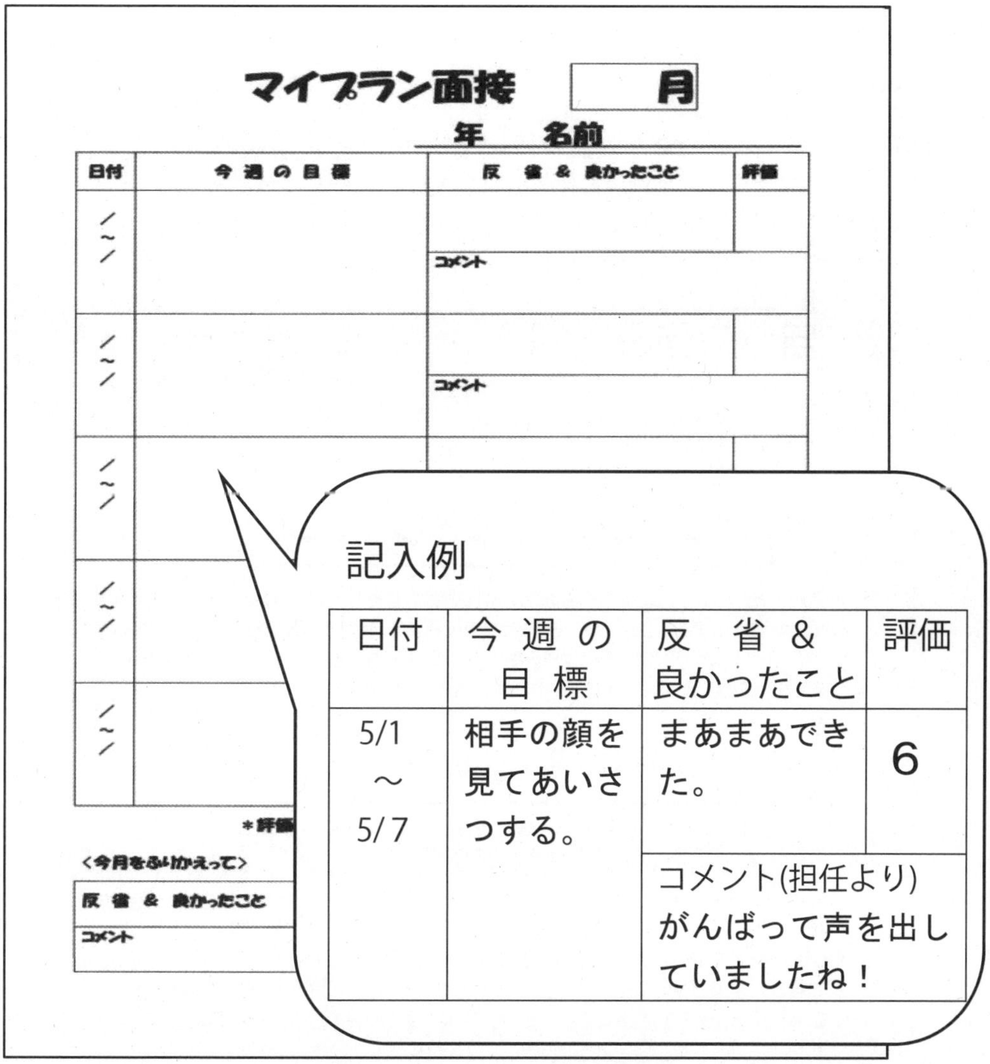

日付	今週の目標	反省＆良かったこと	評価
5/1 〜 5/7	相手の顔を見てあいさつする。	まあまあできた。	6
		コメント(担任より) がんばって声を出していましたね！	

図４　マイプラン面接記録用紙

5 「自分メーター活用ブック」について

「自分メーター」を児童生徒自身も意識し、自主的に活用できるよう「児童生徒向けアドバイスブック」として、「自分メーター活用ブック」を作成した。

（1）内容

① 自分のレーダーチャート～転入時のレーダーチャートの記入欄

転入時に児童生徒に担任が取り組んだ「自分メーター」のレーダーチャートに記入できる欄を設けている。

2 自分《じぶん》の強《つよ》みを知ろう！ あなたのタイプは？

①「こころ」の数値《すうち》が高《たか》い人は？

アナウンサータイプ

アナウンサーのように、いつも笑顔を絶やさずおだやかです。どんなときでも、冷静に自分をコントロールすることができ、周りにも気を配れます。また、自分の気持ちを言葉にして伝えることがじょうずです。そんな強みを生かして、様々なことにチャレンジしたり、周りの人を盛り上げたり、自分にも人にもパワーを与えましょう！

②「しゃかい」の数値《すうち》が高《たか》い人は？

カリスマ店員タイプ

カリスマ店員のように、人と関わることが好きで、どんな人とでもじょうずにコミュニケーションがとれます。相手の表情を見て、気持ちをキャッチし、相手をいい気分にさせることができます。自分が困ったときは、先生や友だちを頼ることもできます。そんな強みを生かして、リーダーシップを発揮し、人との出会いや関わりを楽しんで人生を豊かに生きましょう！

③「がくしゅう」の数値《すうち》が高《たか》い人は？

博士タイプ

博士のように、物事を追及して、新しいことを身に付けたり、発見することが得意です。あなたは、こつこつと努力して、好きな勉強だけでなく、苦手なことにもチャレンジできます。ノートの取り方や、何かを覚えるときも自分なりに工夫していますね。そんな強みを生かして、様々なことに挑戦し、知識を深めて、未来への可能性を広げましょう。

図5 （「自分メーター活用ブック」より）

② **あなたのタイプは？（自分の強みを知ろう）**

レーダーチャートの「こころ」の数値が高い人は「アナウンサータイプ」というように、カテゴリーごとに数値が高い人をタイプ別に分類し、児童生徒が「自分の強み」を自覚できるよう構成している。「特徴」「強み」「将来に向けたアドバイス」という構成になっている。以下にカテゴリーごとのタイプを示す。

・「こころ」→アナウンサータイプ
・「しゃかい」→カリスマ店員タイプ
・「がくしゅう」→博士タイプ
・「からだ」→インストラクタータイプ
・「せいかつ」→パイロットタイプ
・「身のまわり」→秘書タイプ

図３には、「自分メーター活用ブック」に記載さているタイプ別のページ（自分の強みを知ろう！あなたのタイプは？）の一部を示した。

③ **先生のグラフと比べてみよう**

教員と児童生徒のレーダーチャートを比較することによりアドバイスを行う。

④ **苦手対策～６つのカテゴリー、それぞれの苦手対策にチャレンジしよう。**

カテゴリーごとに、児童生徒向けアドバイスを作成する。初期、中期、後期の段階別に設定し、チェックできるようになっている。最後は、力の抜けるアドバイスや、自由記述欄、メモ欄も設けている。

⑤ **復学に向けて～転出時のレーダーチャート記入欄**

本分校で取り組んだ結果が分かるようになっている。点数が上がることだけではなく、自分をしっかりと理解できることも大事であると示すことができる。また、教員のレーダーチャートも含めて、取り組んだ成果を今後の学校生活で役立てることができるように構成している。

⑥ **まとめ（振り返り）**

取組を具体的に振り返ることができるよう、以下の項目で構成している。

・タイプは変わりましたか？
・自信が付いたこと、がんばったことは何ですか？
・自分の苦手なこと対策はできましたか？
・これからの目標を書きましょう。
・その他、自由に書きましょう。

（２）Co-MaMe の支援方法との関連

５（１）④の「苦手対策」は、主に本分校の取組を児童生徒向けにまとめたものだが、表４のようにＣｏ-ＭａＭｅの「受容期」「試行期」「安定期」とも関連付け、相互利用や支援時期の確認ができるようにした。

表４　苦手対策：「こころ」の例（「自分メーター活用ブック」より）

①「こころ」の数値をアップさせるには？

第１ステップ　気持ちを話す、共感・理解をしてもらう
第２ステップ　相談できるようになる
第３ステップ　対処方法を考える

> Co-MaMeの
> 受容期～試行期～安定期
> と対応

□先生と面談しましょう。
□自分がどんな気持ちか考えてみましょう。
□自分の気持ちを言葉にしてみましょう。（よいことでも悪いことでもＯＫ！）
□自分のよかった行動をふりかえりましょう。
□自分の悪かった行動もふりかえりましょう。
□クールダウンや気持ちを切りかえる方法を相談しましょう。

□約束やルールをあらかじめ確認しましょう。
□心配なとき、不安なとき、困ったときは相談しましょう。
□今、できることを考えてリストにしてみましょう。
□これから、やりたいことや、今できないこともリストにしてみましょう。
□無理をしすぎていないか、考えてみましょう。
□自分のちょうどいいテンションを考えてみましょう。

□イライラしたとき、キレてしまいそうなときの作戦を立てましょう。
□もうちょっとだけがんばれることにトライしてみましょう。
□自分の「強み」を意識しましょう。
□心が落ち着くアイテムをあげてみましょう。
◇笑いましょう。

6　尺度表「自分メーター」の効果

このような取組から「自分メーター」の効果は以下のようなものだと考えられる。

ア　自分の強みや苦手さを知り、自己理解を深めることができる。
イ　自分自身について、人に伝え、一緒に考えるツールとなる。
ウ　気持ちの「言語化」「外在化」の力が育ち、感情のコントロールや援助希求ができるようになる。
エ　成果が視覚的に提示できる。（自己理解が深まることで数値が下がる場合もある。）
オ　復学や転出、進学先へ、自立活動を含む指導計画の作成の参考や「合理的配慮」を含む支援・配慮等の有効な引き継ぎができる。

＊「自分メーター」「自分メーター活用ブック」は、本校ＨＰ（以下のＵＲＬ）よりダウンロードできます。
https://keyaki-sh.spec.ed.jp/page_20191126012753（令和５年４月確認）

輪になって支える支援をめざして
―「わになるシート」の取組―

大阪府立刀根山支援学校

1　「笑顔を取り戻す」ための分教室　〈大阪精神医療センター分教室〉

大阪府立刀根山支援学校は、大阪府北部の病弱教育を担う学校である。（図１）

大阪府の精神医療を支える基幹病院「大阪精神医療センター」に併設された本分教室には、入院している小・中学生合わせて年間延べ70名以上の在籍がある。児童生徒は、発達障がい・適応障がい・不安障がい等の精神病圏の病気に加え、不登校も多く、小学生の半数は子供家庭センターの判断による措置入院である。そのため、医師や看護師を始めとした医療福祉の多職種によるチーム医療と連動した教育実践が求められている。また、退院後を見据えて、地域校や福祉機関と連携し、児童生徒が地域で生活できるように指導・支援を行っている。図２の分教室歌の歌詞の通り、「笑顔を取り戻す」ため、教科学習に加え、体育祭や学習発表会、修学旅行などの学校行事や、児童生徒会活動やクラブ活動など、分教室教員18名の総力を結集した教育活動を展開している。

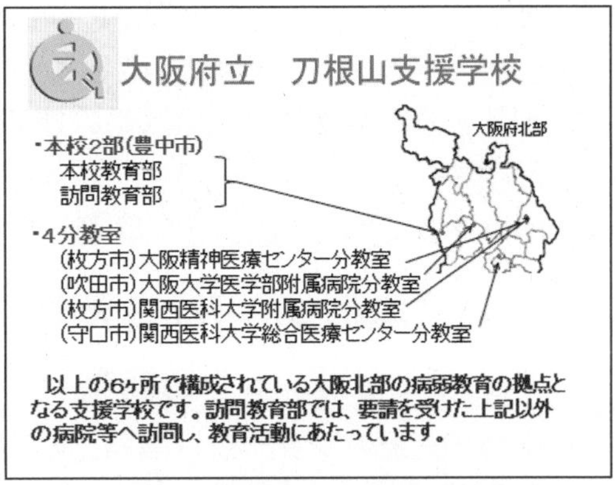
大阪府立　刀根山支援学校
大阪府北部
・本校2部(豊中市)
本校教育部
訪問教育部
・4分教室
(枚方市)大阪精神医療センター分教室
(吹田市)大阪大学医学部附属病院分教室
(枚方市)関西医科大学附属病院分教室
(守口市)関西医科大学総合医療センター分教室
以上の6ヶ所で構成されている大阪北部の病弱教育の拠点となる支援学校です。訪問教育部では、要請を受けた上記以外の病院等へ訪問し、教育活動にあたっています。

図１　刀根山支援学校の構成

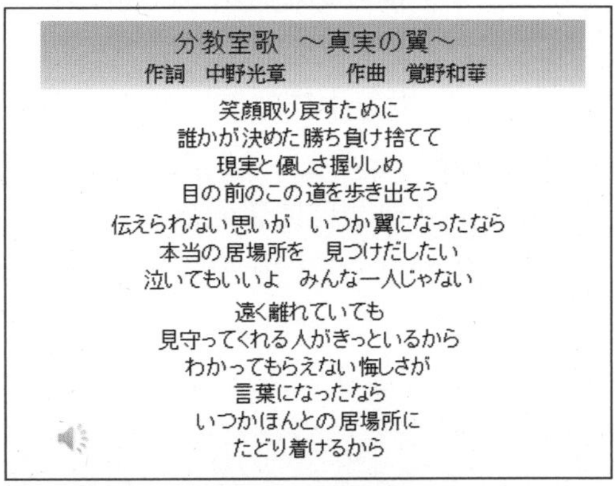
分教室歌　～真実の翼～
作詞　中野光章　　作曲　覚野和華
笑顔取り戻すために
誰かが決めた勝ち負け捨てて
現実と優しさ握りしめ
目の前のこの道を歩き出そう
伝えられない思いが　いつか翼になったなら
本当の居場所を　見つけだしたい
泣いてもいいよ　みんな一人じゃない
遠く離れていても
見守ってくれる人がきっといるから
わかってもらえない悔しさが
言葉になったなら
いつかほんとの居場所に
たどり着けるから

図２　分教室歌

2　Co-MaMeがつなげた全国の病弱支援学校の輪

本分教室は、国立特別支援教育総合研究所（以下、「特総研」）の基幹研究「精神疾患及び心身症のある児童生徒の教育的支援・配慮に関する研究」の研究協力校として平成29年度～30年度に参加した。同様に研究に参加してきた阪南病院分教室（大阪府立羽曳野支援学校）とは、この研究をきっかけに平成29年度より教員がお互いの分教室を訪問し、分教室見学を行う等の交流を始め、病弱教育の現状や課題について活発な意見交換を行った。

また、特総研の今回の研究成果であるCo-MaMeを通して、埼玉県立けやき特別支援学校伊奈分校が「自分メーター」という尺度表を開発し、実践研究を行っていることを知った。それは、児童生徒と教員による面談等を通して、児童生徒自身が自分の課題等に気付き、自立活動等での実践につなげる取組だった。そこで、本分教室でも「自分メーター」を活用した取組ができないか検討するため、伊奈分校の見学や伊奈分校の特別支援教育コーディネーターの中里早苗先生に来校いただき教職員研修を行った。その結果、本分教室での課題となっていた児童生徒の教育的ニーズの把握方法や、伊奈分校の全教員で実践し協議を重ねる研究スタイルに感銘を受け、平成30年9月より、次の内容について阪南病院分教室と合同研究するに至った。

▶「自分メーター」を軸にした大阪府版尺度表の開発

▶担任面談・養護教諭相談活動の技法の開発、個別の教育支援計画と「大阪府版尺度表」とのリンク

▶自立活動での「大阪府版尺度表」の活用

3 「わになるシート」(大阪府版尺度表)

(1)「わになるシート」の開発

大阪精神医療センター及び阪南病院の両分教室において、「自分メーター」を実際に児童生徒との担任面談で使用してみることから始めた。

その結果、児童生徒の集中力を考慮し、項目数を減らしたり、児童生徒にとって分かりやすい表現に変えたりすることで、より分かりやすい尺度表になると考え、検討を行った。(図3)

そして、担任が児童生徒と尺度表を活用して面談を行うことで、多くのメリットがあることに気付くことができた。(図4)

次に、この尺度表は、児童生徒や担任が記入するだけでなく、保護者や前籍校の教員にも記入してもらうことで、児童生徒の理解や成長の把握につなげられるのではないかと考えた。まさに、支援者が児童生徒を中心に「輪になって」支えることをイメージした。そして、平成31年2月に「わになるシート」と命名し完成させた。(表1)

『自分メーター』を使った面談

●「自分メーター」を使って、
担任による小・中学生の面談を開始
≪大阪精神医療センター分教室≫
小学生21名、中学生23名に実施
≪阪南病院分教室≫
小学生　2名、中学生　8名に実施

⇒項目数を減らす
⇒児童生徒にとって、わかりやすい表現
計6回の改良を重ねた。 ⇒『わになるシート』の開発

図3　尺度表の改変

そして・・・『輪になる』への気づき

●子どもとの面談でいいこと
・日常では話題にしにくいことでも話せる。
・話をするきっかけになる。
・思いもよらなかったことを子どもから話すことがある。
・子ども、教師ともに振り返る時間になる。

保護者や、地元校の先生にも、
聞いてみたい・・・

図4　尺度表のメリット

表1 「わになるシート」

わになるシート

わたし・ぼくの目標《もくひょう》

なまえ

←尺度表→

		項目	5	4	3	2	1	月 日 受容期 本人	担任	月 日 試行錯誤期 本人	担任	月 日 安定期 本人	担任	面談時の様子 備考
こころ	1	不安《ふあん》や悩《なや》みがあります。	まったくない	あまりない	どちらともいえない	少《すこ》しある	ある							
	2	自分《じぶん》の気持《きも》ちをコントロールすることができます。(イライラしても気持《きも》ちをおさえられます)	できる	少《すこ》しできる	どちらともいえない	あまりできない	できない							
	3	気《き》になることがあっても、気持《きも》ちを切《き》りかえてやるべきことができます。	できる	少《すこ》しできる	どちらともいえない	あまりできない	できない							
	4	がんばろうと思《おも》う気持《きも》ちがあります。	ある	少《すこ》しある	どちらともいえない	あまりない	ない							
	5	少《すこ》しのことでテンションが上《あ》がったり、下《さ》がったりすることはなく、落《お》ち着《つ》くことができます。	できる	少《すこ》しできる	どちらともいえない	あまりできない	できない							
	6	自分《じぶん》のことを大切《たいせつ》に思《おも》います。または、自信《じしん》を持《も》てることがあります。	ある	少《すこ》しある	どちらともいえない	あまりない	ない							
	7	他《ほか》の人《ひと》のことを大切《たいせつ》に思《おも》います。	そう思《おも》う	少《すこ》し思《おも》う	どちらともいえない	あまり思《おも》わない	思《おも》わない							
しゃかい	1	みんなといっしょに勉強《べんきょう》したり遊《あそ》んだりできます。	できる	少《すこ》しできる	どちらともいえない	あまりできない	できない							
	2	友《とも》だちとけんかや言《い》い合《あ》いをしません。	しない	少《すこ》ししない	どちらともいえない	少《すこ》しある	ある							
	3	異性《いせい》の友《とも》だち(男子《だんし》は女子《じょし》、女子《じょし》は男子《だんし》)とルールを守《まも》って仲良《なかよ》くできます。	できる	少《すこ》しできる	どちらともいえない	あまりできない	できない							
	4	困《こま》ったときに話《はな》せる友《とも》だちがいます。	いる	少《すこ》しいる	どちらともいえない	あまりいない	いない							
	5	困《こま》ったときに話《はな》せる先生《せんせい》がいます。	いる	少《すこ》しいる	どちらともいえない	あまりいない	いない							
	6	表情《ひょうじょう》や態度《たいど》を見《み》て、相手《あいて》の気持《きも》ちがわかります。	わかる	少《すこ》しわかる	どちらともいえない	あまりわからない	わからない							
がくしゅう	1	先生《せんせい》の言《い》っていることや指示《しじ》がわかります。	わかる	少《すこ》しわかる	どちらともいえない	あまりわからない	わからない							
	2	黒板《こくばん》をノートに写《うつ》すことができます。	できる	少《すこ》しできる	どちらともいえない	あまりできない	できない							
	3	授業《じゅぎょう》を、45分間《ふんかん》、座《すわ》って受《う》けることができます。	できる	少《すこ》しできる	どちらともいえない	あまりできない	できない							
	4	苦手《にがて》な教科《きょうか》でもがんばろうと思《おも》っています。	そう思《おも》う	少《すこ》し思《おも》う	どちらともいえない	あまり思《おも》わない	思《おも》わない							
からだ	1	手先《てさき》が器用《きよう》です。	そう思《おも》う	少《すこ》し思《おも》う	どちらともいえない	あまり思《おも》わない	思《おも》わない							
	2	テキパキと行動《こうどう》できます。	できる	少《すこ》しできる	どちらともいえない	あまりできない	できない							
	3	運動《うんどう》が好《す》きです。	好《す》き	少《すこ》し好《す》き	どちらともいえない	少《すこ》し嫌《きら》い	嫌《きら》い							
	4	匂《にお》いが気《き》になって、困《こま》ったりつらくなったりすることがあります。	ない	あまりない	どちらともいえない	少《すこ》しある	ある							
	5	音《おと》や声《こえ》が気《き》になって、困《こま》ったりつらくなったりすることがあります。	ない	あまりない	どちらともいえない	少《すこ》しある	ある							
	6	光《ひかり》(明《あか》るさやまぶしさ)が気《き》になって、困《こま》ったりつらくなったりすることがあります。	ない	あまりない	どちらともいえない	少《すこ》しある	ある							
	7	物《もの》や服《ふく》の感触《かんしょく》が気《き》になって、困《こま》ったりつらくなったりすることがあります。	ない	あまりない	どちらともいえない	少《すこ》しある	ある							
せいかつ	1	学校《がっこう》の連絡《れんらく》や、人《ひと》の話《はなし》を聞《き》くことができます。	できる	少《すこ》しできる	どちらともいえない	あまりできない	できない							
	2	見通《みとお》しを持《も》って計画的《けいかくてき》に行動《こうどう》ができます。(何《なに》をしたらいいのかわかります)	できる	少《すこ》しできる	どちらともいえない	あまりできない	できない							
	3	予定《よてい》が変更《へんこう》されても平気《へいき》です。	平気《へいき》	少《すこ》し平気《へいき》	どちらともいえない	少《すこ》しいや	いや							
	4	忘《わす》れ物《もの》をしません。	しない	あまりしない	どちらともいえない	少《すこ》しする	する							
	5	物《もの》をなくすことはありません。	ない	あまりない	どちらともいえない	少《すこ》しする	する							
	6	片付《かたづ》けができます。	できる	少《すこ》しできる	どちらともいえない	あまりできない	できない							
	7	学校《がっこう》の相談室《そうだんしつ》や保健室《ほけんしつ》をつかうことができます。	できる	少《すこ》しできる	どちらともいえない	あまりできない	できない							
	8	家《いえ》には自分《じぶん》にとっての安心《あんしん》できる場所《ばしょ》があります。	ある	少《すこ》しある	どちらともいえない	あまりない	ない							
みのまわり	1	朝《あさ》、学校《がっこう》に間《ま》に合《あ》うように起《お》きることができます。	できる	少《すこ》しできる	どちらともいえない	あまりできない	できない							
	2	睡眠《すいみん》をとっています。	とっている	少《すこ》しとっている	どちらともいえない	[illegible]	とれていない							
	3	食事《しょくじ》は三食《さんしょく》とっています。	とっている	少《すこ》しとっている	どちらともいえない	[illegible]	とれていない							
	4	身《み》だしなみ(洗顔《せんがん》・歯《は》みがき・入浴《にゅうよく》・洗髪《せんぱつ》など)に気《き》をつけられます。	できる	少《すこ》しできる	どちらともいえない	あまりできない	できない							
	5	気持《きも》ちの支《ささ》えになる存在《そんざい》や物《もの》があります。(　　　　　　　)	ある	少《すこ》しある	どちらともいえない	あまりない	ない							

（2）「わになるシート」の取り扱い方法（注意点）

「わになるシート」（Wシート）は6カテゴリー、37のサブカテゴリーから構成されている。Co-MaMeに裏付けされた項目構成であり、自立活動の観点に共通する内容である。そのため、個別の教育支援計画や指導計画の目標設定に役立つ。回答はそれぞれ5段階の尺度になっている。本分教室でのWシートを使った面談の方法や活用の注意点は、次の通りである。

「わになるシート」取り扱い方法（注意点）

- 児童生徒と担任で面談を実施するときに使用。
- 5段階で数字を付けるが、その数字を付けた理由を、児童生徒に質問しながら行う。数字を付けることが主目的ではなく、あくまでも児童生徒との関係づくりや児童生徒の言葉を引き出すことを大切にしている。そのため備考欄があり、その時の発言や様子を記録できるようにした。
- 教員の付けた評価は、児童生徒の状況に合わせて、開示の有無を判断する。
- 分教室に通学開始後1か月を目処に実施。2回目以降は、児童生徒には前回の自己評価（数字）を見せずに実施している。入院期間にもよるが、学期に1回程度を目安に児童生徒の変化（成長）を見据えて実施し、分教室での目標（個別の教育支援計画）を設定していく。
- 質問内容を読んで理解できない児童生徒には、担任が横に付き添い、分かりやすい言葉に変えたり、項目数が多く集中力が続かない児童には、何回かに分けたり工夫をしている。
- 担任が回答するセルに色が付いている項目は、児童生徒の様子をみて、分からなければ無理に数字を付ける必要はない。

Wシートを使用した面談により、児童生徒の課題が分かるだけではなく、児童生徒のストレングス（強み）も見付け出すことができる。児童生徒本人が気づけていない課題やストレングスを教員が伝えることも重要なことである。また、教員がチームで児童生徒の指導支援をするために、Wシートで得られた情報は会議等で他の教員と共有している。

数例ではあるが、地域校の教員や保護者の面談時にWシートを使用し、数字を付けてもらい、分教室でのアセスメントの参考にした。入院前と退院前の変化を示し、児童生徒の変化や成長を伝えていけるツールとしていきたい。

（3）「わになるシート」の活用数（令和元年度）

本分教室では、令和元年度より在籍児童生徒を対象にWシートを用いた担任面談を実施してきた。活用実績は表2の通りである。中学生だけでなく、小学校低学年の児童についても工夫しながら面談を実施してきた。

表２　令和元年度　『わになるシート』活用数（小学部 25 名、中学部 18 名）

学年	小１	小２	小３	小４	小５	小６	中１	中２	中３
対象	2	2	4	8	6	3	2	6	10

（４）『わになるシート』を通じての事例

本分教室で実施したWシートの実践例を次の通り紹介する。

事例①　「みんなと一緒に遊べます。」に「5」を付けた中３女子

分教室には短時間登校で、他生徒と関わる様子がないため、担任はこの項目に「3」を付けた。担任はその差異が気になり生徒に聞くと、「他の生徒と関わるってめんどくさいじゃないですか。」と返答。担任は戸惑ったが、生徒は家庭での人間関係などたくさん話をしてくれた。その後、他の生徒から声をかけられたときに受け答えする様子が見られるようになり、徐々に笑顔をみせ、面談では「分教室が一番楽しい。」と話すようになった。

児童生徒は、少しでもよく見せようと「5」を付けることがある。Wシートを通して児童生徒は等身大の自分に気付き受け入れていく。そのためには、教員による日々の観察や関わりが重要である。

事例②　「俺、変わったで。がんばってるで。」と話せた小４男子

入院期間が１年の児童。転入当初は、自分の言いたいことをなかなか言語化できず、腹が立つと暴れていた。そのため、半年の間、Wシートを使った面談は実施できなかった。少しずつ、クールダウンの方法を理解し振り返りができるようになり、Wシートを使った面談を行った。すると、「こころ」や「しゃかい」の項目に「1」を付けて、「俺、ちゃんとできていないわ。」と話した。一緒にがんばろうと担任が励まし、他の教員も協力して日々の対応支援を続け、他児と遊べることが増えた。そして、腹が立ったことや、困ったことを言語化できるようになった。そして、退院前に実施したWシートには、以前の面談で低く付けた項目に、「5」や「4」を付け、「俺、変わったで。がんばってるで。」と話し、自信を取り戻すことができた。

Wシートの項目にすべて「1」を付ける児童生徒がいる。「俺はいなくてもいいんや」と言う児童もいた。しかし、安心で安全な環境と、授業や休み時間等での教員との関わりを通じて、Wシートの尺度が向上することが多い。Wシートは、児童生徒が自分自身を表現するツールになっていることを実感している。

4　もっと輪を広げてみよう！　わにタイム（自立活動）や地域支援事業

（１）自立活動での活用　～すべての児童生徒・教員で輪になろう！～

令和元年度より、病棟での昼食後の 15 分間、「わにタイム」と称する自立活動を設定した。分教室前の小グランドを使った遊びと、分教室内での遊びに分かれて、小中学生合同で、ルールを守り、仲良く楽しく活動することを目標とした。Wシートから多くの児童生徒に共通する課題であるコミュニケーションスキル、運動能力、認知機能の向上と、何より児童生徒の笑顔を引き出すために全教員が参加し授業を行っている。

（2）地域支援事業　～地域の学校と輪になろう！～

平成 30 年度より、大阪府立刀根山支援学校地域支援事業の一環として、地域の学校関係者向けに「輪になって支えよう研修会」を次の通り開催してきた。

研修会の目的は、発達障がい・精神疾患・心身症のある子供への支援について、医療・教育の両面から先進的な取組を学び、機関連携、チーム支援の充実につなぐことである。大阪精神医療センターの協力のもと、医療や教育の専門家の講演に加え、Wシートの活用等についての発信も行った。両年度、定員をはるかに超える申し込みがあり、参加者からはWシートを活用したいとの声が多くあった。

≪輪になって支えよう研修会≫

平成 30 年 8 月 9 日　開催

●講演①　『診療室からみえる発達障がい児の現状と課題～親子との関わりを通して』
　講師　永井 利三郎先生（大阪大学名誉教授　桃山教育大学教授）

●講演②　『精神疾患及び心身症のある子供の教育 Now ！』
　講師　新平 鎮博先生（国立特別支援教育総合研究所　情報・支援部長 / 上席総括研究員）

●シンポジウム　「医療と教育の連携～病弱支援教育からの発信～」
　シンポジスト　永井　利三郎先生、新平　鎮博先生
　岡部　英子先生（大阪精神医療センターみどりの森棟　副看護師長）

令和元年 8 月 6 日　開催

●講演　『愛着障がいについて』
　講師　花房　昌美先生（大阪精神医療センター児童思春期診療部　部長）

●ワークショップ『教育的ニーズのアセスメント　～わになるシート活用術～』

＊共催　大阪精神医療センター　子供の心の診療ネットワーク事業
　大阪府立大学大学院看護学研究科　セクシュアリティ教育プロジェクト

5　最後に　～輪は、つながり、広がっていく～

Co-MaMe から始まった病弱支援教育の輪は、多くのつながりや広がりをみせている。目の前の児童生徒のために関わる多くの人の思いが源流であり、研究や実践の積み重ねが、より確かな教育活動になりうることを改めて実感している。そして、「わになるシート」は地域の小・中・支援学校等でさらに活用されようとしている。この輪を広げるとともに、研究を通じてつながった学校や関係者との実践交流を続けていきたい。

病弱教育の輪が
子どもの笑顔を取り戻し
未来につながる力になれるように
いっしょに、ねばり強く・・・

「個別の教育支援計画」を作成したり、複数の教職員の意見をまとめたりする上で活用した事例

宮崎県立赤江まつばら支援学校

1　学校の概要

本校は、宮崎県の中央部に位置する宮崎市に昭和 51 年４月に開校した県内唯一の特別支援学校（病弱）である。校名が示す通り、松林に囲まれた学校で、学校の東側には、ゴルフコースをはさんで日向灘が広がっており、豊かな自然に恵まれた環境に立地している。また、すぐ近くには、空の玄関である宮崎ブーゲンビリア空港や宮崎市内へつながる高速道路出口の宮崎インターチェンジがあり、県内外とのアクセスがよいことが特徴である。

令和元年度で創立 44 年目を迎えた本校は、幼稚部、小学部、中学部、高等部の４つの学部があり、長らく慢性疾患や身体虚弱の児童生徒の教育を担ってきた。その歴史の中で、隣接する独立行政法人国立病院機構宮崎東病院に入院し治療を行っている児童生徒の教育も行ってきた。平成 29 年４月に宮崎東病院に児童精神科病棟が開棟したことをきっかけに、入院・加療を必要とする精神疾患及び心身症の児童生徒についても本校に転入できる仕組みが整い、現在は本校に在籍する小学生の約５割、中学生の約６割が児童精神科に入院している児童生徒となっている。

児童精神科に入院している児童生徒は、転入や転出の時期が本人の状態や治療の経過等によって異なり、短期間であれば２か月程度、長い期間になれば１年以上の在籍となることがある。日々移り変わる児童生徒の心理的な状態を把握しつつ、全体的な指導や配慮などを検討したうえで個別の教育支援計画や個別の指導計画、自立活動の指導における個別の指導計画を作成し、指導を行っている。

2　Co-MaMe の活用事例

（１）自立活動の「個別の教育支援計画」を作成する流れの中で活用した事例

①　背景

本校では、児童精神科に入院して転入する児童生徒について、主治医や前籍校、保護者、本人からの聞き取り、指導要録、「個別の教育支援計画」、「個別の指導計画」などから初期段階の実態把握を行っている。その他、WISC- Ⅳ知能検査や KABC- Ⅱ心理教育アセスメントバッテリーなどのアセスメントを実施していない場合は、学校で検査をするケースもある。しかし、児童精神科に入院している児童生徒の情動は複雑でさらに日々変化するため、どのような状態にあるのか実態を把握することやどのように見通しをもって支援や配慮を行えばよいのか迷うことが多かった。そこで、児童生徒の実態を把握し、教師間で共通理解するツールとして Co-MaMe

を活用することにした。

特別支援学校小学部で令和２年度から新学習指導要領が実施されることを受け、今年度は、校内研究で「新学習指導要領を踏まえた学校づくり、授業づくり」をテーマに研修を行ってきた。児童精神科に入院している児童生徒の課題解決の場は自立活動の時間が中心になることから、新学習指導要領に基づいた自立活動の「個別の指導計画」の作成について理解を深めることになり、まずは、「実態把握から具体的な指導内容を設定するまでの流れの例」（以下、「流れ図」）を作成することになった。「流れ図」は「児童生徒の実態の把握」、「指導すべき課題の抽出」、「指導目標（ねらい）の設定」、「具体的な指導内容の設定」という流れで作成するようになっており、本人についての情報を収集し実態を把握する段階でCo-MaMeのアセスメントシート（以下、アセスメントシート）を活用した。さらに、具体的な指導内容を設定する段階でCo-MaMeのイメージ図（以下、イメージ図）に記載されている支援を参考にし、ケース会議等で検討を行った。

②　支援の具体例

ア　対象

本校訪問教育学級に在籍する６年男子を対象とした。６月に転入し、２か月間は学校に登校できたが、夏休みを挟んで９月から登校しぶりが見られるようになり中旬からは登校できなくなっていた。そのため、教育形態の変更を行い病棟内で実施する訪問教育で週６時間の学習を行い始めた。訪問教育に変更してからは、ほとんど登校できていた。

イ　支援の手順

表１　障害の状態、発達や経験の程度、興味・関心、学習や生活の中で見られる長所やよさ、課題等（「流れ図」の記載内容より）

・人のことをよくて見ている。人を見て試し行動をする。
・あまのじゃくである。
●何に対しても自信がなく、間違えることを恐れる。
●言葉が少なく、自分の気持ちを表現することが苦手である。
●不安が強く、特に初めてのことはしたがらず、人にしてもらおうとする。
●思い通りにいかないと、暴言があったり、威嚇をしたりする。
・書くことに抵抗感がある。
・一人でいることに不安がある。
・人と関わりたいという思いはある。
・優しくて、人が喜ぶことをしようとする。
・歯磨きや入浴、着替えなどの基本的生活習慣が身に付いていない。
・幼い部分ある。
・友達と関係性を築くことが難しい。そのため大人と関わろうとする。

●の部分にある実態から、「受容期」と判断した。

（ア）６学年の教師で「流れ図」に沿って、本児に関して障害の状態、発達や経験の程度、興味・関心、学習や生活の中で見られる長所やよさ、課題等について情報を出し合ったところ、表１のようになった。

(イ) 出てきた情報の一つ一つについて、アセスメントシートのどの項目に当てはまるかチェックをした。

(ウ) チェックをした項目の中で、どの項目の課題が大きいか、再度チェックを行った。次にイメージ図に記載されている「受容期」、「試行期」、「安定期」のどの時期に当たるのかを検討した結果、表1に記載した●の部分にある実態から、「受容期」と判断した。

(エ)「流れ図」に沿って、指導すべき課題の整理を行った。

(オ) 最後に、(エ) で課題となった項目について、イメージ図の「受容期」に記載されている支援の内容を参考にしながら表2のように具体的な指導内容を設定した。

表2 具体的な指導内容(「流れ図」の記載内容より)

・体を動かしたり、工作したりするなど、好きな活動を教師と一緒に取り組み、うれしい気持ちや楽しい気持ちなどを共感し合い身近な人と関係性を築く。	・各教科等で容易にできる活動を設定し、成就感を味わうことで、自分のことに自信をもち、自己に肯定的な感情を高めさせる。	・落ち着いたときに自分の言動を振り返らせ、選択肢を与えてその背景にある不安に気付かせ、不安を言語化し、身近な人に伝えることで、環境を調整し、自分に合った情緒の安定の仕方を身に付けさせる。

A1 不安・悩みの項目が受容期と思われたため
・無理なく好きな活動ができるようにする。
・共感、理解する。
という支援・配慮を参考に、具体的な指導内容の設定を行った。

ウ 結果

本児はとても不安が強く、自信がもてないため授業中も「書いて」、「やって」、「言っといて」と教師に頼むことが多いが、じっくり話を聴くことや好きな活動ができるように工夫し褒めていく支援を行うことで、日によっては落ち着いて取り組むことができ、気持ちを伝える方法を考えるなどの支援を行うこともできた。今まで、教師側は、実態を理解しつつも今後どのように変化していくのか見通しがもてないまま、その都度、検討し対応してきた。しかし、Co-MaMe の多階層的な視点から見ることができることにより、目指すべき次の段階が分かり、ゴールまで見通せた指導内容の設定がしやすくなった。

また、実態把握はできていても、こころの発達スケールがなかったので、「○歳くらい」という見方も難しかった。しかし、その実態から Co-MaMe による視点で、教師間の認識が統一できたことは大きな成果といえる。

実際に使ってみて、「心理」、「社会性」だけでなく、「学習」や「学校生活」、「身体」、

「自己管理」に至るまで細かく網羅されているので、全体像がつかみやすく、支援や配慮の記述内容も病弱に関わる先生方からの調査を基に分析されているためとても分かりやすかったと感想があった。

エ　今後の活用

学年や学校が変わっても共通の認識ができるように、実態把握等に活用した内容（Co-MaMe による児童生徒の「○○期」や支援の内容）を「個別の教育支援計画」や「個別の指導計画」に反映できるように形式を検討していきたい。そのことから病院とのケース会議の中で、「学校としてはこのように捉えている」というエビデンスとして活用できると、教育的な支援について病院関係者も理解しやすくなるのではないかと考える。

（2）会議等の時間を減らし、複数職員の意見をまとめて支援や配慮を検討した事例

ア　背景

児童精神科に入院して本校に転校してくる児童生徒に対しては、その都度、実態把握を行い、指導方針や支援・配慮の具体的な内容を検討している。しかし、年度の初めや夏季休業明けなど、入退院の時期が重なると同時期に複数の児童生徒が転入してくることがあり、すべての児童生徒についての検討を行う会議を設定することが非常に困難である。また日々の授業の準備も転入生が来るたびに工夫を重ねていかなければならない状況にあるため、各担任や教科の担当者に対しては教材研究や課題の工夫をする時間を確保することも重要となっている。時間的な制約から会議の設定ができない状況下では、担任や担当者が一人で検討して指導計画等を作成することになってしまい、複数の教師の多様な意見が反映されないというデメリットが生じてしまう。

そこで、アセスメントシートや整理用シートなどを活用して、複数の教師の見方や考えを整理し、課題を焦点化した上で会議を行うために、担任の教員が書類を回覧することにより複数の教職員が意見を書き込むなどの工夫を行った。

イ　方法

（ア）転入前の時点で保護者、在籍していた学校、主治医等から支援や配慮に関する情報を聞き取る。

（イ）数日間（数週間）の実態把握を行う。

（ウ）ケース会議などを通して、更に主治医から情報を得る。

（エ）学級、学年、各教科の担当者が１枚ずつアセスメントシートを記入する。

（オ）内容を集約して、教育的ニーズの項目を絞り込む。

（カ）絞り込んだ項目について整理用シートを作成する。整理用シートには、具体的な課題内容、支援・配慮のねらい現在の教育的支援・配慮の状況をまとめ、さらに、「Co-MaMe を参照して追加した視点」を載せる。図１には、その整理用シートの記入例を載せる。

項目	記入欄	
①教育的ニーズの項目	A４	意欲・気力
②具体的な課題内容	・登校、学習に対する意欲が少ない。 ・１～６校時までを学校で過ごすことが難しい。	
③支援・配慮等のねらい	（現在は）１日４時間の授業を受け、週末は外泊できるようにする。	
④教育的支援・配慮 【Co-MaMe の図を参照】	（現在は）自分で授業を受けた時間をチェックして、自分自身の頑張りを見て分かる形にしている。 （現在は）翌日の時間割などを確認させ、見通しをもって登校できるようにしている。	
・試行期～安定期にあると思われる。 ・行動や気持ちを振り返るようにする。 ・集団や友達と取り組む設定を行う。	**今後、さらに追加して取り組んでいくべき支援や配慮の案** 回覧して、教員が意見を記入する欄	

課題や現在の支援を整理した部分

「Co-MaMeを参照して追加した視点」を記入する欄

図１ 回覧した整理用シートの記入例

（キ）整理用シートを回覧し、複数の教職員で支援や配慮を行う場合のアイデアを「今後、さらに追加して取り組んでいくべき支援や配慮の案」の欄に記入する。（図２）

今後、さらに追加して取り組んでいくべき支援や配慮の案

○ １日１０分の面談を実施し、目標を確認したり頑張れていることを振り返らせたりする。
○ 今、自分が頑張っていることを周囲から認めてもらったり称賛されたりする機会を設定する。
○ 同じ学級の生徒で６校時まで登校できている生徒に気持ちを聞きながら、振り返りを行う。
○ 本人と同じように４時間登校としている生徒と一緒に、登校について考える機会を設ける。

図２ 回覧で得られた「今後、さらに追加して取り組んでいくべき支援や配慮の案」の記入例

（ク）回収し全体像としての支援・配慮をまとめ、ケース会議や学年会などで支援の案について検討し、共通理解を図る。

ウ　結果

放課後等の時間的な制約が多いため会議を頻繁に設定することが難しい中で、児童生徒に関わる教師の意見をまとめることができた。特に、同時期に複数の児童生徒が転入してくるような場面では、実態把握から支援や配慮を検討することを効率的に進めることができた。また、その後のケース会議等でも課題を焦点化して検討することができたと実感している。

焦点化した課題に対して Co-MaMe を参照すると、課題に対する児童生徒の大まかな実態を受容期・試行期・安定期という階層でとらえ、目標立てを明確にすることができる。これまで行っていた支援や指導が、受容期から安定期にわたっていたというような状況も見られ、実態把握と支援や配慮の内容を改めて整理し直すことにつながった。さらに、児童生徒のその時のコンディションによって、支援を変えるという多階層的な視点をもつことの重要性についても教師間で共通理解することができた。また、現在の支援に加えて、Co-MaMe から同じ支援レベルの「支援・配慮の例」を調べることで、ほかにも行うべき支援や配慮はないか視野を広げて検討することができた。

不登校児童の安定した登校に向けて
～Co-MaMeを活用した検証作業から見えてきたこと～

沖縄県立森川特別支援学校

1　テーマ設定の理由

沖縄県立森川特別支援学校は、県内唯一の病弱教育に特化した支援学校であり、西原町にある本校と県内８つの病院に病院内の学級を設置した学校である。そのうち本校は通学可能な子供を対象にしており、研究した年度においての小学部在籍人数は精神疾患を有する２名である。

本研究の対象である小学部６年のＡ児において、小学部１年時に学校生活において、強い不安に直面し不安障害を発症する。こだわりや過敏等の特性など様々な要因とも結び付き、学校へ行くことができなくなった。小学部５年より本校へ転校したＡ児が登校への不安を少なくし、安定した登校へつなげるにはどのような手立てを行えば良いのか。現在の状況や関わり方と照らし合わせながら、Ａ児の発達を見返し、発達段階を意識した指導を行うことで本児の不安を軽減し、安定した登校へとつなぐことができるだろうと考えた。

2　研究の目的

現在Ａ児は毎日登校できるようになった。安定した登校へつながった要因はどこにあったのか「マズローの欲求５段階説」と、Co-MaMeを活用しながら考えた。また、Ａ児が登校できるようになった取組がCo-MaMeの指導・支援方法と合っていれば、本校の児童生徒へも指導の手立てとして役立てることができると考え、以下の研究を進めた。

3　研究仮説

（１）「マズローの欲求５段階説」を参考に、発達段階を考慮した指導を行うことで安定した登校ができるようになる。

（２）Ａ児が安定し登校できるようになった要因をCo-MaMeを活用し児童の変容と照らし合わせ、支援の手立てを振り返ることで、他の児童生徒へもCo-MaMeを活用した支援に役立てることができる。

4　研究の実際

（１）Ａ児の実態について

①　障がい名

・強迫性障害、不安障害、自閉症スペクトラム

②　森川特別支援学校転校後のA児（小学部５年）

１学期 登校日数 45日	同学年の児童Bとは活動場所を分け、担任と好きな活動を中心に学校生活を過ごす。登校時間については時間割に合わせず、A児のタイミングで、いつでも帰れるよう帰宅のサインを決め学校生活を過ごす。
２学期 登校日数 40日	９月午前と午後に登校でき、連続８日間登校することができた。活動や先輩との関わりも広がってきた。家庭での学習がきっかけとなり、11月途中からは登校できなくなる。
３学期 登校日数 15日	校外学習や特別授業などに参加できた。みんなと一緒に食べる事に抵抗がある中、生年祝いでは食べ物も食べることができた。１年を通しての登校日数は短い時間を合わせ100日に達した。

③　６年時の登校状況

（「登校率＝出席日数÷登校日数」で算出）

月	4	5	6	7	9	10	11	12	1
登校日数	3	2	3	9	7	11	19	11	12
登校率	20%	9%	14%	60%	35%	52%	90%	68%	100%

（２）「マズローの欲求５段階説」概要把握

①　マズローの欲求５段階説とは

「人間の動機付けに関する理論」、人間が持っている要求を５つに分けた（右図）。優先順に並んだ欲求は、低いものから順番に現れその欲求が満たされると次の欲求が現れる。

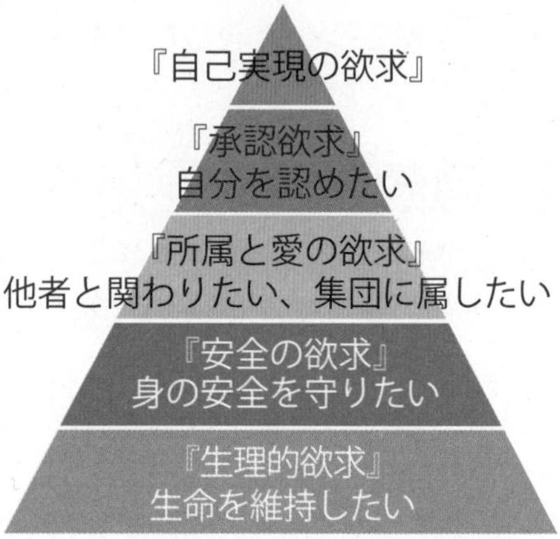

②　欲求５段階説とA児の実態

段階	欲求５段階説	各段階におけるA児の実態
生理的欲求	人を動機付ける最も根源的な欲求であり「酸素、食物、飲料、性、睡眠」等の生命維持に関わるものを含む。	A児は家庭においては全てを満たしている一方、学校においては「飲食･性（排泄）」を満たすことはできていない。
安全の欲求	生理的欲求が満たされることで現れる欲求「身の安全、身分への安全、他人への依存」などを含んでいる。『安全の欲求』は『生理的欲求』と同じくらい強いものとマズローは言っている。	A児において、登校が続かない原因は『安全の欲求』が満たされていないことから来ていると考えられる。

所属と愛の欲求	「孤独や追放された状態を避ける、家族や恋人・友達など共同体の一員に加わりたいと思う等」などを含んでいる。	A児は登校時、担任にたくさんの話を聞かせてくれる。このことからA児は特定の他者と関わりたいという欲求は高いと考えられる。しかし、登校時人目を避け教室に向かう様子や集団での活動には参加が難しく他者との関わりは厳しい。
注意点	マズローは５つの段階は不動ではなく、人によって微妙な違いが見られる。また、固定的なものではないと言っている。	A児にとっても『安全の欲求』にありながらも他者との関わりを求めたり（『所属と愛の欲求』）、なりたい自分（『承認欲求』）をもっている。このような点も考慮しながらA児とつきあっていくことがA児の成長を促すことにつながっていくと考える。

（３） Co-MaMe とA児の関係

①　１回目の教育的ニーズチェックリストより（P21 アセスメントシート参照）

カテゴリー「心理」の「A１不安・悩み」はA児の登校不安の根底と考え、教師の意識した配慮・指導が必要だと感じる。

②　A児の Stage 判断

各カテゴリーにおいて、A児の状態は受容期 Stage １「気持ちを落ち着かせて共感や受容をしながら、活動する上での土台を築く段階」にあることが分かった。受容期において指導の在り方･キーワードは、「気持ちを聞く」、「無理のない活動」、「共感・受容・理解」等があげられている。

③　２回目：教育的ニーズチェックリストより

１学期より、A児との信頼関係を深め、登校に対する不安を取り払えるよう環境設定を行い、指導を行ってきた結果、６つのカテゴリーの内、「心理『A１』」、「学校生活『B８』」、「社会性『E３』」の３つにおいて変化が見られた。

（４） 実際の指導、登校状況等と「マズローの欲求５段階説」、Co-MaMe との関係性の検証（変化の見られた３つの項目を中心に）

①　A児への対応（小学部５年）

ア　担任中心に一対一でA児の興味関心に合わせたやりとりを行う。学習は興味・関心に合わせた活動から、教科的なことを担任が意識し授業を行う。

イ　A児が安心した状態で話ができるよう聞く姿勢に徹し、否定はせず話を聞き入れる。また、安心感が生まれ登校が安定するまでは、こちらからの提案等は最小限にとどめる。

ウ　A児が安心して登校できるようになるまで、クラスメイトであるB児との学習環境を別に設け対応する。

②　A児への対応（小学部６年へ移る春休み）

保護者、旧担任を交え、話し合いをもつ。５年時の対応を参考に、家庭との連携やB児の対応について具体的手立てを下記のように定め新年度を始める。

ア　保護者との連携を密に行う。Ａ児の様子に変化があれば、送迎する父親、母親からもメール等を通し聞き、小学部職員で情報を共有する。

イ　Ｂ児との活動に関して、場所は一緒。担任以外の職員が対応。Ａ児と担任が最優先で話ができる環境設定を行う。

③　Ａ児の変容が見られるきっかけとなった主な出来事（小学部６年１学期）

ア　Ｂ児と“Ａ児の父親”との関わりから、Ｂ児への嫌悪感が生まれる。（４月）

イ　Ｂ児の欠席増に伴いＡ児の登校率が上昇した。（６月下旬から７月）

ウ　担任が話を聞いてくれないとの不信感があり登校が危ぶまれた。しかし、保護者との連携により、Ａ児への対応を「担任が中心となって児童の話を聴く」ことへ変化させることで、登校につながった。（７月後半）

<table>
<tr><th colspan="2">マズローの欲求５段階説『安全の欲求』の観点から見た支援の検証</th></tr>
<tr><td colspan="2">Ｂ児への対応は担任以外の職員としていたが、Ａ児と担任との会話に入ってくる場面が見られた。Ａ児の話は遮られることが多く「聞いて欲しい」という欲求を満たせなかったと考えられる。Ｂ児の登校できない日に合わせＡ児の登校は増えた。Ｂ児の登校はＡ児の登校に影響を与え『安全の欲求』は脅かされていた事が分かる。</td></tr>
<tr><th colspan="2">Co-MaMe『受容期』の観点から見た支援の検証</th></tr>
<tr><td>Ａ１
不安・悩み</td><td>Ａ児は好きな活動はできたが、Ｂ児がいることで、ゆっくりと話を聞いてもらえる環境ではなかったと考える。担任との信頼関係も育っていなかったため、もう一度、５年初めの状態と考え、学習場所に関してもＢ児とは分けた対応が必要だったと考える。</td></tr>
<tr><td>Ｂ８
他者への信頼</td><td>具体的な指導・支援方法は「他の教員と連携して取り組む」「トラブルへの対応をする」とある。上記（４）③ウの出来事は小学部職員で児童の話の聴き方について共通確認する機会となり、担任との信頼関係をより深められた。</td></tr>
<tr><td>Ｅ３
登校・入室への抵抗感</td><td>新担任とは「気持ちを受け入れて信頼関係をつくっていく」段階であった。上記（４）③イ・ウの出来事があり、こちらからのアプローチに対し、少しずつ受け入れ登校できるようになっていった。Ａ児は少しずつ、担任との信頼関係や不安・悩みを解消していったと考える。</td></tr>
</table>

エ　Ａ児の段階

入学当初はＡ児の登校意欲も高く『安全の欲求』を満たしていたかに思われたが、上記（４）③アの出来事より安全の欲求は脅かされステップが踏めなくなる。Co-MaMe で捉えると、『受容期』は右図の位置にあり『安全の欲求』を満たす段階にあった対応をとる必要があった。その後、上記（４）③イの出来事により『受容期』の対応が合うようになり、少しずつＡ児の『安全の欲求』は満たされていった。７月登校

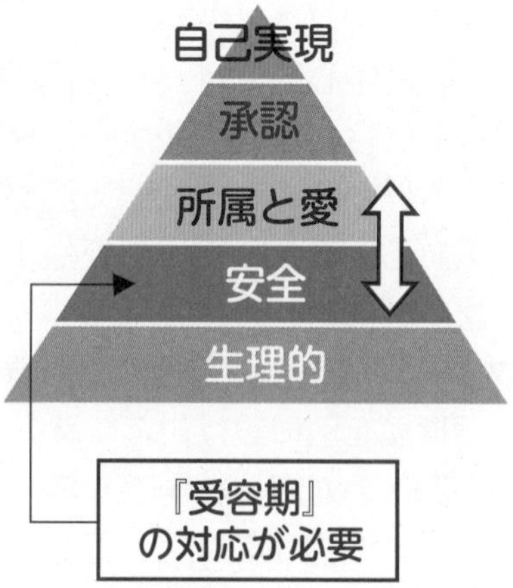

率の上昇はこの結果を表している。この時、A児の状態は矢印のように『安全の欲求』と『所属と愛の欲求』を行き来している。

④　A児の変容（２学期前半）

<table>
<tr><th colspan="2">マズローの欲求５段階説『安全の欲求』、『所属の欲求』の観点から見た支援の検証</th></tr>
<tr><td colspan="2">「修学旅行」では最小限の活動を提案したが、上手くいかなかった。A児にとっては飲食、宿泊も含むこと等が『受容期』の対応には合っていなかったと言える。運動会の取り組みでは、「参加しない」ことを選択肢に加えた提案や、パワーポイント等で見通しがもちやすくした支援等、A児を支える活動を行った。運動会はA児にとって受容できるものであり、信頼する旧担任の協力もあり参加することができた。『所属の欲求』が『安全の欲求』を上回るようになってきたと考えられる。</td></tr>
<tr><th colspan="2">Co-MaMe 指導・支援方法『受容期』の観点から見た支援の検証</th></tr>
<tr><td>A１</td><td>就学旅行、運動会は大きな「不安・悩み」だったと登校率の減少からもうかがえる。しかし、運動会は出ないという選択肢を設けたことでA児の不安は和らいだ。また、『試行期』の指導・支援方法は「相談しながら行えるようにする」「見通しを持たせる」とあり、A児への指導・支援方法にも変化が出てきた。</td></tr>
<tr><td>B８</td><td>旧担任との連携。また、保護者との連携から、運動会に参加したいという気持ちに沿った対応がとられ、参加（登校）できずモチベーションを下げるトラブル回避につながった。</td></tr>
<tr><td>E３</td><td>話をじっくりと聞く姿勢により担任との信頼関係が確立されていった。しかし、他小学部職員とは担任がいないと分かると帰ったり、登校できても教室内で歩き回りが多かったりと不安な様子がうかがえる。</td></tr>
</table>

ア　A児の段階

担任との信頼関係の芽生えが見られ、『安全の欲求』が満たされていくに従い、『所属と愛の欲求』が強まる。まだ、『受容期』での対応が基本だが、A児は提案を受け入れられるようになっていき、少しずつ『試行期』の指導・支援方法がとれるようになってきている。安心できる環境、話を聞いてもらえることで『安全の欲求』が満たされたと考える。それに伴い矢印も変化し、次の段階へ進もうとする様子が見られる。

⑤　A児の変容が見られるきっかけとなった主な出来事（２学期後半～現在）

ア　他学部職員との交流を進める。また、A児の提案で他者を交え遊ぶ等、関係性が広がっていったある日、帰宅後のA児のぐったりした様子に母が気づく。後日、たくさんの人と話したのが原因だったと伝えられた。その後、A児からたくさんの人と関わる提案はなくなる。小学部職員では一人の先生から関われるようにしていこうと共通確認した。(12月)

イ　A児から「○○がしたい」と伝えることができるようになり、学校生活での過ごし方に質的な変化が見られるようになった。また、他者を介したゲームで人との関わりを楽しむことができるようになった。(12月)

ウ　午前・午後共に登校する日が出てきた（一旦帰宅して昼休みをとり再登校）。

また、一年生より通っていたデイサービスを休み、学校に登校できたこと等からもＡ児の学校に対する気持ちの変化がうかがえる。(12月)

<table>
<tr><td colspan="2">マズローの欲求５段階説『安全の欲求』、
『所属と愛の欲求』の観点から見た支援の検証
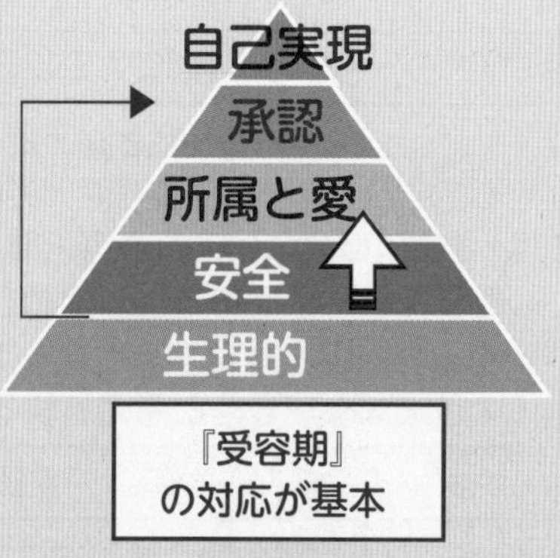
自己実現
承認
所属と愛
安全
生理的
『受容期』
の対応が基本</td></tr>
<tr><td colspan="2">Ｂ児と登校が重なることがあってもＡ児にとっては午後に登校することで『安全の欲求』を満たし調整ができるようになっている。これまで、小学部女性職員は担任と比べ距離を感じていた。しかし、Ａ児の『安全の欲求』が満たされたことで女性職員との距離も縮まり、関わりは広がりを見せる。『所属と愛の欲求』はより高まり、今では特定の他学部職員、生徒と一緒にゲームを楽しむ様子も見られる。</td></tr>
<tr><td colspan="2">Co-MaMe 指導・支援方法『受容期』を満たし『試行期』の段階へ</td></tr>
<tr><td>Ａ１</td><td>『受容期』は満たされ、『試行期』の「相談しながら行えるようにする」、また、今後のことについて一緒に相談しながら「見通しをもたせる」指導・支援へと移ってきている。</td></tr>
<tr><td>Ｂ８</td><td>『受容期』は満たされ、『試行期』の「相談しながら行えるようにする」、「他者と関われるようにする」指導・支援方法へと移ってきている。</td></tr>
<tr><td>Ｅ３</td><td>『受容期』は満たされ、『試行期』の「相談しながら行えるようにする」、「友達と関わるようにする」と指導・支援方法へと移っている。</td></tr>
</table>

エ　Ａ児の段階

『受容期』での指導･支援は、Ａ児の気持ちを満たし安定させることができた。その結果、次の『試行期』での指導・支援方法「気持ちや行動の振り返りを行いながら、少しずつ取り組む段階」へと変化が見られる。Ａ児の状態は矢印のように『所属と愛の欲求』に移ってきた。しかしながら、ここに固定された訳ではなく、Ａ児の状態に合わせ幅広く前後へ揺れ動いている。今後のプランとして、まずは環境設定を継続し『安全の欲求』を満たす。そして､表出できるようになったＡ児の「○○したい」という気持ちを大切に、Ａ児と相談等 のやりとりを行っていくことで『所属と愛の欲求』を満たすことができると考える。

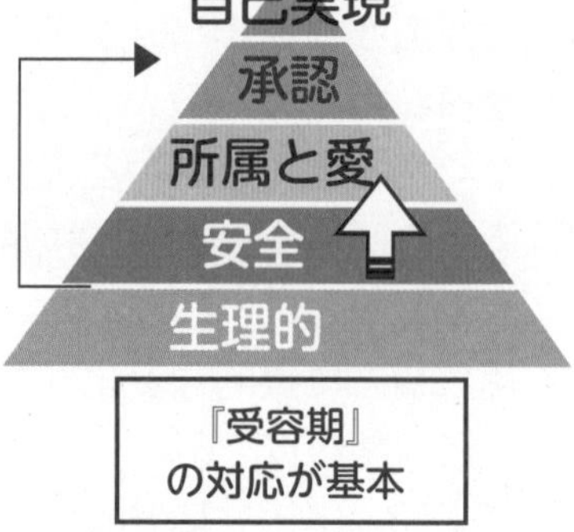
自己実現
承認
所属と愛
安全
生理的
『受容期』
の対応が基本

欲求を引き出し、満たすことでA児は『安全の欲求』から次の『所属と愛の欲求』へ進むことができた。また、A児のこのような変化は、教師側ではなくA児自身による働きかけから生まれ、そして、A児自身が出したタイミングだったことは大切な視点である。

5　成果と課題

成果として、マズローの欲求5段階説を参考に、発達段階を考慮した指導を行うことで児童の人との関わり方や遊び方、登校率に変化が見られ、安定した登校ができるようになった。A児が安定し登校できるようになった要因をCo-MaMeを活用し児童の変容と照らし合わせ、支援の手立てを振り返ると、Co-MaMeの支援法は児童の変容と適していた。他の児童生徒へもCo-MaMeを活用した支援が役立つことが考えられる。

今後の課題として、A児は中学部への進学に当たり、担任も変わり、教科制となることから、ゆっくり話が聞け、安心できる環境設定が難しいと思われる。A児との関わり方を『受容期』、に戻し、信頼できる人とのラポート形成から始める必要があること。また、今後もStageを行き来しながら少しずつ発展していくと考えられるため、学年始めは引き続きA児の状態を見極めながら指導を行う必要があると思われる。今後はCo-MaMeの活用を広く勧め、A児同様、児童生徒への安定した登校等へつなげていきたい。

参考文献

Frank G. Goble. (1972). マズローの心理学（小口忠彦，監訳）. 産能大学出版部.（Frank G. Goble.　(1970). THE THIRD FORCE:The Psychology of Abraham Maslow.　Grossman Publishers.）

中野明（2016）. マズロー心理学入門ー人間性心理学の源流を求めて. アルテ.

関連資料

● こころの病気に関する資料 ●

障害のある子供の教育支援の手引
～子供たち一人一人の教育的ニーズを踏まえた学びの充実に向けて～

（文部科学省、令和３年発行）

https://www.mext.go.jp/content/20210629-mxt_tokubetu01-000016487_02.pdf
（令和５年４月確認）

「Ｖ 病弱・身体虚弱」（P172 ～ 216）

＊「３ 病弱・身体虚弱の理解」の「（２）病弱教育の対象となる病気等」の記述で、「こころの病気」に関係すると考えられるもののみを以下に記載。

⑫ 心身症

心身症とは，診察や検査で詳細に調べると異常が見いだされる身体の病気であって，その病気の始まりと経過にその人の心理的な問題や社会的問題が密接に関係しているものである。密接に関係しているとは，身体的治療のほかに心理社会的問題へも対応しなければ完全には治らないという意味である。子供の心身症についても大人と同じ症状を示すのが普通であるが，一方，子供に特徴的に出現する心身症もある。

症状としては，腹痛や頭痛，疼痛などが認められる。例えば，心理社会的な問題と腹痛がある場合には，胃潰瘍などの器質的な疾患があれば心身症とするが，器質的な疾患がない場合には，その病気の始まりと経過にその人の心理的問題や社会的問題が密接に関係している場合には身体表現性障害と診断される。前述の身体表現性障害では，器質的な疾患がないため，環境調整と心理療法を主に行うが，心身症の場合には，これらに加えて器質的な疾患に応じた薬物療法等が必要となる。よって心理的・社会的な問題が密接に関係している身体症状の場合においても，一度は器質的疾患の有無について精査を行い，診断することが重要である。

対応としては，①薬物療法，②環境調整，③心理療法などがある。

心身症には様々なものがあるが，最も多いのが反復性腹痛と頭痛である。最近，特別支援学校（病弱）に神経性食欲不振症や神経性過食症などの摂食障害の診断を受けた子供が増えている。以下，これらの病気の概略について説明する。

ア 反復性腹痛

反復性腹痛とは，子供の活動に支障を来すほどの腹痛が，数か月以上にわたり反復するものをいう。原因不明のものが多いが，不安や緊張感によって症状が出たり強くなったりする傾向がよく認められ，この点が心身症として考えられる理由である。経過では，腹痛を訴える回数が次第に減少し，いつの間にか改善している，ということがよくある。腹痛が長時間持続する場合，その少なくとも半数は，最終的に過敏性腸症候群の症状を示してくるといわれている。

イ 頭痛

心理的なものとの関係では緊張性頭痛といわれるものがある。緊張的頭痛は，精神的な緊張感を背景として，頭を包む筋肉が持続的に収縮したままとなって発生する。この筋肉は肩の方にもつながっているので，同時に，肩こりや首筋のだるさ，重さ，頭重感などを伴うことがしばしばである。

ウ 摂食障害

摂食障害は通常，神経性食欲不振症あるいは神経性無食欲症（以下「ＡＮ」という。）と神経性過食症あるいは神経性大食症（以下「ＢＮ」いう。）を包括するものをいう。摂食障害は，10 代はじめから 20 代にかけての思春期･青年期の女性が大半であるが，近年，若年発症例や男児例が増加している傾向にある。

ＡＮでは，極端に食事の量が減るが，特に主食やカロリーの高い食品を毛嫌いし，低カロリーと本人が思う食品しか摂りたがらないという食行動上の特徴が目立ち，中には摂食後に自分で嘔吐（おうと）したり，下剤を乱用したりする者もいる。ＡＮとの診断がなされる条件としては，体重減少の程度が平均体重のマイナス 15%以下とされている。ＡＮは，他の病気があってやせているわけではなく，むしろ過剰に活動的になることが多く，同時に異常にやせていても自分ではそうとは認識していないことが多い。身体症状としてはむくみ，低体温，徐脈などの症状がみられ，女性の場合には無月経となるか，初潮前の発症では初潮年齢が遅れる。体重減少が続き徐脈などが進行する場合，急激な体重減少が生じた場合，あるいは水の摂取さえ拒むようになった場合などには，入院治療の必要性を含め，家族と緊密な連絡を取り合いながら医療の判断を仰ぐ必要がある。

ＢＮは単なる大食でなく，繰り返される過食と体重のコントロールに過度に没頭することが特徴で，過食の後に自分で嘔吐したり，下剤や利尿剤を乱用したりすることがあり，精神的いらいら，抑鬱，自己嫌悪などの精神症状を伴うことが多い。このような症状はＡＮにも認められることがあり，ＡＮとＢＮ両方の病像を行ったり来たりすることもある。

体型は普通か少しやせ気味な場合が多く，精神症状も身体症状も外見からは分かりにくいことから，本人の訴えで初めて分かることが多いという点がＡＮとは異なる。治療は身体療法，精神療法，認知行動療法，薬物療法，家族療法などを適宜組み合わせて行われることが多いが，ＡＮを中心に生命の危険もある場合には入院治療を導入されることも少なくない。いずれの場合にも，学校は家族の同意を得た上で，主治医と緊密な連携を図りながら本人の回復とその後の経過を根気よく支えることが大切である。

⑬ うつ病等の精神疾患

様々なストレスが増加する社会の中で，うつ病や双極性障害（そううつ病）を中心とする気分障害等の精神疾患を発症する大人が多くなってきている。以前は子供にうつ病はないと言われた時代もあるが，DSM－Ⅲが世に出てからはDSMによる操作的診断が普及する中で，うつ病や双極性障害等の診断を受ける子供は，大人と同様に，けっして珍しくなくなっている。

抑うつ症状はうつ病だけでなく，統合失調症などあらゆる子供の精神疾患によく認められる。また，自閉症や学習障害，注意欠陥多動性障害等の発達障害の診断を受けた子供がストレスの強い環境に反応して，二次的に抑うつ症状を呈することがあるため，児童精神科医などの専門家でないと診断は難しい場合が多い。

うつ病は，大人と基本的な症状は同じであるが，子供の場合は抑うつ気分を言葉で表現することが難しいため，ぼうっとした感じになったり，不機嫌になったり，いらいらして周囲に当たり散らしたり，大人に反抗したり，頭痛や腹痛などの身体症状を訴えたり，不登校となったり，学業成績が低下したりするなど子供特有の非定型な症状が見られるので注意が必要である。非常に早い周期で気分の波が現れたり，そうかと思うと完全に症状が無くなる間欠期が，見られたりする場合もある。子供のうつ病や双極性障害では，このように症状が大人と異なるだけでなく，薬物療法の効果が大人のようには認められないこともある。正確な診断は子供の成熟とともに，経過中に徐々に明らかになることがあるため，途中で変更を余儀なくされることも珍しくない。

疾患により治療アプローチは異なるものの，学校場面では安定した関わりと病期に応じた柔軟な対応が予後に影響する。これらの対応は，学校と家庭が協力して行い，必要な場合には，速やかに児童精神科医や臨床心理士に相談すること。

特別支援学校（病弱）には，うつ病や双極性障害等の気分障害の子供もいるが，思春期以降に発症することが多い統合失調症を10歳前後で発症したという子供もいる。また，自閉症や学習障害，注意欠陥多動性障害等の発達障害の診断を受けた子供も増えている。

発達障害の子供は，それだけでは特別支援学校（病弱）の対象ではない。学習障害や注意欠陥多動性障害の子供は，小中学校等の通常の学級で学習することが基本であるが（自閉症については，自閉症・情緒障害特別支援学級で学習することはできる），必要な場合には通級による指導を受けることもできる。しかし，これらの子供の中には，成長とともにうつ病や強迫性障害，適応障害，統合失調症等の精神疾患の症状が顕在化し，在学中に診断名が付け加わったり変化したりすることもある。このような状態の子供の中には，特別支援学校（病弱）で学習することが必要となることもある。そのため，最近は，特別支援学校（病弱）の小学部の高学年や中学部，高等部に転校してくることも多い。

また，うつ病等の精神疾患の診断を受けた子供の中には，家庭や以前いた学校で虐待やいじめを受けた経験のある者もおり，指導する教員や他の子供に攻撃的な行動をとったり，自傷行為を繰り返したりすることがある。また，子供によっては，他の子供と一緒に活動することが苦手で孤立しがちな者や，教員に過剰に甘えてくる者もおり，教員に求められる対応も一人一人異なることを心得ておきたい。

子供が情動不安定になっても，病気の症状のために自己制御が困難であるとの認識に基づいて，教員が子供の行動に振り回されずに，いつも変わらず落ち着いた態度で接することが求められる。

精神疾患の子供は，上記のように適切に対応することにより症状が改善し，通常の教育で対応可能な状態になることも多いため，学校における適切な対応が求められる。なお，特に下記のような症状が現れている時には，家族の了解を得た上で，児童精神科等の専門機関に相談し，連携して取り組むことが重要である。

○ 幻覚，妄想

悪口が聞こえるという幻聴や周りから嫌がらせをされるという被害妄想が多い。幻覚や妄想は，実際にないことを信じているということが定義であり，思春期以降に発症することが多い統合失調症の主症状である。稀（まれ）に統合失調症が10歳前後で発症することもある。統合失調症では，これに加えて，辻褄（つじつま）の合わない話をしたり，引きこもることが多いが，逆に興奮したりする場合もある。治療法は，薬物療法が必須である。その他には，自閉症などの発達障害において，障害の特性から対人関係をうまく築くことができず，いじめなどの心理的なストレスを引き金に，被害妄想や幻覚が生じることもある。この場合，原因との関連が心理的に了解可能な幻覚妄想であるという性質をもち，環境調整と心理療法が有効である。児童が実際に悪口を言われたり，いじめを受けていたりしているかどうかの事実関係の確認などが必要である。

○ 希死念慮，自傷行為

希死念慮（きしねんりょ：死にたいと願うこと）や自傷行為は，子供に時に認められる症状である。希死念慮や自傷行為が認められる中で，自殺企図（自殺をくわだてること）や自殺既遂に至らない場合であっても，生命の危機であるため，家庭と連携した十分な注意と対応を必要とする。特に自殺企図があったり，強い希死念慮が持続的に認められたりする場合は，対応法は個々のケースで異なる。子供の命を守るため，家族と相談の上，児童精神科等の専門機関に相談することが必要である。

なお，本稿における「学習障害」「注意欠陥多動性障害」「自閉症」の用語の取扱いについては，学校教育法施行規則及び関連通知に基づいている。ただし，日本精神神経学会の定めたDSM－5病名・用語翻訳ガイドラインにおいて，「限局性学習症／限局性学習障害」「注意欠如・多動症／注意欠如・多動性障害」「自閉スペクトラム症／自閉症スペクトラム障害」を用いることが推奨されている。

教職員のための子供の健康相談及び保健指導の手引

（文部科学省、令和３年度改定）

https://www.gakkohoken.jp/book/ebook/ebook_R030120/index_h5.html#1（令和５年４月確認）

＊「資料編　児童生徒の主な心身の健康問題の解説」（P110 ～ 122）の記述で、「こころの病気」に関係すると考えられるもののみを以下に記載。

（５）摂食障害

摂食障害は思春期やせ症（神経性食欲不振症）、過食症（神経性過食症）、分類不能の摂食障害に分けられる。思春期女子に増加傾向にあり、低年齢化も見られ、男子にも発症する。本人の病識がないため治療に抵抗することが多く、ときには死に至るほどの飢餓状態に陥ることもあるので早期発見することが極めて重要である。学校では日頃から児童生徒の食事量や体格、メンタルヘルスなどに注意を払い、摂食障害の疑いがある場合には、速やかに医療機関の受診を勧める必要がある。

(20) うつ病と双極性障害（躁（そう）うつ病）

うつ状態だけが現れるうつ病（単極性うつ病）に対して、うつ状態と躁状態の両方が現れるのが双極性障害（躁（そう）うつ病）であり、ともに気分障害の一種である。気分障害では、心のはたらきのうち「気分」「認知（思考を含む）」「意欲」の三つの領域に症状が現れ、睡眠や食欲にも影響する。正しい診断と治療には専門医（児童精神科医等）を受診する必要がある。

うつ病では、気分が憂うつで何事も楽しめなくなり、自殺願望が現れることがあり（気分の症状）、思考力や集中力が低下して、物事を被害的に受け取り、自信を喪失しやすく（認知の症状）、勉強、運動、遊びのいずれの領域でもやる気が出なくなる（意欲の症状）。これらに伴い、活動量の低下や引きこもりが見られやすい。ただし、児童生徒（特に小学生）の場合、気分の落ち込みの代わりに、イライラや焦燥感が出現することがあるので注意する必要がある。以上の症状とともに、睡眠障害（不眠、稀に過眠）と食思・体重の減少（ときに増加；子供の場合は成長に伴う増加の停滞）が見られる。

双極性障害は、うつ状態と躁状態が交互に現れるのが特徴である。強い躁状態とうつ状態（大抵は軽度）を繰り返す双極 1 型と、軽度の躁状態と強いうつ状態を繰り返す双極 2 型がある。双極 2 型はうつ病と間違われやすいが、うつ病とは治療法が異なる。

双極性障害では、うつ状態にはうつ病とほぼ同じ症状が現れるが、睡眠の短縮（早朝覚醒など）よりも過眠になりやすい。躁状態の症状には、爽快な気分、頭にたくさんの考えが浮かぶ、何でもできそうな気がする、睡眠時間が短くても疲れを感じないなどがある。ただし、子供の場合、そう快な気分ではなく、イライラや怒りっぽさ、衝動性などが現れやすく、問題行動が誘発されやすい。さらに、躁状態とうつ状態が入り混じった“混合状態”が出現することもあり、躁状態とうつ状態の両方が 1 日の中で交代する（急速交代型）子供もいる。また、子供の場合、躁状態や混合状態で幻覚（主に幻聴）や妄想が現れやすいのが特徴である。手首自傷、多量服薬、感情の爆発（激情発作）が現れやすいのも子供の双極性障害（特に躁状態と混合状態）の特徴である。

(21)　統合失調症

青年期に好発する代表的な精神病であり、幻覚や妄想が主な症状である。約 100 人に 1 人の割合で罹患し、まれに小学生にも発病する。以前は治りにくい疾患と思われていたが、早期治療と適切なケアにより 3 人に 1 人は治癒し、完治しない場合でも治療を受けながら復学できるケースも多い。代表的な症状は「幻覚」と「妄想」である。幻覚の中では「自分の悪口やうわさ話が聞こえる」などの幻聴が多く、妄想の中では被害妄想（「自分が秘密組織に狙われている」など）と誇大妄想（「自分は神の生まれ変わりだ」など）が多い。特に本疾患に特徴的な症状として「自分の体が操られている」、「自分の考えたことが皆に知れわたってしまう」、「テレパシーで頭の中に考えが吹き込まれる」などの自我障害がある。

発病初期からよく見られるのは、「周りの人が自分をじろじろみる」、「通行人が自分をあざ笑った」、「皆が自分を無視する」など身の回りで起きている出来事を自分と関連付けて被害的に知覚する「被害関係念慮」や、「周囲が変に見える」などの外界変容感である。

統合失調症のなかには、短期間のうちに急激に悪化し、支離滅裂（つじつまの合わないことを口にする）で、興奮して行動がまとまらなくなる急性錯乱状態に陥るケースや、幻覚や妄想がはっきりとは見られず、徐々に不活発となり、独語（ひとり言）や空笑（ひとり笑い）が出現し、部屋に閉じこもるようなケースなどさまざまである。

(22)　心的外傷後ストレス障害（PTSD）

地震・火事などの被災、事件・事故の被害や目撃、親しい人の急死など、性被害など強い恐怖・戦慄・無力感に襲われるような、生命にかかわりかねない出来事を体験または目撃したことによるショック（トラウマ）が一過性で収まらずに心身両面に様々な後遺症を引き起こしている状態を指す。

PTSD の主な症状は、「再体験症状」、「回避・麻痺症状」、「覚醒亢進（かくせいこうしん）症状」である。再体験症状の代表はフラッシュバック（そのときの情景が突然生々しく想起されて動揺する）や悪夢（トラウマ体験が現れる）である。ただし、子供の場合、フラッシュバックがなく、遊びの中でトラウマ場面の一部を再現することがある（トラウマティック・リプレイ）。回避・麻痺症状の例は、トラウマを想起させる場所や状況を避ける（事故を目撃した道を通らないなど）、トラウマの中心部分（性被害など）が想い出せない、現実感が低下する（苦痛と直面しないための防衛機制と考えられる）などがある。覚醒亢進（かくせいこうしん）症状には、身体的な交感神経緊張症状（心拍、呼吸が早くなるなど）のほか、過剰な警戒感（すぐにビクッとするなど）、不眠、イライラ、集中困難などがある。これら以外に、一人になるのを怖がる、電気を消すのを嫌がる、幼児かえりしたように甘える（心理的退行）などの症状もよく見られる。犯罪被害や自殺の目撃、性被害などの場合、“自分が悪い”という誤った罪責感を本人が抱いていることが多い。

PTSDの症状はトラウマの発生から数カ月以上たってから現れることがある。また、災害や事件などが起きた日付（１周年など）に、一旦治まっていた症状が再燃することがある（アニバーサリー効果）ため注意が必要である。

(23)　自殺・自殺企図と自傷行為

①　自殺・自殺企図

自殺・自殺企図には様々な背景がある。小学校特に低学年では生命の危険や死に対する認識が十分には形成されておらず、“死んでもまた生き返る”というような観念を抱いている場合がある。知的障害のように精神発達に遅れがある場合、小学校を過ぎてもこのような段階の認識にとどまりやすい。このような状態で、いじめや虐待など嫌な事が起き、大人に助けを求めることができなかったとき、一時的に苦痛から逃れるつもりで自殺企図を行うことがある。その際、自殺の手段をアニメやニュースなど様々なメディアを通じて学習していることが多いため、自殺に関する情報には注意する必要がある。

小学校高学年以降になると、周囲からの孤立・疎外、いじめ、虐待などを契機として自殺を考えるケースのほか、精神疾患（うつ病、躁（そう）うつ病など）や災害・事件・事故の精神的後遺症（PTSDなど）の影響で自殺願望が生じる場合もある。特に広汎性発達障害の児童生徒は、社会性の障害により学校への適応に苦労しやすいため、孤立やいじめに見舞われることが少なくない。また、クラスで孤立している場合、周囲に悪意がなくても“いじめられた”と被害的に受け取り、“死にたい”と考えてしまうことがあるため注意が必要である。

高校生になると、社会的意識がそれまで以上に強まり、自分の将来についての展望が精神状態を大きく左右するようになる。自殺企図についても、これまで述べた背景に加え、家族の経済状態や受験・進路の見通しが関係するようになる。また、高校以降はうつ病や統合失調症など精神疾患を発症する割合が高くなり、それらの症状の中で自殺企図が見られることもある。

②　自傷行為

自傷行為には、手首自傷（リストカット）、多量服薬、たばこによる皮膚の焼き入れ（熱傷）などがあり、小学校高学年ごろから見られ、年齢とともに割合が増す傾向がある。これらは必ずしも自殺企図として行われていないことが多い。

特に手首自傷の場合、人間関係の問題を始めとするストレスやイライラ、空虚感、混乱した感情などの解消を目的として行われていることが多い。また、親や教員の関心を自分に向ける意図が感じられるケースもある。一方、精神疾患が自傷行為に関与していることもまれではなく、摂食障害、パーソナリティ障害、双極性障害はその例である。また、広汎性発達障害の子供がイライラ解消やパニック予防の手段として自傷行為を行っているケースもある。

明確な自殺企図を目的として自傷行為を行うのは高校生以降に多く、その場合、傷の深さ、服薬量の多さなどが特徴的である。明確な理由や原因が見出されることが多い。

特別支援学校教育要領・学習指導要領解説 自立活動編

（幼稚部・小学部・中学部）（文部科学省、平成 30 年発行）

＊「第６章 自立活動の内容」及び「第７章 自立活動の個別の指導計画の作成と内容の取扱い」の記述で、「こころの病気」に関係すると考えられるもののみを以下に記載。

第６章 自立活動の内容

1　健康の保持

(2) 病気の状態の理解と生活管理に関すること
②　具体的指導内容例と留意点

うつ病などの精神性の疾患の幼児児童生徒の場合，食欲の減退などの身体症状，興味や関心の低下や意欲の減退などの症状が見られるが，それらの症状が病気によるものであることを理解できないことが多い。このような場合には，医師の了解を得た上で，幼児児童生徒が病気の仕組みと治療方法を理解するとともに，ストレスがそれらの症状に影響を与えることが多いので，自らその軽減を図ることができるように指導することが大切である。例えば，日記を書くことでストレスとなった要因に気付いたり，小集団での話合いの中で，ストレスを避ける方法や発散する方法を考えたりすることも有効である。

2　心理的な安定

(1) 情緒の安定に関すること
③　他の項目との関連例

心身症の幼児児童生徒の場合，心理的に緊張しやすく，不安になりやすい傾向がある。また，身体面では，嘔吐，下痢，拒食等様々な症状があり，日々それらが繰り返されるため強いストレスを感じることがある。それらの結果として，集団に参加することが困難な場合がある。こうした幼児児童生徒が，自ら情緒的な安定を図り，日常生活や学習に意欲的に取り組むことができるようにするためには，教師が病気の原因を把握した上で，本人の気持ちを理解しようとする態度でかかわることが大切である。その上で，良好な人間関係作りを目指して，集団構成を工夫した小集団で，様々な活動を行ったり，十分にコミュニケーションができるようにしたりすることが重要である。そこで，心身症のある幼児児童生徒が情緒を安定させ，様々な活動に参加できるようにするためには，この項目に加え，「３人間関係の形成」や「６コミュニケーション」等の区分に示されている項目の中から必要な項目を選定し，それらを相互に関連付けて具体的な指導内容を設定することが大切である。

さらに，③で示している抽出すべき課題同士の関連を整理し，④に示すように中心的な課題を導き出した。摂食障害等の心身症の本生徒の場合，各教科の学習空白等に応じた指導だけではなく，身体面に関する指導と精神面に関する指導も必要である。また，摂食障害は拒食状態になると命に関わることがあるため，医師や看護師と連携して指導に当たることになるが，その際に本人が症状とストレス等との関係について知るとともに，主体的に日々の健康状態の変化を把握し，改善・克服しようとする意欲をもつことが重要となる。そこで，苦手としている学習上の課題や，生活上の食事や睡眠の課題に取り組むことで，自己理解を促し，自信を付けさせ，自尊感情が高まる取組を中心的な課題とした。

これまでの手続きを経て，⑤に示すように，「自己理解を深めることにより，体調，感情等の自己管理能力やコミュニケーション能力及び自分なりの学習方法を身に付け，前向きな気持ちを育み，自尊感情を高める。」という指導目標を設定した。

治療等により病状は変わっていくことから，不調期（☆，入院初期を含む），安定期（☆☆），退院＝前籍校への復籍の移行期（☆☆☆）に分けて病状を予測し，⑥に示すように，それぞれにおいて「健康の保持」の（2）（5），「心理的な安定」の（1）（3），「人間関係の形成」の（3）（4），「環境の把握」の（2），「コミュニケーション」の（5）を選定した。

これらのうち，ここでは，安定期（☆☆の項目を設定）を取り上げ，⑥で選定した項目を相互に関連付けて，具体的な指導内容を設定した。本生徒の場合，⑦に示すように，会話の内容や状況に応じたコミュニケーション能力の獲得及び人と関わる意欲の向上を図るための指導が必要である。このことから，「心理的な安定」の（3），「人間関係の形成」の（4），「コミュニケーション」の（5）を関連付けて，⑧のウに示すようにソーシャルスキルの指導やロールプレイ等を通して，学校や日常生活で想定される課題への対応方法を身に付け，適切に対応する実体験を重ねることにより，達成感・成就感を得る。」という安定期における具体的な指導内容を設定した。

第７章 自立活動の個別の指導計画の作成と内容の取扱い
　実態把握から具体的な指導内容を設定するまでの例示 P144 ～ 147

図９は，摂食障害（神経性無食欲症）の診断を受け，入院して特別支援学校（病弱）に転校した中学部第２学年の生徒に対して，自己理解を深め，自尊感情を高めるようにするための具体的な指導内容を設定するまでの例である。

まず，①に示すように，実態把握を行い必要な情報を収集した。その際，生徒・保護者からの聞き取りとともに前籍校からの引継ぎや医療機関との連携などから広く情報を収集するようにした。本生徒は，睡眠時間や食事の摂取に課題があり，不登校が続いていた。読み書きの困難さがありその習得は小学校３年生程度である。また，集団の動きから遅れたり，失敗経験を繰り返したりすることによって自尊感情が低下し，人との関わりを避けるなどの様子が見られた。また几帳面な性格で，達成できないことがあるとひどく落ち込むことがある。

次に，①で示している収集した情報を，②－１から②－３までに示す三つの観点から整理した。

対象生徒の場合は，摂食障害による心身両面にわたる症状がもたらす困難を整理することが大切であることから，②－１の自立活動の区分の前に，②－２の学習上又は生活上の困難の視点から収集した情報を整理した。学習上の困難のうち，特に読むことに関しては，文字を読み飛ばしたり，行を間違えて読んだりなどの困難さを示しており，スムーズに読めない自分に落ち込み，自尊感情をさらに低下させていた。また，食べること，眠ることが安定しないことも通学に大きく影響していることなどが整理された。

②－３の観点については，病弱教育の対象となる幼児児童生徒の場合，病状が変化する可能性があることから，数年後の姿を想定することが難しい場合がある。この事例については，本人の進学希望や将来就きたい仕事をしている本人の姿を想定して整理した。

その上で②－１の観点から，自立活動の区分に即して整理すると，「健康の保持」では，自分の病気を正しく理解できていないこと，「人間関係の形成」では，自尊感情の低下に伴い，人との関わりを避けること等が整理できた。

上記で整理した実態をもとに，③に示すように，指導すべき課題を抽出した。対象生徒の場合は，「睡眠時間や食事の摂取に課題がある（健康の保持）（心理的な安定）」，「読み書きに対する苦手意識があり，限られた時間内に活動できないなどの学習上，生活上の困難がある（健康の保持，心理的な安定，人間関係の形成，環境の把握）」，「自尊感情の低下により，活動が消極的になったり人と直接関わることを避けたりする（心理的な安定，人間関係の形成，コミュニケーション）」を抽出した。

学部・学年	中学部・第２学年
障害の種類・程度や状態等	病弱・学校生活への不適応により不登校となる。心身症による身体症状が見られるため，入院して特別支援学校（病弱）に転校
事例の概要	自己理解を深め，自尊感情を高めることを目指した指導

①　障害の状態，発達や経験の程度，興味・関心，学習や生活の中で見られる長所やよさ，課題等について情報収集
・心身症の一つである摂食障害（神経性無食欲症）の診断を受け，入院している。 ・小学生の時は甘いものが好きで，将来パティシエになりたいと思っていた。 ・食べることが好きで，徐々に体重が増加し周りからからかわれた。 ・太ることへの恐怖心が湧き，食べることを拒否しているが，食べたい気持ちがあり，状況に関係なく食べ物の話を繰り返す。 ・容姿を過度に気にするため，授業中でもたびたび鏡を見る。 ・不眠が続き，欠席がちになり中学校１年の秋ごろから不登校となる。 ・中学校では学習が遅れがちになり，登校した時には集団の動きから遅れたり，失敗を繰り返したりし，徐々に自尊感情が低下した。 ・小学校では友人も多かったが，中学校に入ると自尊感情の低下に伴い，人との直接の関わりを避けるようになった。 ・不登校により全体的に学習が遅れがちであり，文字の読み書きは小学校３年生程度である。 ・几帳面な性格であるため，達成できないことがあると落ち込み，話をしなくなる。

②－１　収集した情報（①）を自立活動の区分に即して整理する段階

健康の保持	心理的な安定	人間関係の形成	環境の把握	身体の動き	コミュニケーション
・自分の病気が正しく理解できていない。 ・必要な食事量が摂取できない。 ・不眠が続いている。	・太ることへの恐怖感がある一方，繰り返し話題にする。 ・容姿を過度に気にする。 ・達成できないことがあると落ち込んで，話をしなくなる。	・周囲の視線を過剰に意識しており，容姿だけでなく，学習が遅れていることや集団の動きについていけないことも気にしている。 ・自尊感情の低下に伴い，人との（直接の）関わりを避ける	・学年相当の文字の読み書きが難しい。		・会話はできるが，対面して話すことを避ける。

②－２　収集した情報（①）を学習上又は生活上の困難や，これまでの学習状況の視点から整理する段階
・太ることへの恐怖や容姿が過度に気になり，食事を摂ることができない。（健）（心）（人） ・不眠により生活リズムが乱れ学校に通うことが困難。（健） ・文字の読み書きが困難であり，文字を読み飛ばしたり，行を間違えたりすることがある（小学校３年生程度）。（環） ・失敗経験が自尊感情の低下につながり，人との関わりを避けている。（心）（人）（コ）

②－３　収集した情報（①）を○○年後の姿の観点から整理する段階
・将来はパティシエを養成する専門学校へ進学したいと言っている。（健）（心） ・症状に影響する不安やストレスを自ら認知し，適切に対応することが難しい。（健）（心） ・心身の日々の変化を把握し，必要に応じて周囲の人に支援を求めることが難しい。（健）（心）（人）（コ） ・自尊感情が低く，人との（直接的な）関わりを避ける（心）（人）（コ）

③　①をもとに②－１，②－２，②－３で整理した情報から課題を抽出する段階
・睡眠時間や食事の摂取に課題がある。（健）（心） ・読み書きに対する苦手意識があり，限られた時間内に活動できないなど学習上，生活上の困難がある。特に読みについては，文字を読み飛ばしたり，行を間違えたりすることから，詳しく視覚能力についての状態をみる必要がある。（健）（心）（人）（環） ・自尊感情の低下により，活動が消極的になったり人と直接関わることを避けたりする。（心）（人）（コ）

図９　病弱

④　③で整理した課題同士がどのように関連しているかを整理し，中心的な課題を導き出す段階
・自尊感情が低下しているので，苦手としている学習上の課題や，生活上の睡眠や食事の課題に取り組むことで，自己理解を促し，自信をつけさせ，自尊感情が高まる取り組みが必要である。

課題同士の関係を整理する中で今指導すべき指導目標として	⑤　④に基づき設定した指導目標を記す段階
	・自己理解を深めることにより，体調，感情等の自己管理能力やコミュニケーション能力及び自分なりの学習方法を身に付け，前向きな気持ちを育み，自尊感情を高める。

指導目標を達成するために必要な項目の選定	⑥　⑤を達成するために必要な項目を選定する段階					
	健康の保持	心理的な安定	人間関係の形成	環境の把握	身体の動き	コミュニケーション
	☆ (2)病気の状態の理解と生活管理に関すること。 ☆☆・☆☆☆ (4)障害の特性の理解と生活環境の調整に関すること。 (5)健康状態の維持・改善に関すること。	☆ (1)情緒の安定に関すること。 ☆☆・☆☆☆ (3)障害による学習上又は生活上の困難を改善・克服する意欲に関すること。	☆☆ (3)自己の理解と行動の調整に関すること。 ☆☆☆ (4)集団への参加の基礎に関すること。	☆☆ (2)感覚や認知の特性についての理解と対応に関すること。		☆☆・☆☆☆ (5)状況に応じたコミュニケーションに関すること。

⑦　項目と項目を関連付ける際のポイント
<項目と項目を関連付ける共通の意図> 効果的な指導のために，治療計画や日内変動を踏まえて指導内容・方法を選定することが大切であるが，治療計画は必ずしも計画どおりに進むとは限らない。また日内変動は，体調による変動だけでなく，場所や状況等によっても大きく変動することがある。一日の内に何度か変動することがあるため，それぞれの状況等に応じた項目を選定する必要がある。急性期は治療を優先する必要があるため，具体的な指導は安定期に行われることが多い。そのため，ここでは安定期の指導内容について記述し，指導目標を達成するための項目を関連付けて具体的な指導内容を設定した。(☆☆の項目を設定) <具体的な指導内容と項目を関連付ける意図> ・自己理解を通した日常生活の自己管理能力の向上を図る意図で（健）(5)と（心）(3)と（人）(3)とを関連付けて設定した具体的な指導内容が，⑧アである。 ・認知の特性や動作の状態に応じた学習方法を確立する意図で（健）(4)と（心）(3)と（人）(3)と（環）(2)とを関連付けて設定した具体的な指導内容が，⑧イである。 ・会話の内容や状況に応じたコミュニケーション能力の獲得および人と関わる意欲の向上を図る意図で（心）(3)と（人）(4)と（コ）(5)とを関連付けて設定した具体的な指導内容が，⑧ウである。

選定した項目を関連付けて具体的な指導内容を設定	⑧　具体的な指導内容を設定する段階		
	ア　食事・睡眠の状態や体調・精神状態等を自ら記録することをとおして，心身の状態の変化を客観的に把握するとともに，それぞれの状況を振り返る中で，必要に応じて周囲の人に助けを求める又は休養する時間と場所を求めるなど，状態の変化に応じて主体的に対応する。	イ　追視に課題があることがわかったので，読字については，例えば写真や絵，絵文字，短い言葉などで構成されたＬＬブックや音声で読み上げるオーディオブック，デイジー図書等を活用して読書への興味関心を高めるとともに，円滑な追視などの視覚能力を向上させるビジョントレーニング等により一連の文章を読み間違えたり，読み飛ばしたりすることを少なくする。	ウ　ソーシャルスキルの指導やロールプレイ等をとおして，学校や日常生活で想定される課題への対応方法を身につけ，適切に対応する実体験を重ねることにより，達成感・成就感を得る。

☆：不調時（入院初期を含む），☆☆：安定期，☆☆☆：移行期

※必要な項目の選定に当たっては，治療ステージや日内変動に応じた指導ができるようにするため記載するが，具体的な指導内容については，安定期にある子どもに絞って記載している。

図９　病弱

令和2・3年度　精神疾患等のこころの病気のある児童生徒の指導と支援の事例集Ⅵ　－「Co-MaMe」を活用した教育的支援－

（全国病弱虚弱教育研究連盟 心身症等研究員会　令和３年発行）

中学部３年生の自立活動事例シート（P36）を掲載。
以下のＷｅｂサイトよりダウンロードできます。
https://drive.google.com/file/d/1giVzJUxVUyjx23vcwAEZbLc2k0avXpZ1/view
（令和５年４月確認）

自立活動　事例シート

小・中・高	1・2・3・4・5・6 年	障害名(病名) (精神疾患・心身症等の障害名(病名))	注意欠陥多動性障害、自閉スペクトラム症、愛着障害
教育課程	準ずる教育課程 ・ 準ずる教育内容(下学年適用) ・ 知的障がいの教育課程(知的代替) ・自立活動を主とする教育課程		

＊①～⑥はシート2の項目

1)実態把握							
収集した情報	＜本人の願い＞ ・整理整頓ができるようにする。・判断力を高めたい。 ・相手の気持ちを考えられるようになりたい。 ＜保護者の願い＞ ・規律を守ることができるようになってほしい。 ・円満、円滑なコミュニケーション力を身に付けてほしい。 ・異性との適切な距離感を身に付けてほしい。 ＜医療歴(検査結果)＞H29.6.29(小5) WISCⅣ 全検査IQ89 言語理解82 知覚推理118 ワーキングメモリ85 処理速度78 検査者(総合福祉センター) R1.6.27(中1) WISCⅣ 全検査IQ91 検査者(滝田充子)						
	Co-MaMeより(参考①)	A5 自己理解(何が辛いのか自分でもわからない)	試行期	A6 気持ちの表現 (気持ちを言葉・文字に表せない)	試行期	A7 情緒の安定 (嫌なことを思い出してしまう、イライラする)	試行期
		B2 社会のルールの理解 (学校や社会の規則が守れない、自分で変更する)	試行期	B3 コミュニケーションスキル(あいづちがうてない、人の話が聞けない)	試行期	B4 同年代との関係(相手のことを考えた言動ができずトラブルになる)	試行期
		B9 他者への相談(困った時に相談できない)	試行期	E2 物の管理(忘れ物が多い、物をなくしてしまう)	試行期	F1 睡眠・生活リズム (朝起きられず遅刻してしまうことが多い)	試行期

収集した情報の整理							
	自立活動の区分に即して整理	A心理	B社会性	C学習	D身体	E学校生活	F自己管理
	自立活動の領域・項目	健康の保持	心理的な安定	人間関係の形成	環境の把握	身体の動き	コミュニケーション
		(1) (2) (3) (4) (5)	(1) (2) (3)	(1) (2) (3) (4)	(1) (2) (3) (4) (5)	(1) (2) (3) (4) (5)	(1) (2) (3) (4) (5)
	・他者とのトラブルに巻き込まれた際に、どのように対応すればよいかを考えて言語化することに困難さがある。 ・支援者がじっくり聞き取り、本人の意思を尊重しながら解決に向けての機会を与えることで、課題を克服することにつなげられる。 ・社会のルールの理解に課題があり、自分のルールに置き換えて考えることから犯罪に巻き込まれたり、法律を知らないで犯罪を犯してしまうことが考えられる。 ・野外での活動や生き物等に興味、関心があり、自ら取り組もうとする意欲もあるため、学習や就労につなげることができる。						

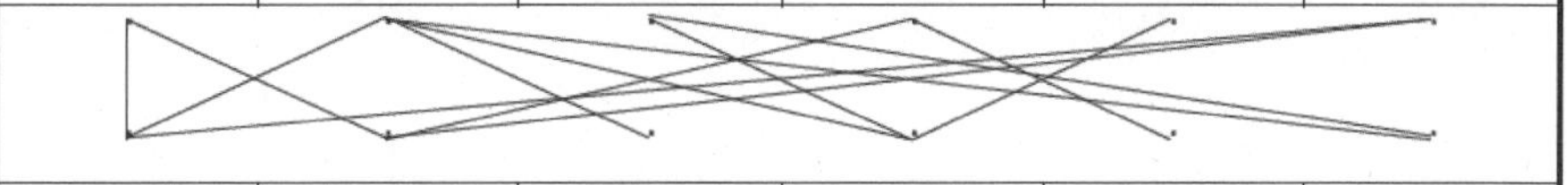

2)課題(参考②)	・相手の気持ちや立場を考え、その場面に合った適切なかかわり方をする。 ・自分が思っていることを行動に移す前に、教師や近くにいる大人に相談して別の視点や立場から物事を考えられるようにする。 ・整理整頓や自分の予定を立て、見通しをもって行動する。
3)ねらい(参考③)	・トラブルが起きた際の振り返りで、教師が黒板やノートに記入することで視覚的に整理しながら考えられるようにする。 ・人との関わりや授業の受け方についての目標の確認を行い、振り返りをする機会を設けることで、自分自身の行動について、適切な行動を選択できるようにする。 ・整理整頓の仕方やチェックシートをもとに行うことで、自分の生活場所や学校での活動に見通しをもてるようにする。

4)必要な項目の選定							
自立活動の区分・項目	健康の保持	心理的な安定	人間関係の形成	環境の把握	身体の動き	コミュニケーション	
	①(2) (3) (4)(5)	(1) ② (3)	(1) (2) ③ (4)	(1) (2) (3) ④ (5)	(1) ② (3) (4)(5)	(1) (2) (3) ④ (5)	
具体的な指導内容（参考④）	＜A心理＞ ・出来事を黒板やノートに記載するなど視覚化して振り返りながら、その場面で感じた気持ちを「%」の表示等で表す。 ・本人の話を聞きながら気持ちや思いを受容的に受け止める。 ＜B社会性＞ ・自分のとった行動や言動に対して、相手にどのような影響や気持ちになるかを考えられるようにイラストや文字等で提示する。 ＜C学習＞ ・漢字検定に取り組み、漢字の語彙力の向上を図る。 ・スケジュール表をこまめに記入できるよう一緒に確認する。 ＜D身体＞ ・ブレインジムやランニングなど身体を動かして調子を整えたり、気分転換ができるようにする。 ＜E学校生活＞ ・学校の個人ロッカーについて、チェック項目をもとに自ら整理整頓ができるようにする。 ・スケジュールノートに週ごとの予定を立て、委員会活動や宿題等を記入し、自ら気付いて行動できるようにする。 ＜F自己管理＞ ・自分の睡眠時間や生活の様子を日頃から記録して、関係機関や保護者と情報共有し、必要に応じて主治医と相談した上で、服薬の調整等を行う。						

成果と課題（参考⑤、⑥）	
成果	・トラブルが起きた際に支援者が一緒に気持ちの整理をすることで、他者の気持ちや立場を理解できる場面が増えた。また、トラブルが起きると悪い方向へ考える傾向があったが、自分の行動が周りに与える影響についてデメリットを考えることで、周りに助けを求めたい部分と自分が我慢した方がよい部分を考えることができるようになった。 ・よい行動を自ら考え、行動できる場面が増えた。 ・書ける漢字が増え、日記に記入する文章の量も増え、言葉で表現できる幅が増えてきた。 ・自らの身体の調子の整え方を理解することができた。 ・予定を記入する時間を確保することで、見通しをもつことができ、忘れ物が減少した。 ・日常生活や学校生活において、トラブルや困っていることを保護者・関係機関に相談し、主治医と面談することで、服薬を調整し、登校の安定につなげることができた。
課題	・他者との関わりに不安があるため、本人が安心して関われる環境を調整しながら、物事を前向きに捉えられるようにする。 ・コミュニケーションにおける成功体験を積み、自信を高める。 ・読み書きできる漢字や表現する言葉をさらに増やす。 ・起床や就寝時刻を守り、生活リズムを整える。 ・日常生活や社会生活のルールを守り、規範意識を高める。 ・服薬のコンプライアンスを身に付け、自分の健康状態を理解し、自己管理できるようにする。

○　引用・参考文献　○

・独立行政法人 国立特別支援教育総合研究所（2006）慢性疾患、心身症、情緒及び行動の障害を伴う不登校の経験のある子供の教育支援に関するガイドブック.

・公益財団法人 日本学校保健会（2001）養護教諭が行う 健康相談活動の進め方 保健室登校を中心に.

・公益財団法人 日本学校保健会（2015）現代的な健康課題対応委員会（心の健康に関する教育）報告書.

・公益財団法人 日本学校保健会（2018）保健室利用状況に関する調査報告書 平成28年度調査結果.

・厚生労働省. こころもメンテしよう　若者のためのメンタルヘルスブック. https://www.mhlw.go.jp/kokoro/youth/docs/book.pdf（令和5年4月確認）

・文部科学省 (2018) 特別支援学校教育要領・学習指導要領解説 自立活動編 (幼稚部・小学部・中学部).

・文部科学省（2019）平成30年度 子供の問題行動・不登校等生徒指導上の諸課題に関する調査結果について.

・文部科学省初等中等教育局特別支援教育課（2021）障害のある子供の教育支援の手引～子供たち一人一人の教育的ニーズを踏まえた学びの充実に向けて～.

・文部科学省（2021）教職員のための子供の健康相談及び保健指導の手引.

・文部科学省（2022）生徒指導提要.

・内閣府（2013）若者の考え方についての調査（ニート、ひきこもり、不登校の子供・若者への支援等に関する調査）報告書.

・大崎博史・小西孝正・土屋忠之・藤田昌資（2021）病弱・虚弱教育における病気の児童生徒の病類の現状－全国病弱虚弱教育研究連盟「令和元年度病類調査」結果から－. 国立特別支援教育総合研究所ジャーナル, 10,P11-16.

・八島猛・栃真賀透・植木田潤・滝川国芳・西牧謙吾（2013）病弱・身体虚弱教育における精神疾患等の子供の現状と教育的課題：全国の特別支援学校（病弱）を対象とした調査に基づく検討，小児保健研究,72,4,P514-524.

・全国特別支援学校病弱教育校長会（2009）病気の児童生徒への特別支援教育～病気の子供の理解のために～　こころの病編. http://www.nise.go.jp/portal/elearn/shiryou/byoujyaku/pdf/mental_illness.pdf（令和5年4月確認）

＊一部、もっと詳しく知りたい！　と重複するものがあります。

付　録

付録に掲載の資料は下の QR コード
からダウンロードできます。

https://www.nise.go.jp/nc/study/others/
disability_list/health/co-mame

〔　付録　〕

○学校にてすぐに活用できるように教育的ニーズの6カテゴリーと40項目による〔アセスメントシート〕と、そのニーズに対応した〔支援のイメージ図〕40枚を付録として掲載しています。

○〔アセスメントシート〕と〔支援のイメージ図〕を使って児童生徒の教育的ニーズと支援方法を「見える化」することで、教員間で共通理解をしながら支援を行うことができます。

○利用に関する留意事項

〔アセスメントシート〕、〔整理用シート〕、〔支援のイメージ図〕は、独立行政法人国立特別支援教育総合研究所病弱班　予備的研究「精神疾患及び心身症のある児童生徒の教育的ニーズに関する研究」（平成28年度）及び基幹研究「精神疾患及び心身症のある児童生徒の教育的支援・配慮に関する研究」（平成29〜30年度）の研究成果に基づき作成したものです。

学校内では研究所への許諾は必要なく活用できます。その際には、書式や図・表、語句等は変更せずにご使用下さい。学校以外で使用する場合は、独立行政法人国立特別支援教育総合研究所病弱班のCo-MaMeを使用したことを必ず明記して下さい。なお、使用した際の結果については使用者に責任が帰属します。

① 令和　　年　　月　　日　　② 令和　　年　　月　　日

アセスメントシート

（1）Co-MaMe を活用して支援を行うことが適当だと思われる児童生徒を一人決めます。

（2）対象児童生徒に当てはまる教育的ニーズについて、チェック欄の①の項目に○、特に重要と思われる項目は◎（３つ程度）をします（②の欄は数ヶ月後に児童生徒の変容を把握する時等に使用します）。

A 心理	チェック	
	①	②
A1 不安・悩み （不安が強い、悩みが頭から離れない）		
A2 感情のコントロール （気持ちを抑えられない、すぐに怒ってしまう）		
A3 こだわり （一つのことにこだわると他のことが考えられない）		
A4 意欲・気力 （目標がもてない、やる気がおきない）		
A5 自己理解 （何が辛いのか自分でも分からない）		
A6 気持ちの表現 （気持ちを言葉・文字に表せない）		
A7 情緒の安定 （嫌なことを思い出してしまう、イライラする）		
A8 気分の変動 （気分の浮き沈みがある）		
A9 自信 （自分に自信がない、自己肯定感が低い）		

B 社会性	チェック	
	①	②
B1 集団活動 （集団の中にいると疲れる、ルールに従えない）		
B2 社会のルールの理解 （学校や社会の規則を守れない、自分で変更する）		
B3 コミュニケーションスキル （あいづちがうてない、人の話が聞けない）		
B4 同年代との関係 （相手のことを考えた言動ができずトラブルになる）		
B5 家族との関係 （家族との関係がうまくいかない）		
B6 教師との関係 （教師を信用しない、教師とトラブル）		
B7 異性との関係 （異性との関係がうまくいかない）		
B8 他者への信頼 （人が信用できない、人と関わりたくない）		
B9 他者への相談 （困った時に相談できない）		
B10 他者理解 （表情や態度から気持ちが読み取れない）		

C 学習	チェック	
	①	②
C1 学習状況 （勉強の仕方が分からない）		
C2 処理能力 （書きながら聞くなど、２つの作業を同時に行えない）		
C3 聞き取り・理解力 （話を聞いても理解できない、指示内容が分からない）		
C4 読み・書き （文章を読むのが苦手、漢字を正しく書けない）		
C5 記憶力 （すぐに忘れてしまう）		
C6 注意・集中 （集中が続かない、気が散って集中できない）		
C7 学習への意識 （嫌いな教科に出たくない）		
C8 経験 （生活経験が低い）		

D 身体	チェック	
	①	②
D1 身体症状・体調 （お腹や頭が痛い、過呼吸や喘息がおこる）		
D2 巧緻性 （手先を使って操作することが指示通りできない）		
D3 動作・体力 （体力がない、動きがはやくできない）		
D4 多動性 （じっとしていられない、待てない）		
D5 感覚過敏 （においに敏感、大きな声が嫌）		

E 学校生活	チェック	
	①	②
E1 見通し （予定の変更が受け入れられない）		
E2 物の管理 （忘れ物が多い、物をなくしてしまう）		
E3 登校・入室への抵抗感 （学校に行きたくない、教室に入れない）		

F 自己管理	チェック	
	①	②
F1 睡眠・生活リズム （朝起きられず遅刻してしまうことが多い）		
F2 食事 （給食が食べられない、外食ができない）		
F3 服薬 （薬が手離せない、薬の管理が面倒）		
F4 病気の理解 （自分自身の病状を理解していない）		
F5 ストレスへの対処 （ストレスへの対処、苦手なことから逃れたい）		

（3）アセスメントシートで◎を付けた項等目について、【支援のイメージ図】を参考にして記入します。

整理用シート　参考例

教育的ニーズの項目を１つ選び(◎の項目等)、記号と名称を記入。

	記入欄	
①教育的ニーズの項目	D１	身体症状・体調
②具体的な課題内容	不安な気持ちになると、かゆみや痛みを訴えて、学習に取り組めなくなる。	
③支援・配慮等のねらい	不安や痛み等について相談したり、好きな活動をしたりすることで、安心感をもつ。	
④教育的支援・配慮 【支援のイメージ図を参考に記入】	・不安な気持ちや、痛みやかゆみについていつでも相談できるようにして、焦りを感じたり、罪悪感をもったりしないようにする。 ・痛みやかゆみを気にせずに取り組めるように、本人が興味をもって取り組める内容を授業に取り入れる。 **＊Co-MaMe の図を参考した支援・配慮** ・本人の状態から〔**受容期**〕の取組を行う必要があり、気持ちを落ち着かせて共感や受容する支援を行っている ・不安なことは何かじっくりと聞く ・運動を行い頭痛や腹痛から思考をそらす	

今、行う支援・配慮のねらいを記入。

学校生活で行っている取組等を記入。

「支援のイメージ図」から記入。

整理用シート

項目	記入欄	
①教育的ニーズの項目		
② 具体的な課題内容		
③ 支援・配慮等のねらい		
④教育的支援・配慮 【支援のイメージ図を参考に記入】		

整理用シート

項目	記入欄
①教育的ニーズの項目	
②具体的な課題内容	
③支援・配慮等のねらい	
④教育的支援・配慮 【支援のイメージ図を参考に記入】	

整理用シート

項目	記入欄
①教育的ニーズの項目	
②具体的な課題内容	
③支援・配慮等のねらい	
④教育的支援・配慮 【支援のイメージ図を参考に記入】	

独立行政法人
国立特別支援教育総合研究所
NISE National Institute of Special Needs Education

Co-MaMe
【支援のイメージ図】

独立行政法人国立特別支援教育総合研究所

病弱班

National Institute of Special Needs Education

支援の時期

受容期

教員(担任)から、気持ちを落ち着かせて共感や受容をしながら、
活動する上での土台を築く段階

試行期

教員(担任)との関わりの中で、気持ちや行動の振り返りを行いながら、
少しずつ取り組む段階

安定期

友達や社会との関わりの中で、自分にあった対処方法を見付けて行いながら、
目標に向けて取り組む段階

A1．不安・悩み

Co-MaMe
【支援のイメージ図】

課題
・不安が強いため教室に入れず、強迫的な行為や暴言・暴力がある
・見通しをもてずに自信がなく、新しい活動を嫌がる
・心配が強くて経験の幅が広がらないため、進路に不安がある

受容期

＊気持ちを聞く
・話したい時にじっくり聴き、認める
・イライラすること等、感情を言葉にできるようにする

＊共感、理解する
・その時にできていることをほめる
・否定的な言葉を使わずに接する

＊無理なく好きな活動ができるようにする
・本人が好きな活動を行う
・授業はゆったり進めて会話を増やし、学習量を減らす
・不安になりやすい場所、時間は避ける

試行期

＊相談しながら行えるようにする
・行ったことを振り返り、落ち着ける方法や対処の仕方を一緒に考える
・不安や困難さを具体的に相談して共有していく

＊スモールステップで行う学習設定
・一つ一つ見本を見せたり、練習したりしてから行う
・少しずつ離れて一人で活動できるように見守る

＊見通しをもたせる
・学校のルール・日程、活動内容を板書や手元で視覚的に提示する
・初めて体験すること、場所、内容を詳しく説明する

安定期

＊目標を設定して学習する
・目標を細かく設定し、達成したら変容に気付かせる
・目標をクリアできない原因やその対策を考えさせる

＊対処方法を考えて取り組めるようにする
・ロールプレイを行い、適切な行動を考えて練習する
・あらかじめ対策を立てられるようなスキルを身に付ける

＊将来に向けて学習する
・高校進学についての知識を身に付けられるようにする
・実習で困った場合の対応方法を身に付けられるようにする

National Institute of Special Needs Education

課題及び支援の具体例は代表的なもののみ示す

Co-MaMe
【支援のイメージ図】

A2. 感情のコントロール

課題

・すぐに感情が爆発して暴言、暴力をしたり、教室を飛び出したり、ひきこもりや自傷行為をしたりする
・教員の話を聞いたり、対話したりできず、不満を教員にぶつける
・イライラして不安になり授業に集中できず、友達と活動できない

受容期

＊クールダウン、気分転換できるようにする
・教室を離れ、一人になりクールダウンできる場所へ行く
・興味のあることをしたり、大声を出したりして気分転換する

＊トラブルへの対応
・暴れたら周りの生徒も配慮し、複数の教員で対応する
・トラブルとなっている生徒とは離す

＊気持ちを聞く
・気持ち、不満やイライラしたことを言葉や文字で伝える
・信頼している教員が聞く

＊共感、理解する
・暴言や暴力、悲しみ、苦しみを共感する
・一貫して支える存在であることを伝える

＊無理なく好きな活動ができるようにする
・様々な活動を複数用意して、できないことを無理にさせない
・沢山好きな活動を設定して、楽しい気持ちになるようにする

試行期

＊相談しながら行えるようにする
・不適切な行動になる前に相談する
・暴言や暴力、トラブル等の不適切な行動を一緒に考える

＊ほめる機会を増やす
・感情をコントロールできたときは意識的にほめる

安定期

＊対処方法を自分で考えて行えるようにする
・リラックスやクールダウンできる方法を考えて行う
・一番落ち着ける環境や方法を考えて行えるようにする

＊集団や友達と取り組む設定
・クラスで楽しめる活動を行い、コミュニケーション能力を高める
・アンガーマネージメントを友達と行っていく

＊自分から伝えられるようにする
・辛いこと等を早めに教員に伝えて相談できるようにする
・イライラしたときどうするか児童生徒から伝える

課題及び支援の具体例は代表的なもののみ示す

A3. こだわり

Co-MaMe
【支援のイメージ図】

課題
- 一つのことが頭から離れず不安になり、自分で決まりをつくって暴言を吐く
- 意識が一つのことに集中してしまい、思った通りに運ばずにイライラする
- 一つのことにこだわってしまい、気持ちの切り替えができない

受容期

＊気持ちを切り替えられるようにする
- 行う回数や時間を決めたり、声かけして次の行動を促す
- 目の前のやりたいことから、やるべきことに意識を向けさせる

＊共感、理解する
- 否定せず、納得するまで待つ
- こだわっていることに共感する

＊無理せずに行っていく
- 確認など、こだわっていることを一緒にする
- 過度の負担にならないように行動を制限する

試行期

＊見通しをもたせる
- 流れやスケジュールを伝え、いつまでやるかを明確にする
- トイレの時間、場所を相談する
- こだわっていることに時間をかけないように、事前にやるべき内容を確認する

＊相談しながら行えるようにする
- 何にこだわっているのか、他の方法はないか相談する
- こだわりを共有する

安定期

＊折り合いを付けられるようにする
- こだわりにどのように付き合うか支援する
- 自分の特徴を理解し、折り合いの付け方を身に付ける

＊集団や友達と取り組む学習設定
- 友達はどう思うか、周りは何をしている時か、周りを見て考えられるようにする

＊自分から取り組めるようにする
- こだわっていることを自分で対処できるようにする

National Institute of Special Needs Education

課題及び支援の具体例は代表的なもののみ示す

Co-MaMe
【支援のイメージ図】

A4. 意欲・気力

課題

・やる気がおきずに表現が乏しく、登校できない
・見通しがもてずに自信がなく、学習に集中できない
・行事・集団で取り組むことが苦手で、目標がもてない

受容期

＊無理なく好きな活動ができるようにする
・落ち着いて学習できる場所で取り組む
・楽しみにしている活動を取り入れる

＊個別に語りかける
・気持ちを落ち着かせながら話す
・個別にほめる

試行期

＊スモールステップで取り組む学習設定
・簡単すぎず、難しすぎない内容を学習する
・成功体験・達成感を少しずつ積み上げる
・登校できるまでを段階的に目標で示す

＊行動や気持ちを振り返るようにする
・行動や発言等をカード等で振り返る

＊生活を整えるようにする
・服薬・睡眠・食事のリズムを整える

安定期

＊集団や友達と取り組む設定
・個別対応から集団授業へ取り組んでいく
・集団活動で成功体験・達成感をもたせる

＊長期的に目標を設定して学習
・退院を目標に学年を意識しながら学習する
・修学旅行を目標にして取り組む

＊自分から伝えられるようにする
・やりたい活動を自分から言えるようにする

National Institute of Special Needs Education

課題及び支援の具体例は代表的なもののみ示す

A5. 自己理解

Co-MaMe

【支援のイメージ図】

課題

・辛い気持ちを伝えられずにパニックになり、行動できない
・何をしたら疲れるか分からず、イライラしたことを振り返られずに、どんな気持ちか分からない
・気持ちを整理できず、自分を過大評価して、目標設定が難しい

受容期

＊気持ちを聞く

・いつでも気持ちや本音を聞き、共感できるようにする

＊休息、クールダウンできるようにする

・適宜休息をとり、パニックになったらクールダウンする

試行期

＊行動や気持ちを振り返られるようにする

・面談でプリントに記入しながら、行動や気持ちを振り返る
・クールダウンした後に、今後どうするか共に振り返る

＊見通しをもたせる

・教員が手本を見せる
・スケジュールを見ながら、これからの行動をイメージする

＊スモールステップで取り組む学習設定

・スモールステップで取り組み、少しでもできたときにほめる

安定期

＊気持ちを整理できるようにする

・その気持ちになった具体的な場面や経緯を絵・言葉で整理できるようにする

＊自分の特徴を理解できるようにする

・自分を知るために好きなこと・嫌いなこと、長所・短所等をまとめる

＊自分にあった行動や生活を理解する

・生活リズムを見直して、学習と休憩のバランスをとれるようにする
・体調に応じて活動を選択できるようにする

＊集団や友達と取り組む設定

・他の生徒の意見・体験を聞き、他者を理解できるようにする

＊自分から取り組めるようにする

・日常生活の場面で、自分から行動したり、気持ちを表現したりする方法を学ぶ
・配慮して欲しいことを考えて、言えるようにする

＊様々な活動を実施する

・進路学習や様々な行事に参加し、経験を増やす

＊目標を設定して学習する

・目標設定を行い、クリアできたら評価していく

National Institute of Special Needs Education

課題及び支援の具体例は代表的なもののみ示す

Co-MaMe

A6. 気持ちの表現

【支援のイメージ図】

課題

・感情をため込み、怒って騒ぎ、暴言を吐く
・黙り込んで、イライラして暴れる
・嫌なことを伝えられれず、気持ちと裏腹の表現をしたり、態度で表したりする

受容期

＊気持ちを聞く
・個別に対応し、待ちながら少しずつ聞き、落ちつくまで側にいる
・表情等から気持ちを読みとり、早めに相談や対応をする
・気持ちをカードや例などで選べるようにし、伝えられたらほめる

＊無理せずに行っていく
・強くかかわらず、無理に返事を求めない
・授業にとらわれず、落ち着くところに移る
・外に出て行った時は追いかけない

＊共感、理解する
・話したときは本人の気持ちを真摯に受け止め、認めて、希望を満たす
・一緒に考えていくという姿勢を見せる

＊安心できる環境作り
・気持ちを発散したり、思いを伝えられるような人間関係を大切にした雰囲気作り

試行期

＊気持ちを伝えられるようにする
・挨拶からはじめ、少しずつ感情を表現できるように促す
・気持ちを点数で表現したり、文字で表したりする
・教員が気持ちを表現して、言葉やタイミングを伝えていく

＊気持ちを整理できるようにする
・話を聞きながら、原因や対処法を探る
・ゲーム感覚で、気持ちを表現して、気持ちの整理の仕方を学び、自分の感情に気付けるようにする

＊行動や気持ちを振り返るようにする
・粗暴行為や言葉を振り返りながら、理由を一緒に把握していく

安定期

＊表現方法の学習
・発表する機会を増やし、助言しながら言葉を引き出していく
・国語等で学習を積み重ねて、語彙力や表現する方法を増やす

＊集団や友達と取り組む設定
・色々な環境で人と接し、周りの人の感情に気付くようにする

＊自分自身の内面と向き合えるようにする
・連絡ノートや面談などで振り返り、伝え方を教えながら、より深く自分と向き合い、表現できるようにする

National Institute of Special Needs Education

課題及び支援の具体例は代表的なもののみ示す

Co-MaMe
【支援のイメージ図】

A7. 情緒の安定

課題

・大声を出して泣いたり、物に当たり、自傷行為をする
・クールダウンできずに、教室から飛び出したり、帰ったりする
・過去のことを思い出してイライラし、安定した気持ちで過ごせず、授業に出られない

受容期

＊クールダウン、気分転換できるようにする
・一人になれる場所を確保して、落ち着くのを待つ
・怒りが頂点になる前に声をかけ、気持ちを切り替えられるようにする
・別室に移動して暴言・暴力が出ないようにする

＊気持ちを聞く
・原因や気持ちについて、時間をかけて丁寧に話を聞く
・無理せずに気持ちを文字や記号、カードで伝える

＊共感、理解する
・考えを否定せず、話を聞き共感する
・言葉で伝えられたことをほめる

＊無理なく好きな活動ができるようにする
・やりたいもの、得意で達成感の持てるものに取り組む
・落ち着いて過ごせることを準備して選べるようにする
・不安な時は認めて、無理に学習や活動をしない

＊安心できる環境作り
・イライラするものから離れて安心して過ごす

試行期

＊見通しをもたせる
・日程や生活、学習の流れを書いた物を板書や机上に置き確認する
・活動を途中で止めたり、変更したりすることができることを伝える

＊気持ちを整理できるようにする
・なぜそうなったか考えて整理して、どうすれば良かったかを考える

＊行動や気持ちを振り返るようにする
・イライラする出来事を振り返り、「大丈夫」という声かけをする
・振り返りカードを見ながら毎朝、気持ちを確認していく

安定期

＊自分にあった行動の学習
・同じパターン防ぐため、アンガーマネージメントの手法等を学習していく
・自分で落ち着く方法を考えて行っていく

＊集団や友達と取り組む設定
・友達と一緒に取り組む中で、成功や失敗を繰り返していく

＊集中して取り組めるようにする
・効率的に学習し、集中して取り組めるようにする

＊感情を安定させる方法を学ぶ
・感情のメカニズムを知り、コントロールする方法を学ぶ

National Institute of Special Needs Education

課題及び支援の具体例は代表的なもののみ示す

A8. 気分の変動

Co-MaMe
【支援のイメージ図】

課題

- 機嫌が悪くなったり、イライラしたりして、支援を拒否する
- 疲労などから気持ちが大きく変化し、登校が不安定になる
- 気分によって授業に集中したり、活動に取り組んだりできない

受容期

＊クールダウン、気分転換できるようにする
- 一人になって、静かに見守り、落ち着いてから活動に取り組めるような環境を作る
- 好きなことをして気分転換し、心理的な安定を保てるようにする

＊無理せずに行っていく
- 気持ちが落ち込んでいる時は無理はさせない

＊話を聞く、共感する
- 話せるようになったらじっくり話を聞き、受け入れる
- 悩みがあった時に相談できる信頼関係を構築する

＊安心できる環境作り
- 丁寧に声をかけながら、慣れた場所で一対一で学習する

試行期

＊気持ちを伝えられるようにする
- 登校した時の気持ちや授業の参加の仕方を伝えられるようにする

＊行動や気持ちを振り返るようにする
- 振り返りながら、同じような状態になる時の対処を考える
- 一日や一週間を振り返って、気分を印で付けたり、日記に書いたりする

＊相談しながら行えるようにする
- 登校時間や落ち着く場所を相談する

＊見通しをもたせる
- 登校時間を安定させ、日程を意識して行動できるようにする

安定期

＊自分から取り組めるようにする
- 状態を伝えて、自主的に学習する時間や場所を決められるようにする

＊集団や友達と取り組む設定
- 友達との活動を多く設定し、進んで参加したり、一定の気分を保ったりできるようにする

課題及び支援の具体例は代表的なもののみ示す

A9．自信

Co-MaMe
【支援のイメージ図】

課題

・失敗を恐れ、間違えたときに自分を責める
・過去の経験から自己肯定感が低く、新しいことなどはやる前からできないと決めてしまう
・挫折感が強く、目標が決められず、将来への意欲が持ちにくい

受容期

＊無理なく楽しい活動を行う
・自信のあることや失敗しない課題を設定
・ゲーム感覚で楽しく行う

＊安心できる環境作り
・話しやすい安心できる雰囲気をつくる
・失敗しても大丈夫という環境を作る

＊共感、理解する
・苦手なことを肯定的に受け入れる
・気持ちを自由に表現させ、受け止める

試行期

＊相談しながら行えるようにする
・不安や人間関係等の躓きを定期に教員と相談する
・良かった行動を振り返り、取り組む方法を本人と考える
・悲観的にならず、不満や納得する方法を言葉にしていく

＊見通しをもたせる
・事前に説明したり、やってみせたりして、興味や見通しを持たせる
・どこまでやればよいか分かりやすく示す

＊スモールステップで行う学習設定
・小さな成功体験・達成感を積み重ねて、少しずつ自己肯定感が高まる工夫
・適切な負荷で少し頑張ればできることを行う
・個別の学習や小集団で少しずつ参加していく

＊ほめられる機会を増やす
・日常の小さなことを沢山ほめて自信を付ける
・「頑張ってるね」と声かけして、取り組んでいる様子もほめる

安定期

＊自己評価を行えるようにする
・毎日、一週間ごと等にチェック表で自己評価
・自己評価から、自分の良さを知る

＊目標を設定して学習する
・できる目標を考えて達成し、成就感を得る
・目標を達成するためのプロセスも相談して行う

＊自分から取り組めるようにする
・活動を選んで主体的に行う
・気持ちを自分から言葉にする

＊集団や友達と取り組む設定
・係活動・日直等、周囲の中で役割を果たして人に役立ちたいという気持ちを育てる
・行事での活動から充実感を共有して仲間意識を育む

＊様々な活動を実施する
・様々な活動を行い、チャレンジする意欲を高める

＊学力を高める
・集中して学習し、達成感や学力の高まりを感じられるようにする

＊他者からの評価を得る
・学校行事で発表し、他者からの評価を得られるようにする
・人に喜んでもらえる活動を行う

＊将来に向けての活動設定
・就労に向けて練習をする
・今後も悩みは続くが、解決できる力があることを伝える

＊苦手なことに取り組めるようにする
・苦手なことに取り組み、手だてを準備できるようにする

課題及び支援の具体例は代表的なもののみ示す

Co-MaMe
【支援のイメージ図】

B1．集団活動

課題

・自信がなく、コミュニケーションが苦手で、みんなと一緒にいることが難しい
・集団での活動を嫌がり、一緒に活動できない
・集団の中でルールに従って、活動できない

受容期

＊安心できる環境作り
・安心できる環境設定
・教員が一緒に活動して不安を和らげるようにする

＊気持ちを聞く
・話を良く聞く
・授業内容に苦手意識や不満がある場合は、本人の希望を聞く

＊休息、クールダウンをできるようにする
・落ち着く場を作り、辛くなったらその場を離れられることを話しておく

＊無理なく好きな活動ができるようにする
・本人が好きな内容や個別の課題を行う

試行期

＊見通をもたせる
・集団活動の前に、不安が減るような情報を多く与える
・見通しを視覚的に示して活動させる
・事前に行き、場所になれておく

＊相談しながら行えるようにする
・疲れた時に、どうするか本人と相談する
・事前に集団に参加する時間、活動内容を相談する

＊集団構成や時間を工夫する
・参加する集団のメンバーや人数、時間数を工夫する

＊気持ちを振り返るようにする
・思ったことや気持ち、体調、授業の様子を振り返る

＊スモールステップで行う学習設定
・集団の人数、活動内容、時間の長さなど、できるところまで行うことで慣れていく

安定期

＊ルールを守れるようにする
・活動前や放課後にルールを確認したり、守れたりしたか振り返る

＊他の人を意識できるようにする
・他人が緊張したり、間違った行動をした時の様子を確認して、他の人に嫌な感情をもたないようにする

＊自分の気持ちに気付き、行動できるようにする
・緊張した時の行動や気持ちに気付き、ペース配分を考えたり、相手に合わせた行動をしたりする

＊集団活動を通して学べるようにする
・集団活動での個々の役割や大切さを知り、係や生徒会活動などへの参加意欲を高める

課題及び支援の具体例は代表的なもののみ示す

B2. 社会のルールの理解

Co-MaMe
【支援のイメージ図】

課題

・自分勝手な行動をして、嫌な思いをしたら粗暴行為をする
・イメージが持てず、自分でルールを作り上げてしまう
・学校のルールを守れず、破ってしまう

受容期

＊無理せず行っていく
・無理せず、本人が話すようになるまで根気よく待つ

＊安心できる環境作り
・温かく受け入れる姿勢で、見守っていく

試行期

＊分かりやすく掲示する
・確認したルールをビジュアルにして掲示したり、ファイルに綴る

＊相談しながら行えるようにする
・事例を伝えながらルールについての意識を高めていく

＊行動や気持ちを振り返るようにする
・行動について理由を聞く等、行動を振り返る

＊スモールステップで行う学習設定
・決まりやルールの確認を積み重ね、意識を少しずつ積み重ねていく

安定期

＊自分から意識できるようにする
・自分からしてはいけないことに気付き、意識できるようにする

＊相手の気持ちを考えられるようにする
・具体的な行動をあげて、相手の気持ちを考える

＊将来に向けての活動設定
・今後の生活をイメージして実際に活動しながら、ルールの理解につなげる

課題及び支援の具体例は代表的なもののみ示す

Co-MaMe

B3. コミュニケーションスキル

【支援のイメージ図】

課題

・意思表示が難しく、暴言を吐き、トラブルになることがある
・人の話が聞けず、気持ちの整理が難しい
・相手のことを考えて発言できず、人と上手くかかわれない

受容期

＊気持ちを聞く
・興味のあることや好きなことなどから、気持ちを聞いていく

＊クールダウン、気分転換できるようにする
・イライラしたり、怒ったりした時等は、落ち着ける場でクールダウンする

＊安心して表現できる活動設定
・話しやすい環境の中で、声かけをしながら活動を行う

試行期

＊行動を振り返るようにする
・行動を振り返り、伝え方や言葉遣いを確認する

＊ほめて自己肯定感を高めるようにする
・良い言葉遣いの時はほめたり、評価したりして自己肯定感を高める

＊伝える方法を理解できるようにする
・あらかじめ話す内容を考え、パターンを用意しておく
・見本を示して伝え方を理解できるようにする

＊気持ちや考えを整理できるようにする
・板書して聞き、どんなことを伝えたいのかを整理していく

安定期(

＊集団や友達と取り組む
・そこにいるメンバーで、その時の発言について話し合う
・ペアや小集団で他者と関わる機会を増やす

＊自分から取り組めるようにする
・一人で振り返ったり、考えをまとめたりできるようにする
・参加できないことや理由を担任に伝えられるようにする

＊状況に応じた行動ができるようにする
・場面設定して適切でふさわしい話し方を考える
・学習や自由時間の中で、状況に応じた行動を身に付ける

＊相手の気持ちを考えられるようにする
・話した言葉によって相手がどう感じるか、考える機会をもつ
・相手の気持ちを考えながら文章や絵でかいて渡す

課題及び支援の具体例は代表的なもののみ示す

Co-MaMe

B4. 同年代との関係

【支援のイメージ図】

課題

・相手を責めてトラブルを招く
・相手のことを考えた言動ができない
・同年代の生徒と良好な人間関係を築くことが困難

受容期

＊トラブルに対応する
・好ましくない言動があった時にすぐに対応する

＊気持ちを把握する
・行動についてすぐに聞いたり、困っていることを連絡帳で把握したりする

＊一緒に活動する
・他の生徒と活動する時は教員が横につき、一緒に遊んだり、ルールを確認したりする

試行期

＊相談しながら行えるようにする
・どのようにすれば良いか、一緒に考える
・個別の面談で、友人関係について相談する

＊行動を振り返るようにする
・行動について振り返り、状況や関係性を図などにする

＊適切な発言を促す
・その場で不適切な言動はアドバイスし、良い言動はほめて自信を持たせる

安定期(

＊状況に応じた行動や考えができるようにする
・ロールプレイで失敗や嫌な言動を体験し、実際の場面を通して適切な行動や考え方を身に付ける

＊周りの人の気持ちを考えられるようにする
・絵や文章、具体的な場面から、多様な感じ方あること、自分の言動がどのように感じられているかを考える

＊友達と気持ちを伝えあう設定
・どのような言動をすれば友達と仲良くできるか、お互いの意見を伝えあう
・クラスで嫌なことは断って良いことを確認する

＊将来に向けての活動設定
・就労に向けた取り組みの中で、自己理解を促す

課題及び支援の具体例は代表的なもののみ示す

B5. 家族との関係

Co-MaMe
【支援のイメージ図】

課題

・親には甘えてしまい、暴言、暴力行為が出てしまう
・家族との関係をうまく築けず、家出を繰り返す
・家族に自分の気持ちを伝えることができない

受容期

＊気持ちを聞く
・学習中に暴れてしまった時には、個別に話す時間を設ける
・疑問や気になることを声を出して伝えるように促す

＊ストレスの軽減を図る
・感情をため込まないように常に声をかける
・好きなピアノを弾いたり、曲を聴いたりして気持ちを落ち着かせる

試行期

＊家族と協力する
・父親に対して、子どもへ丁寧な語りかけをしてもらえるよう伝える
・こまめに母親へ連絡し、良かったことを伝えておく

＊生活のリズムを整える
・学校を休まないように本人・保護者に声をかける
・家出による不登校のための生活リズムを整える

＊気持ちを整理できるようにする
・気持ちと行動を振り返る
・家族に不満があった場合、どのように伝えるかを一緒に整理する

＊ほめるようにする
・本人がいる場所でほめて、自分の良いとこころを知る

安定期

＊生活に必要な技術・態度を身に付ける
・一人暮らしに必要なスキルを考え、取り組む
・毎日、登校する

＊周りの人の良いところを考える
・友達や教員の良いところを探す取組を行う

＊家族との関係改善を図る
・家族の愛情表現や気持ちを理解する
・家族と過ごしたり、手紙を書いたりして気持ちを伝えられるようにする

課題及び支援の具体例は代表的なもののみ示す

B6. 教員との関係

Co-MaMe
【支援のイメージ図】

課題

・教員の配慮が足りないと、不満を訴え、不信感をもち暴言、暴力をする
・前の学校とのトラブルで大人に不信感があり、特定の人としか話さず、登校しない
・自分の思いが言えず、イライラして相手をすぐに否定してしまう

受容期

＊他の教員と連携して取り組む
・苦手な教員とは当事者同士だけにならないようにする
・対応する教員を変えたり、教員で役割分担をして関わる

＊気持ちを受け止める
・過去の学校のことは話題にせず、不信感を受け止める
・否定せず、不安を受け止められている感覚をもたせる

＊信頼関係を築くような関わりをする
・寄り添う関わりをして、大人への不信感を減らす
・一緒に活動したり、話したりしながら信頼関係を築く

＊トラブルへの対応をする
・教員への暴言・暴力は、落ち着いてから養護教諭が対応する
・興奮すると不信感が増すので、教員は冷静に対応する

＊気楽に話せるようにする
・日常会話を気楽に話していく
・接しやすい大人と話しやすい時間、場所で話す

＊無理なく好きな活動ができるようにする
・授業に出席することを無理に促さず、好きな活動をする
・得意な活動を教員が教えてもらいながら取り組む

試行期

＊分かりやすく説明する
・視覚的に分かりやすいように、カードや図を使って説明する
・本人の意見を聞きながら、分かりやすく説明する

＊行動を振り返る
・穏やかになった時に、気持ちが高ぶった時のことを考える
・振り返り、原因や問題点に気付くように促す

＊相談しながら行えるようにする
・個別に一緒に考える機会をもち、解決できたという経験を増やす
・気持ちを整理できるように書き出して、本人の気付きを促す

＊無理のない方法で取り組めるようにする
・小集団で実態にあった内容、方法で学習する
・無理せずに授業に参加できるようにする

安定期(

＊自分から気持ちを言えるようにする
・どのような時にイライラするか言えるように促す
・不満や要求が言えるスキルを身に付ける

＊様々な人と活動できるようにする
・接し方や、距離感、言葉使いを知り、多くの人と接することができるようにする

課題及び支援の具体例は代表的なもののみ示す

B7. 異性との関係

【支援のイメージ図】

課題

- 異性が怖くて話せない、声を聞くだけでイライラする
- 異性への興味が強く、平等な関わり方、適切な距離感が分からない
- 相手が思い通りに応答をしてくれないと何もできない

受容期

＊異性と離す
- 言葉では難しいところがあり、異性との距離を工夫する

＊気持ちを落ち着かせる
- 気持ちが落ち着かない時は、一人になったり、信頼している教員が側にいたりする

＊同性との関係づくりをする
- 同性の教員が信頼関係を作って支える
- 同じ学年の同性の友達と小集団で取り組む

試行期

＊人との適切な距離を伝える
- 距離が近い様子が見られたら、適切な距離の取り方を伝える
- 適切な声の大きさや話し方を伝える

＊無理なく集団で取り組む
- 意欲を大切にしながら集団に参加して、所属欲求を満たす
- 時間や場所を相談して、無理なく集団参加する

＊少しずつ異性と取り組む
- 同性教員、異性教員の三名で取り組む
- 異性と小集団で、同性教員も一緒に活動する

安定期

＊異性との関わり方についての学習
- 保健の授業等で異性との関係について学習する
- 具体的に場面を取り上げ、異性との関わり方を考える

＊集団での役割を与える
- 生徒会など、リーダー的な役割を与える

＊他者のことを考えられるようにする
- 関わり方等がどう思われるかを客観的に伝え、相手の気持ちを考える

＊自分の気持ちについて考える
- なぜ恐怖心を感じるのか過去を振り返りながら考える

課題及び支援の具体例は代表的なもののみ示す

B8. 他者への信頼

Co-MaMe
【支援のイメージ図】

課題

・他者を怖がり、誤解して、相談したり信頼したりしない
・他の人と会話をしたり、気持ちを話したりできず、ストレスを溜める
・他の人との関わり方が分からず、集団活動が苦手

受容期

＊気持ちを聞く
・気持ちや意見を最後まで聞き、受け止める
・趣味や好きなものから聞き、心理的な安定を図る

＊信頼関係をつくるようにする
・本人の気持ちに寄り添い、心のバリアを解く
・教員が裏切らず、人を頼る経験を積み重ねていく

＊安心できる環境設定
・関わる人を一定にして、行動を共通理解しながら対応する
・定期的に面談を行い、甘えても良いという環境を作る

＊人と関らずに過ごせるようにする
・無理に関わらずに、一人の時間をもてるようにする
・他の生徒と無理に関わらせず、時差登校、個別指導を行う

＊無理なく好きな活動ができるようにする
・本人に聞きながら、楽しい経験を沢山する
・興味が同じ友達とゲーム等で仲良く遊べるようにする

試行期

＊相談しながら行えるようにする
・どうすればできるか、一つ一つ相談する

＊振り返りをする
・面談や授業で振り返りながら整理して、次の取組を考える

＊他者と関われるようにする
・他の生徒と作業をするなかで、自然に関われるようにする
・無理のない範囲で集団活動の参加を促し、人と関わる楽しさを経験する

＊見通しをもたせる
・事前に授業や行事の内容や集団について知らせる
・面談を通して学校生活の見通しをもたせる

＊自信がもてる様な学習設定
・無理せず得意な学習に取り組み、自己肯定感を高める

安定期

＊相手の気落ちを理解できるようにする
・相手の気持ちを理解する

＊苦手なものに取り組む
・面談を通して自分の課題を明らかにして取り組む

＊自分から気付くようにする
・教員が伝えずに、自分から気付いて取り組めるようにする

課題及び支援の具体例は代表的なもののみ示す

B9. 他者への相談

【支援のイメージ図】

課題

・授業中に嫌なことがあると何も言わずに出て行ったり、暴れたりする
・体調が悪い時、困ったことがあった時に相談できない
・自分の体調や心情を伝えられない

受容期

＊気持ちを聞いて受け止める
・本人の要求や不安感を聞き、受け入れられる経験を重ねることで安心感をもたせる

＊クールダウン・休息ができるようにする
・心身の状態に応じて、見学したり、別室に移動したりして休息やクールダウンができるようにする

＊安心して表現できるようにする
・ボードに記入したり、カードを見せたりする等で表現しやすくして、表現できたらほめる
・苦手なことや失敗した時などは、表情や態度から早めに声かけして相談する

＊信頼関係をつくるようにする
・何気ない会話や面談を重ねて、信頼関係を築いていく

試行期

＊相談しながら行えるようにする
・定期的に面談を行い、相談しながら行うことに慣れる

＊見通しをもたせる
・苦手なことや困りそうなことは、事前に個別に取り組んだり、相談して不安感を減らす

＊気持ちや行動を振り返るようにする
・実際にあったことを振り返って、どうすれば良かったかを考えていく

安定期

＊モデルケースから行動を考える学習設定
・成功や失敗したモデルケースをあげて、適切な行動を考える時間を設ける

＊自分の特性から目標を設定させる
・自分の特性を理解して、できる目標を設定して取り組む

＊自分から伝えられるようにする
・自分からやりたいことや、支援して欲しいことを伝えられるようにする

課題及び支援の具体例は代表的なもののみ示す

B10. 他者理解

Co-MaMe
【支援のイメージ図】

課題

- 自分の中で他者のイメージを作り上げて見る傾向があり、強い口調で要求を伝える
- 他人や自分の良いところが分からず、同世代の友達と関わらない
- 周囲の状況が理解できず、周りの友達の表情や言動から気持ちを読み取れない

受容期

＊安心できる環境設定
- 厳しくせずに落ち着いた態度で接し、楽しく活動するようにする

＊他の人との関り方を工夫する
- 教員や仲の良い友達と遊び、苦手な人とは空間的に距離をとるようにする

試行期

＊適切な他者との関わり方や感情を促す
- その都度、適切な感情の持ち方、行動や発言の仕方、他者との距離の取り方を伝える

＊気持ちや行動を振り返るようにする
- 嬉しかったり嫌だったりした時の気持ちや、問題行動について振り返る機会を設ける

＊見通しをもたせる
- 自分がこれから行う行動や、学習内容を掲示する

＊友達との関わり方を工夫する
- ペアやグループを作るときに教員がフォローして、友達と関わりやすくする

安定期

＊友達と気持ちや意見を伝えあう設定
- 相手の良いところ、自分の良いところをカードに書き、理解し合う活動を行う
- 意見を通そうとしたときは、友達の意見を聞くように促す

＊自己評価や目標を掲示して取り組む
- 目標や自分の特徴等を文字で書いて掲示する

＊相手の気持ちや特徴を考えられるようになる
- 相手のことを意識して、不快となる表情をした時の相手の気持ちを理解する
- 相手は異なる考えをもっており、自分の思い通りにはならないことを知る

＊ルールについて理解する
- ルールを具体的に示して、何のためにルールがあるのかを考える

課題及び支援の具体例は代表的なもののみ示す

Co-MaMe
【支援のイメージ図】

C1．学習状況

課題

・不登校の期間が長く、学習への苦手意識や拒否感が強い
・学習空白があり、下学年の内容や学習方法を指導する必要がある
・学習への意欲がわかず、不得意な教科に取り組まない

受容期

＊無理なく好きな活動ができるようにする
・やりたくないことは無理強いせず、ゲームや制作活動など、楽しんで取り組める活動を行う

＊安心して取り組める設定
・苦手な生徒とは離し、短時間で個別に取り組む
・サブの教員と情報共有を十分に行い、こまめに声をかける

試行期

＊見通しがもてるようにする
・学習の見通しを視覚的に示す
・個人用に作った学習の目安が分かるプリントを使用する

＊分かりやすく提示する
・本人が見やすいように教材や場所を工夫する
・選択できるように絵カードや写真を使う

＊できる内容を学習する
・できる内容を学習し、自信を付ける
・理解度を把握し、できそうなところから進める

＊ほめる機会を増やす
・できたときに大きな動作でほめる
・教員と生徒で一緒に喜ぶ機会を増やす

＊スモールステップで学習する設定
・細かく学習内容を区切り、達成感を感じやすくする
・毎時間、個人用に負担の少ないプリントを作成して行う

＊取り組みやすいように教材を工夫する
・タブレット端末やパソコン等で楽しんで取り組めるように工夫する
・プリントは穴埋めや吹き出しなどで取り組みやすくする

安定期

＊将来に向けて取り組む
・地域に戻った時や検定など、目標を決めて取り組む
・何のために学習するか考えながら取り組む

＊宿題や補習を行う
・つまずいているところは放課後や昼休みに学習する
・担任が家庭学習を確認して、アドバイスなどのコメントをする

National Institute of Special Needs Education

課題及び支援の具体例は代表的なもののみ示す

C2. 処理能力

【支援のイメージ図】

課題

・沢山の課題を目の当たりにすることでパニックになる
・不登校経験があり、書くのが遅く、板書を写すのが苦手
・聞きながら書く等の二つの作業を同時に行えない

受容期

＊十分な時間をとる
・できる限り待つ
・できるまで十分な時間をとる

＊安心できる環境設定
・個別に話をじっくり聞き、ほめる
・失敗しても大丈夫と伝える

＊無理なく取り組める活動を設定
・教員の話を聞くことから取り組む
・ノートの記入は減らし、行えているか確認しながら進める

試行期

＊作業を絞る
・見る、聞く、書く、考える等の活動を分けて行う
・プリントや板書等を穴埋めや短文にして、書く量を減らす

＊学習内容の見通しをもたせる
・授業の流れを毎回、同じにして学習する
・記入する場所や音読する場所を短くはっきりと伝える

＊意欲を生かしながら取り組む
・取り組む姿勢もほめて、意欲を生かして取り組む

安定期

＊できることを増やす
・聞きながら考えて書くことを行い、書く量を増やす
・待ってほしい時に、上手に耐えられるようにする

＊友達の様子を知る
・周りの様子を見ながら活動できるようにする
・友達の話を聞き、人にはそれぞれ考えや個性があることを知る

課題及び支援の具体例は代表的なもののみ示す

C3．聞き取り・理解力

Co-MaMe

【支援のイメージ図】

課題

・聞いていなくても分からないと言えず、ストレスをためて学校に来ることができなくなる
・指示や説明の聞き取りが難しく、集団活動についていけない
・文法や文章題を理解できない

受容期

＊分かりやすく伝えるようにする
・分かりやすい言葉でゆっくり話す
・表情を見ながら、丁寧にやりとりする

＊気持ちを理解する
・困っていることや不安なことを聞いて受け止める
・分からないことが話しやすい雰囲気作りをする

＊安心できる環境設定
・注意などを極力しないで認める
・不安な時は気分転換して、無理強いしない

試行期

＊分かりやすく視覚的に教材を工夫する
・色や下線、太字で示したり、イラストを使ったりして、学習内容を視覚的に分かりやすくする。

＊見通しをもたせる
・絵カードで次の活動をその都度、確認する
・個人用クリアファイルに、その時間に取り組むプリントを入れておく

＊説明や活動を分かりやすく説明する
・相手の理解を確かめながら、少しずつ説明する
・活動内容を細かく分けて、整理して伝える

＊自信をもてるようにする
・問題ができたらすぐにほめて自信をもたせ、次の課題もできると思わせる

安定期

＊適切な発言ができる習慣を身に付ける
・相手の会話を聞いた後に発言する習慣を身に付ける
・困る前に、分からないことが発言できるようになる

＊目標を決めて取り組む
・目標となる絵や図、友達の言動から学び、行動できるようになる

National Institute of Special Needs Education

課題及び支援の具体例は代表的なもののみ示す

C4．読み・書き

Co-MaMe
【支援のイメージ図】

課題

・読むことや書くことに強い抵抗感があり、取り組まない
・不登校等のため、学年相応の読み書きが定着していない
・文章を読んだり、漢字を覚えたりすることが苦手

受容期

＊丁寧に様子を見ながら取り組ませる
・十分に時間をとり、個別に配慮しながら進める

＊無理なく好きな活動から取り組むようにする
・好きな絵本や動画、漫画を使って活動する

＊楽しみながら学習できるようにする
・ゲーム感覚、身体表現、言葉遊び、映像などを取り入れて楽しく言葉に親しむ

＊ほめて自信をつけさせる
・読んだり、書いたりしようとした時にほめ、できた時にはさらにオーバーにほめる

試行期

＊書く負担を減らして、学習できるようにする
・プリントはカッコ内を埋めたり、シールを貼ったりして完成できるようにする
・マスを大きくし、平仮名で書いて良いことにする
・書くことを重視せず、見たり聞いたりして学習するようにする

＊視覚的に読みやすく工夫する
・板書は文字を大きくして、色を使って見やすくする
・カードをつかったり、プリントにルビやイラストを多く使って、分かりやすくする
・プリントを見るだけで学習の流れが分かるようにする

＊スモールステップで取り組む学習設定
・定着している漢字を使って読むことを継続して行う
・本人ができそうと思う内容をスモールステップで取り組む

安定期

＊読みやすい字が書けるようにする
・マス目に大きく分かりやすく書くように伝える
・毛筆や硬筆で大きく丁寧に書く

＊意欲的に学習できるようにする
・学習成果が自分で分かるように準備し、自分で考えて問題を解いていく
・意欲的に漢字テストの宿題を行う

＊漢字や文字への興味・関心を高める
・漢字の成り立ち、辞書をひいて意味を知ることから興味関心を高める

National Institute of Special Needs Education

課題及び支援の具体例は代表的なもののみ示す

C5. 記憶力

【支援のイメージ図】

課題

・忘れると自分を責めたり、興奮したりする
・忘れることに対する不安から焦燥感が強くなる
・学習したことをすぐに忘れてしまう

受容期

＊心の安定を図る
・心の安定につながる楽しい体験を行う
・忘れて不安になりそうな時は、教員がメモしておく

試行期

＊忘れない方法で取り組む
・忘れないためにメモを取り、机に貼る
・必要な内容はノートに書き、見返すようにする

＊与える情報を減らす
・伝える言葉の量や学習の量を減らす
・作業の手順を単純に示して、貼っておく

安定期

＊自分から取り組めるようにする
・学習課題や手順などは、必要な時に自分で取り出して見るようにする

＊将来に向けて取り組む
・メモを取るスキルが退院後も必要となることを確認して取り組む

課題及び支援の具体例は代表的なもののみ示す

C6. 注意・集中

Co-MaMe
【支援のイメージ図】

課題
・イライラして座っていられず、教室から走って出て行ってしまう
・授業に集中することができず、関係のない話を始める

受容期

＊ 刺激を減らす
・教室のドアは閉め、黒板周辺は特に配慮して、掲示物も必要最小限にして刺激を減らす

＊ 不適切な行動への対応
・教室から飛び出した時は、その場で振り返り、なぜ危ないか確認する

＊無理なく好きな活動ができるようにする
・興味のある学習内容を2～3つ用意する
・雑談等、やりたいことを行い、休憩時間を設ける

試行期

＊見通しをもたせる
・時間内で学習する内容やプリントを事前に示すなど、視覚的に見通しをもてるようにする

＊興味がもてるように工夫する
・生徒が楽しめるように活動内容を工夫する
・状態により、話を増やしたり、書く時間を増やしたりする

＊活動を短時間にする
・課題を短時間で区切り、集中できる短い時間で学習する

安定期

＊集中力を伸ばす
・授業、生活の構造化を図り、安定して取り組めるようにする
・好きな活動から難しい活動へ課題を変化させて、集中できる時間を伸ばす

＊自分から取り組めるようにする
・活動以外のことにこだわっている時に、自分から活動に戻れるようになる

National Institute of Special Needs Education

課題及び支援の具体例は代表的なもののみ示す

C7．学習への意識

【支援のイメージ図】

課題

・教科学習全般に拒否的な態度で、苦手な教科は参加できずに逃げ出す
・学習に集中できず、取り組めない
・新しい活動には挑戦しようとしない

受容期

＊無理なく好きな活動ができるようにする

・無理せず、絵本を読んだり、好きな話題を話したり、ゲーム等をしたりする
・読み書き等の学習はしない
・会話をしやすい環境をつくり教員と話をする

＊個別に取り組めるようにする

・別室を用意する
・個別に支援する教員が付いて取り組む

試行期

＊できる内容を学習する

・苦手な教科は無理をさせず、やれそうだと思える内容を用意する
・下学年の内容を学習する等、本人に適した課題を行い抵抗感を少なくする

＊興味がもてるように授業を工夫する

・親しみのもてる言葉、イラスト、キャラクター等を使って興味がもてるようにする
・ゲーム方式やパソコンを使い取り組みやすくする

安定期

＊自分から取り組めるようにする

・本人が前向きに取り組める内容を学習し、自ら学ぼうとする意欲を育む

＊将来に向けての活動設定

・企業での就労体験から、将来への見通しをもたせる
・入試問題を使って、高校進学への意識を高める

＊苦手なことに取り組めるようにする

・苦手意識の強い内容もやればできるという喜びを味わえるようにする

課題及び支援の具体例は代表的なもののみ示す

C8．経験

Co-MaMe
【支援のイメージ図】

課題

・自信がないことをせず、一つ一つに時間がかかる
・友達と一緒に行ったり、様々な活動を行ったりすることが苦手
・将来に向けた新しい体験をしない

受容期

＊無理なく活動できるようにする
・できる範囲で焦らずじっくり取り組み、達成感を得る
・個別指導する

試行期

＊スモールステップで取り組む学習設定
・活動中や活動後に称賛し、自信や達成感をもたせる
・一人で行う前に少しずつ担任と一緒に行うようにしていく

＊不適切な行動の対処を考えられるようにする
・不適切な行動は、何がいけなかったかを確認し、相手の気持ちを聞く

安定期

＊集団や友達と取り組む設定
・ゲームでのコミュニケーションを通して、友人との関わり方を身に付ける
・行事で学級での役割を担い、みんなで行えるようにする
・総合的な学習の時間での調べ学習の発表を設定する

＊将来に向けての活動設定
・段階を踏んで、教員と公共交通機関の利用を練習する
・職場体験を行い、進路を意識させる

＊様々な活動を実施する
・多くの活動を設定し、経験したことのないことを行うことで、好きなことを増やす

課題及び支援の具体例は代表的なもののみ示す

D1．身体症状・体調

【支援のイメージ図】

課題

・不安や苦手なことがあると、頭痛や腹痛を訴えて早退する
・自分の体調が分からない
・気持ちを言葉して周囲に相談できない

受容期

＊気持ちを聞く
・不安なことは何かじっくりと聞く
・担任が気軽に話せる居場所となる
・会話から気持ちの共有を図る

＊体調を整える
・水分をとって、休みながら行う
・ストレッチなどの軽い運動を一緒に行う

＊不安を感じないようにする
・痛みへの焦りや罪悪感を感じないようにする
・不安になる要因を取り除く

＊気持ちをそらす活動をする
・本人の好きなことを楽しんで行い、痛みが出ないようにする
・運動を行い頭痛や腹痛から思考をそらす

試行期

＊気持ちや身体の状態を表現する
・気持ちをノートに書き出す
・不安なことを言語化できるようにする

＊見通しをもたせる
・不安が大きい初めてのことは、見通しがもてるように提示する
・事前に対策や対応を教える

＊身体の状態を知る
・血圧等を計ったり、身だしなみチェックシートに確認したりする

安定期

＊身体の変化への対策を考える
・かゆみが出た時の対策を自分でまとめて活用できるようにする
・自分でチェックして、何ができて、何ができていないかを考える

＊自分の気持ちに気付けるようにする
・辛くなりやすい状況を客観的に考え、気付けるようにする

課題及び支援の具体例は代表的なもののみ示す

D2．巧緻性

Co-MaMe
【支援のイメージ図】

課題
・道具の操作が苦手で、創作活動をやろうとしない
・不器用で細かい作業が苦手

受容期

＊失敗しない簡単なものを行う
・失敗したと感じやすいので、失敗しないように得意な活動を行っていく

試行期

＊活動の手順を分かりやすくする
・図や写真を使って活動内容を分かりやすく示し、スムーズに進めるようにする
・活動と休憩をはっきりと分けて見通しをもたせる

＊興味や自信がもてる学習設定
・活動しやすい道具や材料を使って達成感をもたせる
・興味のある得意な活動を行い、自信をもたせる

＊身体を動かしながら取り組む
・掃除道具や雑巾を使って清掃活動をする
・調理道具を使ってお菓子などを作る

安定期

＊作品の評価が得られる設定
・作った手芸品を売る活動を行う
・他者から評価を得られるようなテーマを設定する

課題及び支援の具体例は代表的なもののみ示す

D3．動作・体力

【支援のイメージ図】

課題

・不登校が長いため、生活に必要な体力がない
・体力がなく、動きがぎこちなく、運動に苦手意識がある
・自分の体力やボディイメージが把握できていない

受容期

＊無理なく活動できるようにする
・失敗しても気にせず、できていることをほめながら行う
・疲れたら休みながら、教員も一緒に行う

＊好きな活動を行えるようにする
・音楽を流しながら、ゲームや遊び等の好きな活動を行う

試行期

＊動作を分かりやすく示す
・動作を写真や絵で視覚的に示す
・行う前に動作のポイントを明確に伝える

＊ほめて自信を付けさせる
・成功した時に言葉やシールで分かりやすくほめて、もっとやりたいと思わせる

＊分かりやすい活動を設定
・動きが複雑でなく、ルールの分かりやすい活動を行う
・体育の授業の流れを同じにして行う

＊楽しんで身体を動かせるようにする
・遊びを通して体力や感覚を育てるようにする

＊身体のバランスを育てる活動設定
・ストレッチやダンスなどの軽い運動を毎時間行う
・ブランコやトンネルくぐり、平均台等、平衡感覚を育てる教材を使う

安定期

＊様々な活動に取り組む
・スキーや水泳、球技等、様々な競技を行う
・流行しているダンスを取り入れる

＊日常的に自分から行えるようになる
・自分自身が取り組みやすい活動を考えて行えるようになる
・休み時間や放課後などに日常的に行い、上達できるようにする

課題及び支援の具体例は代表的なもののみ示す

D4. 多動性

Co-MaMe
【支援のイメージ図】

課題
- イライラしやすく、思い通りにならないと寝転んだり、教室を飛び出したりする
- じっと座っていることができず、すぐに気が散って、衝動的に動いてしまう
- 他の生徒と同じペースで活動できず、指示を聞かずに自分のペースで行動してしまう。

受容期

＊無理せず気持ちを受け止める
- 大声で叱ったりせずに本人の話を聞く
- じっとしていられなくも無理強いせず、気持ちを受け止める

＊クールダウン・休憩ができるようにする
- 気持ちが落ち着かずに暴言等があった時は、集団から離してクールダウンする

＊好きな活動ができるようにする
- 落ち着いて取り組める好きな活動をしたり、おしゃべりをしたりする

試行期

＊見通しをもたせる
- スケジュールや活動内容を提示したり、タイマーを使用したりする等、視覚的に分かりやすく示す
- 授業のパターンを一定にし、活動の順序を細かく伝える

＊身体を動かしながら学習する設定
- 身体を動かす作業や体験学習を取り入れる
- 黒板に書きながら一緒に立ち、話しながら学習する

＊適切な行動を分かりやすく伝える
- 不適切な行動や話を聞けない時はカード等で視覚的に伝える
- 学習に集中する時、話をして良い時を具体的に説明する

＊振り返りをする
- 感情が抑えられなかった時や着席して学習できた時には改善点等を丁寧に振り返る

＊無理なく活動できるようにする
- 楽にできる活動を行い、少しずつ着席している時間を増やす
- 飽きないように多様な課題を沢山準備する

＊ほめる機会を増やす
- 待てた時や穏やかに過ごせた時は大いにほめる
- 成功した時は細かく丁寧にほめ、自信をもって取り組めるようにする

安定期

＊集団活動から学べるようにする
- 友達に教える役割や準備・片づけをする役割を与える
- 友達の気持ちを話し、相手の立場になって考える

＊自分から取り組めるようにする
- 与えられた課題が終わった時は、自分から伝えて次の行動ができるようにする

課題及び支援の具体例は代表的なもののみ示す

D5. 感覚過敏

【支援のイメージ図】

課題

・大きな音や騒がしい音、視線が怖いため教室に入れない
・暑さや明るさ、衣服がすれる感覚が我慢できず、イライラする

受容期

＊気持ちを聞く、受け止める
・不安な気持ちを十分に聞き、不快感に対する恐怖心を受け止める

＊道具を工夫して不快感を減らす
・ヘッドフォンをして大きな音や不快な音に対応する
・保冷剤等での暑さ対策をしたり、衣服を工夫して皮膚への刺激を減らしたりする

＊活動する空間や時間を整える
・それぞれの不快感に対応して、教室の音や匂い、明るさを調整する
・不快感を感じないように場所や時間を配慮する

試行期

＊相談しながら行えるようにする
・個別に面談を丁寧に行い、対処方法を相談しながら取り組む

＊見通しをもたせる
・活動の時間や内容、周りの反応を事前に知らせて見通しをもたせて行動させる

＊集団の参加方法を工夫する
・行事は場所や時間を工夫して参加しやすくする
・集団での活動は、気持ちを切り替えやすいものを設定し、作業を手伝うことで負担を減らす

安定期

＊自分で考えて行えるようにする
・自分で集団活動の参加方法を考えたり、伝えたりできるようにする

課題及び支援の具体例は代表的なもののみ示す

Co-MaMe

E1. 見通し

【支援のイメージ図】

課題

- 予定が自分の思い通りにいかないと、暴力・暴言が出る
- 初めてのことや見通しのもちにくい活動に参加できず、不安定になる
- 急な変更があると、受け入れられずに落ち着きがなくなってしまう

受容期

＊気持ちを聞く
- 分からないことや不安なことを安心できる人に話せるようにする

＊クールダウンさせる
- 気持ちが落ち着くまで時間をとる

＊活動の様子を見させる
- 不安がある時は、最初は見学して様子を知る

試行期

＊予定や持ち物を確認させる
- 朝や帰りに一日の時間割、活動内容、予定変更、持ち物等を確認する

＊活動内容を説明する
- どんな活動も事前に内容、終了時間等を十分に説明する

＊分かりやすく視覚的に提示する
- メモ帳やホワイトボード等に記入して、視覚的に確認できるようにする
- タイマー等を活用して時間を分かりやすく示す

＊気持ちや体調から無理せずに行う設定
- 努力や疲労の程度について、振り返りながら活動を設定していく

安定期

＊長期的な予定が分かるようにする
- 一週間や一か月ごとの予定表を配布して記入させ、長期的な見通しをもたせる

＊将来に向けて取り組む
- 退院や卒業、入試に向けて取り組む

課題及び支援の具体例は代表的なもののみ示す

E2. 物の管理

Co-MaMe
【支援のイメージ図】

課題

・物が見つからないため不安になって学校に行けない
・忘れ物が多く、プリントや学習道具をすぐに無くしてしまう
・整理整頓ができず、必要な物が出てこない

受容期

＊個別に気持ちを聞いて受け止める
・個別に話を聞き、物を無くしてしまう不安を受け止める

試行期

＊視覚的に分かりやすくする
・整理された状態を写真に撮り、分かりやすくする
・持ってくる物が書かれた一覧表でチェックしながら準備をする

＊整理する時間の設定する
・プリント等、机上の物を整理する時間を保障する
・朝、昼、帰る前等、時間を決めて整理を行う

＊予定を確認しながら取り組ませる
・連絡帳に明日の持ち物や時間割を記入し、翌日の朝、再度、確認する

＊ほめて達成感をもたせる
・忘れ物をしなかった時はシール等でほめる
・スモールステップで整理に取り組み、成功体験をもたせる

＊整理する方法を工夫して取り組ませる
・物を置く場所を決め、教科別等でボックスに分けて収納する
・教科ごとにプリント用のファイルを作り、混ざらないようにして整理する

＊教員と一緒に行う
・個別に必要な物をどこにしまうか等、相談しながら一緒に整理する
・片付けや落とし物など、声かけしながら取り組ませる

安定期

＊自分でできるようにする
・自分で持ち物を準備したり、決まった場所に片付けたりする習慣を身に付ける
・プリントは自分で判断して捨て、判断できない物は尋ねることができるようにする

＊定期的に振り返りする
・定期的に振り返りをして、整理できていることを確認させる

課題及び支援の具体例は代表的なもののみ示す

E3. 登校・入室への抵抗感

Co-MaMe
【支援のイメージ図】

課題

・学校に行くことや、人と関わることが怖く、同学年の友達に全く会えない
・一対一の取組はできるが、教室に入れず、集団の活動ができない
・地元校での登校に抵抗が強い

受容期

＊学習場所を柔軟に変更する
・他の児童生徒と会わない場所等、実態に合わせて場所を変更する
・体調に合わせて休憩しながら個室で学習する

＊共感、理解する
・気持ち受け入れて、信頼関係を築いていく

＊無理なく好きな活動ができるようにする
・簡単で好きな内容を学習したり、楽しい経験をしたりする

試行期

＊相談しながら行えるようにする
・イライラした時の気持ちや学習内容、座席の位置等を相談していく

＊友達と関わるようにする
・友達の様子を伝えたり、友達が登校を誘ったりする

＊少しずつ集団活動に参加していく
・小集団や時間を決めて少しずつ参加していく

安定期

＊自分から伝えられるようにする
・体調が悪い時、イライラする時は自分から伝えられる

＊役割をもたせて活動する設定
・学級で取り組んでいることに役割をもたせる

＊将来に向けて取り組む
・将来の自分を想像し、地元の学校での生活習慣に必要な力を身に付ける

課題及び支援の具体例は代表的なもののみ示す

F1．睡眠・生活リズム

Co-MaMe
【支援のイメージ図】

課題

・昼夜が逆転しているため、家族の生活を圧迫し、登校時間を守れない
・学校で寝てしまったり、多くの活動ができなかったりする
・自分のやることを順序よくこなせず、やるべきことを後回しにしたり、時間を守れなかったりする

受容期

＊体調を把握する
・体調や睡眠時間、服薬等を記録して把握する

＊気持ちを聞く
・コミュニケーションや面談を多くして、不安等の気持ちを把握する

＊安心できる環境作り
・人間関係など、安心して過ごすための環境を整える

＊好きな活動を行うようにする
・興味のある活動を多くして、心理的安定を図る

試行期

＊時間や予定を意識させる
・予定や時間を伝えて、見えるところに貼り、予定や時間を意識させる

＊体調に合わせた学習を設定する
・体調や体力に合った運動量や難易度の学習を設定する

＊少しずつ学習に参加できるように取り組む
・達成したら印を付ける等、意欲を高めながら参加する時間を徐々に増やしていく
・体調に合わせて学校に来られるようにしていく

安定期

＊様々な活動を実施する
・清掃活動、散歩、買い物、プール、スキー等様々な活動を行う

＊体調や生活リズムの理解を深める
・就寝、体温等を自分で記録して体調を把握し、より良い生活リズムを知る

＊将来に向けての活動設定
・就職後、生活リズムを整えることや時間を守ることの大切さを話しあう

課題及び支援の具体例は代表的なもののみ示す

Co-MaMe
【支援のイメージ図】

F2. 食事

課題

・食事の前になるとイライラして集中できない
・一日中、ほとんど食事らしい食事をしていない
・昼食は決まってコンビニのおにぎりを食べ、バランスの良い食事ができていない

受容期

＊気持ちを聞いて受け止める
・食事の話題はできるだけせず、話題になった時には否定せずに受け止める

＊食べる場所を工夫する
・みんなからは見えない個室などで食べる

試行期

＊無理なく取り組めるようにする
・食事の機会を設け、少量でも食べることを促す
・無理なく調理をする機会を設ける

＊相談しながら行えるようにする
・食べなければならない状況になった時の方法について、少しずつ提案して相談しておく

安定期

＊集団や友達と取り組む設定
・行事や集団で食事をしたり、学習班で調理をしたりする

＊自分で食事が作れるようになる
・昼食を作るように促し、作った日はスタンプを押す

National Institute of Special Needs Education

課題及び支援の具体例は代表的なもののみ示す

F3．服薬

【支援のイメージ図】

課題	・薬を勝手に止めてしまったり、飲まなかったりする ・毎日、同じ時間に薬を飲むことができない
受容期	**＊気持ちを聞く** ・飲まない理由等を聞く ・不信感などを表出させる
試行期	**＊薬を飲んだか確認する** ・朝や昼食後、チェックシートを使用して確認し、時間や容量を守って飲めるようにする
安定期	**＊薬を飲む理由を理解させる** ・なぜ飲まなければならないかを理解できるようにする

課題及び支援の具体例は代表的なもののみ示す

F4. 病気の理解

Co-MaMe
【支援のイメージ図】

課題

・衝動に任せて行動し、暴力をふるったり、治療や登校を拒否したりする
・自分が病気であると思っておらずに無理をして、倒れたり、失敗したりを繰り返す
・病気のために自己肯定感が低くなり、他人と比べて落ち込む

受容期

＊気持ちを聞く
・無理のない話から始めて、本人が気持ちを話すまでじっくり待つ

＊安心できる環境作り
・状況を十分に把握し、時間をかけて信頼関係を作る

試行期

＊体調を確認する設定
・朝の会で唇の色など、具体的な状態をチェックする健康観察の時間を設ける

＊相談しながら行えるようにする
・面談を行い、行動面や本人の良いところ等を一緒に考えていく

＊スモールステップで取り組ませる
・学習面や行動面について細かく段階的に取り組めるように提示する
・何が課題かを考えて取り組み、振り返りと評価を積み重ねる

＊無理なく取り組む活動設定
・具体的な内容や休み時間を提示し、声かけを丁寧にしながら取り組む

安定期

＊ミュニケーションを促す活動設定
・友達とゲームなどをしたり、顔色などの体調を確認し合ったりする活動を行う

＊目標を設定して取り組ませる
・週ごとに相談しながら目標をつくり、達成できた時にほめる
・目指したい将来の姿について考える時間を設ける

＊長期的な見通しをもてるようにする
・気持ちや体調のグラフから客観的に振り返り、今後の変化について予想する

課題及び支援の具体例は代表的なもののみ示す

Co-MaMe

F5. ストレスへの対処

【支援のイメージ図】

課題

・ストレスがたまり、学習に集中できず、泣いたり、騒いだりして登校できなくなる
・怒られることや勉強等の期待からイライラして不安定になる
・不満がたまり切り替えられず、苦手なことから逃げる

受容期

＊気持ちを聞く
・いつでも不安等を話せる環境をつくる
・表情の変化から気持ちを聞いて受け止める

＊クールダウン、休憩できるようにする
・適宜、休憩をとり、パニックになりそうな時は、その場から離れてクールダウンさせる

＊授業の参加方法を柔軟に変更する
・体調を見ながら、決まった時間や場所だけ参加するなど、土台を作っていく

＊無理なく好きな活動ができるようにする
・興味の持てることや、楽しくできることを繰り返し行う

試行期

＊相談しながら行えるようにする
・ストレスや不安、相手へ伝えたいことを相談しながら整理する

＊解消する方法を伝える
・ストレスを解消する良い方法を掲示する

＊見通しをもたせる
・見本を見せたり、活動の流れを掲示したりして、見通しがもてるように視覚的に工夫する

＊取り組む姿勢もほめる
・姿勢もほめて、自信につながるようにする

＊スモールステップで行う学習設定
・ハードルの低いことから取り組み、自信をつけていく
・個別に行ったり、小集団で教員も一緒に行ったりする

安定期

＊対処方法を考えて取り組めるようにする
・ストレスがたまる理由や状態を考えて、どのようにすれば対処できるか考えて取り組む
・ストレスの発散方法や折り合いを付ける方法をSSTや普段の生活から学ぶ

＊苦手なことに取り組む
・苦手になった理由を整理して、どのようにすればできるようになるか考えて行っていく

＊自分の特徴や状況を理解する
・どのような時にイライラするか、理由や気持ちから自己理解を深め、周りの状況や、やるべき内容を考えて整理する

＊ストレスを自分から伝えられるようにする
・ストレスを感じたら、自分から伝えられるようにする

課題及び支援の具体例は代表的なもののみ示す

このガイドは独立行政法人 国立特別支援教育総合研究所 病弱班が平成 29 ～ 30 年度に行った「基幹研究 B-331　精神疾患及び心身症のある児童生徒の教育的支援・配慮に関する研究（研究代表者：土屋　忠之）」がもとになっており、当時、病弱班に所属していた新平鎮博先生、深草瑞世先生、藤田昌資先生をはじめ、これまでに所属した研究者の皆様には心より感謝を申し上げます。また調査及び研究に協力いただきました特別支援学校（病弱）の先生方、研究協力者の皆様には厚く御礼申し上げます。

執筆協力機関（第４章ケース例、第５章各学校の取組）

福島県立須賀川支援学校
東京都立武蔵台学園府中分教室
富山県立ふるさと支援学校
埼玉県立けやき特別支援学校伊奈分校
大阪府立刀根山支援学校
宮崎県立赤江まつばら支援学校
沖縄県立森川特別支援学校

独立行政法人 国立特別支援教育総合研究所 病弱班（50 音順 令和６年６月現在）

大崎　博史（副班長）
嶋野　隆文
土屋　忠之（班長）

こころの病気のある子供の教育支援
Co-MaMe ガイド
－適応面や心理面、行動面に困難のある児童生徒への支援－

2024 年 6 月 24 日　初版第 1 刷発行

■編　　　著　独立行政法人 国立特別支援教育総合研究所
■発 行 者　加藤　勝博
■発 行 所　株式会社 ジアース教育新社
〒 101 - 0054　東京都千代田区神田錦町 1 - 23 宗保第 2 ビル
T e l：03 - 5282 - 7183
F ax：03 - 5282 - 7892
E-mail：info@kyoikushinsha.co.jp
URL：https//www.kyoikushinsha.co.jp/

■デザイン・DTP　株式会社 彩流工房
■印刷・製本　シナノ印刷 株式会社
ISBN978-4-86371-693-3
定価は表紙に表示してあります。